ELMAR BREUCKMANN

# Die Vorbereitung auf den höheren Verwaltungsdienst

Schriftenreihe der Hochschule Speyer

Band 28

# Die Vorbereitung auf den höheren Verwaltungsdienst

## Eine historische und vergleichende Untersuchung

Von

Dr. Elmar Breuckmann

DUNCKER & HUMBLOT / BERLIN

Gedruckt 1965 bei Alb. Sayffaerth, Berlin 61
Printed in Germany

# Vorwort

Die Vorbereitung auf den höheren Verwaltungsdienst ist nicht nur ein zeitloses Thema, weil die Anforderungen an die Verwaltung ständig in Wandlung begriffen sind, sondern zugleich von aktueller Bedeutung, weil nach der Kürzung des juristischen Vorbereitungsdienstes auf $2^1/_2$ Jahre eine Konzentration der Ausbildung auf das Wesentliche unerläßlich ist. Die Begrenzung der Vorbereitung für alle juristischen Berufe — mit einem Anteil von insgesamt 9 Monaten bei Verwaltungsbehörden, Verwaltungsgerichten bzw. der Hochschule für Verwaltungswissenschaften — erfordert zusätzliche Anstrengungen zur Erlangung der Befähigung zum Richteramt und zum höheren Verwaltungsdienst. Es ist daher von besonderem Interesse, eine Übersicht über die geschichtliche Entwicklung und die gegenwärtigen Anforderungen der Vorbereitung für den höheren Verwaltungsdienst im In- und Ausland zu gewinnen, um auf dieser Grundlage die Maßstäbe für die künftige Gestaltung zu ermitteln.

Die vorliegende Untersuchung des Referenten am Forschungsinstitut der Hochschule für Verwaltungswissenschaften Speyer, Regierungsrat Dr. *Elmar Breuckmann,* hat der Gutachterkommission der Innenministerkonferenz vorgelegen und ist in dem „Gutachten über die juristische Ausbildung unter besonderer Berücksichtigung der Interessen der Verwaltung“ (Staatssekretär a. D. Dr. Loschelder) verwendet worden. Sie ist gegenüber der ursprünglichen Fassung nur wenig ergänzt worden.

Die Studie untersucht nicht nur die wesentlichen Merkmale der Verwaltungsausbildung in Deutschland und in mehreren ausländischen Staaten, sondern vermittelt u. a. auch die Kenntnis der Materialien, woran es bisher vielfach gefehlt hat. Unter historischen und vergleichenden Aspekten erscheinen: Einheitsausbildung und Sonderausbildung, Studium und erste Prüfung, Vorbereitungsdienst und zweite Prüfung sowie das Problem der Ausbildung von Führungskräften.

Während bisher die Sonderausbildung für den höheren Verwaltungsdienst als fachliche Absonderung unter politischen Gesichtspunkten verstanden worden ist, sind die viermal gescheiterten Bemühungen der Verwaltung um eine echte Einheitsausbildung — wie sie in Bayern besteht — völlig unerörtert geblieben. Es ist immer nur die unechte Einheitsausbildung diskutiert worden, bei der ein beträchtlicher Nachholbedarf nach der Prüfung übrig bleibt. Die Einheitsausbildung, die bei uns nur für den Auswärtigen Dienst und für die Wirtschaftsreferendare durchbrochen ist, findet im Ausland nirgendwo eine Entsprechung. Wenn trotzdem an dem einheitlichen juristischen Vorbereitungsdienst grundsätzlich festgehalten wird, so hat dies nicht nur seinen Grund in der Wahrung des Rechtsstaates, der Überwindungen von Spannungen zwischen Justiz und Verwaltung sowie in der Verminderung des Berufsrisikos, sondern auch in der Notwendigkeit der Kenntnis öffentlichen und privaten Rechts in der Praxis der Gerichte und der Verwaltung und in dem Erfordernis praktischer Erfahrung in beiden Bereichen rechtlich geordneter Funktionen des Staates und anderer Hoheitsträger. Auf diese Weise kann das Verständnis für den Ausspruch dessen, was Rechtens ist, durch die Gerichte und die Verwirklichung der Aufgaben nach Maßgabe des Rechts durch die Verwaltung herbeigeführt werden. Allerdings wird dieses wechselseitige Verständnis nur erreicht werden können, wenn der Einklang zwischen den Anforderungen der Vorbereitung, der Prüfung und des Berufs hergestellt wird. Fehlt es an einer solchen Harmonisierung, weil Vorbereitungsdienst und Prüfung auf die Erfordernisse des Berufs nicht hinreichend Rücksicht nehmen, dann bedürfen sie der Korrektur, weil sie an den beruflichen Anforderungen ausgerichtet werden müssen.

Die Untersuchung von Elmar Breuckmann vermittelt Kenntnisse und Erkenntnisse, die bei Durchführung der juristischen Ausbildungsreform genutzt werden sollten. Der Verfasser hat deutlich gemacht, daß die Qualität der Vorbereitung und der Prüfung bei Kürzung der Ausbildungszeit keinesfalls vermindert werden darf. Der Zwang zur Intensivierung der Ausbildung könnte allerdings zu grundsätzlichen Änderungen alter Gewohnheiten führen, für die kein Raum bleibt, wenn die beruflichen Anforderungen stärker berücksichtigt werden müssen. Es ist das gemeinsame Anliegen aller, daß die Vorbereitung auf den Beruf den unerläßlichen Voraussetzungen für die Berufsausübung entspricht, wenn in etwa fünf Jahren die leitenden Stellen mit solchen Richtern und Verwaltungsbeamten besetzt werden müssen, die etwa 20 Jahre jünger als die jetzt im Amt befindlichen Stelleninhaber sind. Der bedeutsame Rückgang der Zahl junger Juristen in der Gegenwart könnte schwerwiegende Folgen auslösen, falls es dann an einem gut vorbereiteten und fortgebildeten Juristennachwuchs fehlt.

Speyer, den 1. Juli 1965

Prof. Dr. Dr. Erich Becker

# Inhalt

*Erster Hauptteil*

**Die geschichtliche Entwicklung der Ausbildung für den höheren Verwaltungsdienst in Deutschland**

*Erster Hauptteil*

# Die geschichtliche Entwicklung der Ausbildung für den höheren Verwaltungsdienst in Deutschland

## I. Die Bedeutung einer rechtshistorischen Untersuchung für die geplante Neuordnung der juristischen Ausbildung

Jede Epoche der Staatsgeschichte bringt einen eigenen Typus der Verwaltung hervor, der durch die verfassungsrechtliche Situation und die mit ihr zusammenhängenden Staatsziele vorgezeichnet ist. Die sich hieraus entwickelnden Verwaltungsaufgaben beeinflussen den Verwaltungsstil ebenso wie die Struktur des öffentlichen Dienstes, von dem das Ausbildungs- und Prüfungswesen als Teilaspekt zu sehen ist. Wenn sich so auch für einzelne Epochen der Verwaltungsgeschichte Grundtendenzen herausarbeiten lassen, so müssen doch in erheblichem Umfange traditionelle, aus dem Ethos des Berufsbeamtentums verständliche Vorstellungen berücksichtigt werden. Es gilt, diese in einer Reform des Fortbildungs- und Prüfungswesens fortzuentwickeln, eine Aufgabe, die nur dann gelöst werden kann, wenn die historischen Fakten offengelegt sind. Insbesondere kann so der traditionelle Gegensatz, der zwischen der Einheitsausbildung und dem System der Sonderausbildungen in Deutschland entstanden ist, verständlich gemacht werden.

Die Vorstellung, daß nicht nur zur Ausübung des Richteramtes, sondern auch für die höheren Ämter in der Verwaltung eine besondere Vorbildung erforderlich ist, findet sich schon im ständischen Staat. Sie verfeinert sich zu einem objektiven Ausbildungs- und Prüfungswesen in dem Zeitpunkt, wo Staatsverwaltung und Hofhaltung getrennt werden und der souveräne Fürstenstaat den Einfluß der Stände überwindet. Die zahlreichen neuen Aufgaben, die dem absoluten Staat zuwachsen, glaubt man am ehesten dadurch erfüllen zu können, daß Fachleute gefunden und als Staatsdiener, als Beamte auf Dauer, im öffentlichen Dienst tätig werden. Diese Tendenz wird noch verstärkt, als mit dem Eindringen des Ideengutes der französischen Revolution aus dem Gedanken, das Cliquenwesen, Ämterpatronage und Nepotismus den Staat verderben, die verfassungsrechtliche Forderung hergeleitet wird, die Verwaltung in die Hände qualifizierter Beamten zu legen. Über deren Befähigung sollen

größere Landesherrn die oberste Rechtsprechung in ihrem Territorium erlangen, nachdem die Zuständigkeit des von den Reichsständen getra- objektive Prüfungen entscheiden. Die sich anschließende Entwicklung im bürgerlichen Rechtsstaat führt dazu, daß das fachliche Element bei der Ausbildung der Verwaltungsbeamten gegenüber dem juristischen zurücktritt. Am Ende dieser Epoche prägt sich die sozialstaatliche Tätigkeit des Staates stärker aus, wobei die norddeutschen Staaten an dem Prinzip der Sonderausbildungen festhalten, während Bayern — und seinem Beispiel folgend andere Staaten aus dem süddeutschen Bereich — die traditionelle Einheitsausbildung nicht aufgeben. Die bundesstaatliche Struktur und die Existenz des sozialen Rechtsstaats, der zumindest in der Verwaltungswirklichkeit das Spannungsverhältnis zwischen sozialgestaltender Tätigkeit des Staates einerseits und dem rechtlichen Schutz des einzelnen Staatsbürgers andererseits erkennen läßt, gebietet es, ausgehend von den historischen Fakten die Problematik des Ausbildungs- und Prüfungswesens erneut zu durchdenken.

## II. Die rechtswissenschaftliche Vorbildung der höheren Verwaltungsbeamten im ständischen Staat des späten Mittelalters und zu Beginn der Neuzeit

Die Geschichte der Ausbildung für den höheren Verwaltungsdienst ist in Deutschland in engem Zusammenhang mit der Entwicklung des modernen Berufsbeamtentums zu sehen. Wenn auch ältere historische Vorbilder in dem mustergültigen Beamtenwesen des römischen Kaiserreichs und den Ämtern des karolingischen Reiches zu erkennen sind, so ist doch daran festzuhalten, daß die Wurzeln des heutigen Berufsbeamtentums lediglich bis in die deutschen Territorien, die seit dem Westfälischen Frieden als selbständige Staaten anzusehen sind, zurückreichen[1]. Kennzeichnend für diese Vorepoche, die im ständischen Staat des späten Mittelalters beginnt, ist die Umgestaltung des gesamten Staats- und Rechtslebens durch die Rezeption des römischen Rechts[2].

Die an den oberitalienischen Hochschulen geschulten Doctores gelangen auf zwei verschiedenen Wegen in die Verwaltung. Einmal als gelehrte und im kanonischen Recht ausgebildete Schreiber dort, wo sich ein geistliches und weltliches Amt in einer Person vereinigt[3]. Daneben hat der Zerfall des deutschen Königtums zur Folge, daß Kurfürsten und größere Landesherren die oberste Rechtsprechung in ihrem Territorium erlangen, nachdem die Zuständigkeit des von den Reichsständen getra-

[1] Lotz, Geschichte des deutschen Beamtentums, Berlin 1914, S. 7.

[2] Döhring, Geschichte der deutschen Rechtspflege seit 1500, Berlin 1953, S. 278.

[3] Lotz, a. a. O., S. 30 ff.

genen Kammergerichts durch zahlreiche privilegia de non appellando et evocando weitgehend eingeschränkt worden ist[4]. Nicht nur die Rechtsprechungsfunktionen werden auf die Doctores delegiert, sondern auch die landesherrliche Verwaltung, die noch weitgehend mit der persönlichen Hofhaltung identisch ist, wird so umfangreich, daß der Landesherr sich nur noch auf die Oberleitung beschränken kann. Die Ausführung muß er einzelnen Sachwaltern übertragen. Hierbei bringt es die wachsende Bedeutung rechtlicher Tatbestände, beispielsweise der Vertragsabschluß mit anderen Fürsten, der Abschluß von Lehnsverträgen und die Abfassung von Testamenten und Eheverträgen mit sich, daß die in der Hofverwaltung tätigen Sachwalter über eine juristische Ausbildung, die seinerzeit nur an den oberitalienischen Universitäten vermittelt wird, verfügen. Gleichzeitig wird in größeren Territorien die patrimonialherrliche Gewalt so dezentralisiert, daß mit dem Domänenamt zugleich die Stellung des Gerichtsbeamten verbunden wird[5].

Die Verbindung von Justiz und Verwaltung, die Bedeutung des juristischen Studiums als Bildungsstudium und der sich entwickelnde Rechtsverkehr einschließlich des Urkundenwesens sind somit die wichtigsten Gründe dafür, daß im ständischen Staat Juristen mit Verwaltungsgeschäften betraut werden.

## III. Der Ausbau eines geordneten Ausbildungs- und Prüfungswesens in Verbindung mit dem Beginn des Berufsbeamtentums

Die ersten Versuche zur Einrichtung eines modernen Staatsbeamtentums zeigen sich in Bayern. Wenn es auch nicht endgültig gelingt, die Stände, die dieser Entwicklung Widerstand entgegensetzen, zu überwinden, so werden hierbei Tendenzen aufgezeigt, welche für den modernen Verwaltungsstaat kennzeichnend sind. Im Gegensatz dazu gelingt es in Preußen, den Einfluß der Stände endgültig zu überwinden.

### 1. Die Bemühungen um ein modernes Berufsbeamtentum in Bayern

Maximilian I. und Ferdinand I. geben den österreichischen Erblanden eine moderne Behördenorganisation, die im wesentlichen den Einrichtungen in Burgund entspricht, zu dem das Haus Habsburg in enger Beziehung steht. Begünstigt wird diese Entwicklung dadurch, daß schon im

---

[4] Forsthoff, Lehrbuch des Verwaltungsrechts, 8. Aufl. München und Berlin 1961, S. 28

[5] Vgl. hierzu Bornhak, Deutsche Verfassungsgeschichte, Stuttgart 1934, S. 175 ff.

13. Jahrhundert anstelle der bisherigen Amtslehen eine mit vom Landesherrn angestellten Beamten geführte Gerichtsbarkeit getreten ist[1]. Im 16. Jahrhundert wird der Aufbau des Berufsbeamtentums insoweit vollendet, als der Amtseid nicht nur auf den Landesherrn, sondern auch auf das Gemeinwesen geleistet wird[2]. Eine gewisse Ähnlichkeit mit modernen Grundsätzen zeigt sich auch darin, daß Beamte normalerweise der urkundlichen Bestallung bedürfen und nur dann aus dem Dienst entlassen werden können, wenn besondere Voraussetzungen vorliegen. Nach dem Übergang von der Naturalwirtschaft zur Geldwirtschaft wird das Besoldungswesen geordnet. Die Besoldung wird nach Durchschnittssätzen gewährt und entsprechend dem Dienstalter tritt eine Steigerung des Gehalts ein. Sogar Ansätze einer Versorgung der Beamten und ihrer Hinterbliebenen sind vorhanden[3]. Die Universität Ingolstadt wird im Jahre 1472 nicht zuletzt deshalb gegründet, um den Mangel an juristisch vorgebildeten und geschulten Beamten zu beheben und geeigneten Bewerbern aus dem eigenen Land das Studium zu ermöglichen[4]. Seit dem Anfang des 17. Jahrhunderts wird nach dem Vorbild des Prüfungsverfahrens des Reichskammergerichts ein Eingangsexamen mit einer Proberelation eingeführt. Der Beamte, der diese Prüfung bestanden hat, wird zunächst probeweise beschäftigt bis er auf eine freie Stelle berufen werden kann[5].

Von der Mitte des 17. Jahrhunderts dringt das ständische Element in Bayern wieder stärker vor. An die Stelle des schon ausgeprägten Berufsbeamtentums treten die Verleihung von Pflegen und die Errichtung von Amtsanwartschaften und Patrimonialgerichten. Erst mit dem 19. Jahrhundert sollte in Bayern ein modernes Berufsbeamtentum endgültig etabliert werden[6].

---

[1] Vgl. hierzu Hiereth, Die bayerische Gerichts- und Verwaltungsorganisation vom 13. bis 19. Jahrhundert, München 1950; Rosenthal, Geschichte des Gerichtswesens und der Verwaltungsorganisation Bayerns, Bd. 1, Würzburg 1889, Bd. 2, Würzburg 1906;

Kollmann, Zur Entwicklung des Ausbildungs- und Prüfungswesens für Richteramt, höheren Verwaltungsdienst, Rechtsanwaltschaft und Notariat in Bayern, Festschrift für Laforet, München 1952, S. 445, 450.

[2] Döberl, Entwicklungsgeschichte Bayerns, München 1908, Bd. I, S. 487.

[3] Kollmann, a. a. O., S. 452, 453.

[4] Kollmann, a. a. O., S. 451.

[5] Dellbrügge, Die Ausbildung für den höheren Dienst in der allgemeinen und inneren Verwaltung, Berlin 1938, S. 38

[6] Mayer, F., Die Eigenständigkeit des bayerischen Verwaltungsrechts, dargestellt an Bayerns Polizeirecht, München 1958, S. 27;
Kollmann, a. a. O., S. 451.

## 2. Die Entstehung des Berufsbeamtentums mit der Entwicklung Preußens zum absoluten Staat

Der dreißigjährige Krieg hat gezeigt, daß der Schutz des Staatsgebietes durch Söldnerheere, die im Falle eines Krieges jeweils vom Landesherrn angemietet werden, nicht mehr sichergestellt werden kann. Deshalb wird die Soldateska des dreißigjährigen Krieges unter dem Großen Kurfürsten als stehendes Heer in die staatliche Ordnung einbezogen[7]. Aufgrund des Hausgesetzes vom 13. August 1713 werden sämtliche Fürstentümer und Länder Preußens mit einem ewigen Fideikommiß belegt und damit für unteilbar und unveräußerlich erklärt[8]. Bei den zerrissenen und vor allem nicht natürlichen Grenzen Preußens kann die sich hieraus ergebende Konsequenz der Unteilbarkeit des Staatsgebietes nur so sichergestellt werden, daß das stehende Heer eine Stärke erhält, die in einem Mißverhältnis zur Wirtschafts- und Steuerkraft Preußens steht. Die erheblichen finanziellen Mehraufwendungen können durch das patrimonialständische Verwaltungswesen nicht gesichert werden. Deshalb entsteht mit den Kriegskammern bzw. Kriegskommissariaten, zu deren wesentlichen Aufgaben es gehört, die zur Unterhaltung des stehenden Heeres notwendigen Steuern einzuziehen, eine unmittelbare Verwaltungsorganisation des Landesherrn. An deren Spitze steht der Geheime Rat, der sich aus der Provinzialregierung der Kurmark entwickelt[9]. Auch die Domänenverwaltung wird zentralisiert, nachdem es gelungen ist, bei den staatlichen Domänen die naturalwirtschaftliche Verwaltung durch ein geldwirtschaftliches Pachtsystem zu ersetzen.

Mit der Einrichtung der Kriegs- und Domänenkammern wird so das Indigenat durchbrochen. Die in diesen Behörden tätigen Beamten sind weder persönlich noch in rechtlicher Hinsicht an die ständische Ordnung gebunden. Ihre Bindung an den Landesherrn kommt beispielsweise darin zum Ausdruck, daß sie innerhalb des gesamten Staatsgebietes versetzbar sind[10].

Trotz dieser beachtlichen Umorganisation zeigt es sich zumindest schon unter Friedrich Wilhelm I., daß die finanziellen Erträge der Domänen und die Steuerkraft nicht ausreichen, um die Militärausgaben zu decken. Im Verhältnis zu den Nachbarländern mit teilweise schon hohem Wirtschaftsstandard — erinnert sei an die Niederlande, Frankreich, Österreich und Bayern — ist Preußen arm. Deshalb wird mit der Han-

---

[7] Hintze, Die Hohenzollern und ihr Werk, Berlin 1914, S. 220.

[8] Hintze, a. a. O., S. 281.

[9] Forsthoff, Deutsche Verfassungsgeschichte der Neuzeit, Stuttgart 1961, S. 45, 47.

[10] Forsthoff, Verwaltungsrecht, a. a. O., S. 19, 20.

delspolitik des Merkantilismus versucht, die „Allgemeine Wohlfahrt" des Staates sicherzustellen. Der äußere Schutz der Wirtschaft wird wirksam durch Maßnahmen ergänzt, mit denen die Wirtschaftskraft im Inneren angehoben werden soll. Als besondere Verwaltungsleistungen sind insoweit beispielsweise hervorzuheben: der Ausbau des Verkehrswesens, der Ausbau staatlicher Manufakturen und die Ansiedlung von Gewerbetreibenden, die meist aus religiösen Gründen ihre Heimat verlassen[11] haben.

Nachdem der Einfluß der Stände am Ende des 17. Jahrhunderts endgültig zurückgedrängt ist, kann die Verwaltungsorganisation den neuen Aufgaben angepaßt werden. Aus den Provinzialverwaltungen, kollegialen Behörden, die zugleich für Justiz und Verwaltung zuständig waren und unter der Leitung eines Statthalters des Kurfürsten standen[12], entwickelt sich die Provinzialverwaltung für die Kurmark zum Geheimen Rat und somit einer oberen Verwaltungsbehörde für alle preußischen Länder. Nachdem mit der Errichtung des „General-Oberfinanz-Kriegs- und Domänendirektoriums" im Jahre 1722 eine fachliche Oberbehörde ausgeklammert wird, der in Gestalt der Kriegs- und Domänenkammern in der Provinzialebene eine nachgeordnete Verwaltung entspricht, deutet sich eine gewisse Trennung von Justiz und Verwaltung an. Die früheren Provinzialregierungen haben im wesentlichen nur noch die Bedeutung von Oberlandesgerichten[13]. Unter Friedrich dem Großen wird das Generaldirektorium weitgehend in Fachdepartments aufgegliedert und dadurch die Eigenverantwortlichkeit einzelner Beamten stärker betont[14]. Mit einer gewissen Abkehr vom Kollegialprinzip, welches von der Überlegung getragen war, daß durch gegenseitige Überwachung und durch Zusammenarbeit möglichst sachgerechte Entscheidungen zustandekommen, erweist sich nun eine sorgfältige Ausbildung der Verwaltungsbeamten als dringend erforderlich.

### 3. Die erste Ordnung des Ausbildungs- und Prüfungswesens in Preußen

Friedrich Wilhelm I., der eigentliche Schöpfer des preußischen Berufsbeamtentums, erkennt als erster, daß die vielfältigen neuen Aufgaben der Verwaltung nur dann erfüllt werden können, wenn das Beamtentum

---

[11] Hintze, a. a. O., S. 282, 299 ff.

[12] Bornhak, Geschichte des preußischen Verwaltungsrechts, 1884, Bd. I, S. 291.

[13] Hintze, a. a. O., S. 291.

[14] Beispielsweise werden 1740 ein Departement für das Kommerzien- und Manufakturwesen, 1746 ein Departement für die Militär- und Proviantverwaltung eingeführt.

über eine geordnete Ausbildung verfügt und die Fähigkeiten in einer Prüfung unter Beweis gestellt werden.

Zunächst wird entsprechend der Prüfungsordnung am Reichskammergericht für die Richter am preußischen Hof- und Kammergericht ein Prüfungsverfahren eingeführt[15]. Mit der Justizordnung von 1713[16] wird es auf alle Richter und durch ein Edikt von 1723[17] auf Advokaten und Prokuratoren ausgedehnt. Nach der weitgehenden Trennung von Justiz und Verwaltung mit der Einrichtung der Kriegs- und Domänenverwaltung wird die bisherige Übung, die leitenden Stellen mit Juristen zu besetzen, aufgegeben[18]. Mit der Einrichtung kameralwissenschaftlicher Lehrstühle an den Universitäten Halle und Frankfurt an der Oder im Jahre 1727 ist ein Studium politischer und wirtschaftlicher Disziplinen, welches auf die Bedürfnisse der Verwaltungspraxis zugeschnitten ist, eröffnet[19]. Ziel dieses Studiums ist es, die späteren Verwaltungsbeamten mit den damaligen wesentlichen Aufgaben der Verwaltung vor allem auf land- und forstwirtschaftlichem, gewerbewirtschaftlichem und finanzrechtlichem Gebiet vertraut zu machen. Das auf die bevölkerungsnahe Verwaltung zugeschnittene kameralwissenschaftliche Studium umfaßt neben der Staatswissenschaft vor allem die sog. kameralistischen Hilfswissenschaften: Polizeiwissenschaft, Technologie, Botanik, Landwirtschaftslehre. Bei dem hohen Stand der Rechtswissenschaft auf der Grundlage des römischen Rechts ist es verständlich, daß die Kameralwissenschaften mit ihrer weitgehenden Improvisation dort auf Ablehnung stoßen, wo sie sich — wie beispielsweise in Preußen — unabhängig und in einer gewissen Frontstellung zu den juristischen Fakultäten entwickeln. Wo hingegen, wie an den süddeutschen Universitäten, Kameralwissenschaften in den juristischen Fakultäten gelehrt werden, wird ein Zusammenwirken erreicht. Hierbei können sich die Kameralwissenschaften nicht über die Rolle eines Nebengebietes erheben. In Preußen qualifiziert sich das kameralwissenschaftliche Studium gewissermaßen dadurch noch selbst ab, daß es keine Abschlußprüfung heraus-

---

15 Die ersten Bestimmungen über eine besondere staatliche Prüfung für Anwärter des höheren Justizdienstes finden sich in dem Reskript vom 22. August 1693. Vgl. zum Folgenden: Palandt, Abschied vom Juristischen Landesprüfungsamt ..., DJ 1934, S. 999; Stölzel, Entstehung der juristischen Prüfungen und des juristischen Vorbereitungsdienstes in Preußen, JMBl. 1882, S. 48 ff.

16 Justizordnung v. 21. Juni 1713 (Corp. Const. Marchic., Sp. 518).

17 Edikt v. 16. September (Corp. Const. Marchic., Sp. 731 ff.).

18 Höhn, Der Kampf um die juristische Ausbildung des Verwaltungsnachwuchses in Preußen, Darmstadt 1943, S. 4.

19 Höhn, a. a. O., S. 5.

bildet[20]. Deshalb muß ein besonderes Gewicht auf die praktische Vorbereitung im Anschluß an das Studium gelegt werden[21].

Mit der sog. Auskultatur wird eine Einrichtung geschaffen, die als Vorläufer des späteren preußischen Regierungsreferendariats anzusehen ist. Entsprechend dem bayerischen Akzeß werden die Auskultatoren solange als unbesoldete Hilfsarbeiter bei den Kriegs- und Domänenkammern beschäftigt, bis bei einer Vakanz die Ernennung zum Kriegs- und Domänenrat erfolgen kann. Die teilweise sehr lange Wartezeit hat zur Folge, daß vorwiegend Angehörige des begüterten Adels auf diese Weise in die Verwaltung gelangen[22]. Daneben werden bewährte Regimentsquartiermeister oder Auditoren im Heeresdienst des öfteren zu Kriegs- und Domänenräten ernannt. So haben auch Bürgerliche die Möglichkeit, leitende Stellen im Verwaltungsdienst zu besetzen[23].

Mit einem Zirkular von 1737[24] wird die bisher weitgehend improvisierte Ausbildung dadurch in geordnete Bahnen übergeleitet, daß eine Prüfungsbehörde eingerichtet und ein bestimmtes Prüfungsverfahren festgelegt wird. Nach Abschluß des Studiums hat sich der Auskultator bei der Kriegs- und Domänenkammer um Aufnahme in den Vorbereitungsdienst zu bewerben. Voraussetzung zur Zulassung sind gute Studien in den Finanz- und Kameralwissenschaften und eine einjährige informatorische Beschäftigung bei einem Domänenamt, der Ortsinstanz der Domänenverwaltung, der auch die Handhabung der Ortspolizei auf dem flachen Land obliegt. Nach zunächst informatorischer und später weitgehend selbständiger Beschäftigung in den verschiedenen Zweigen der Kriegs- und Domänenverwaltung hat sich der Auskultator einer Prüfung vor der Oberexamenskommission zu unterziehen. Diese besteht aus drei schriftlichen Arbeiten, je einer juristischen und polizeilichen — d. h. verwaltungspraktischen — Relation aus Akten und einem Gutachten über einen Pachtanschlag. Die schriftliche Prüfung wird durch ein mündliches Examen ergänzt, in dem der Kandidat seine Kenntnisse im „Finanwesen, des Rechts der Natur und der sonst in das Finanzwesen einschlagenden Wissenschaften" unter Beweis zu stellen hat[25].

---

[20] Dellbrügge, a. a. O., S. 4.

[21] Einzelnachweise bei Höhn, a. a. O., S. 15 ff.

[22] Auf folgende kurzgefaßte Darstellungen der Entwicklung sei hingewiesen: Meister, Ausbildung und Prüfung der höheren Verwaltungsbeamten in Preußen, JW 1927, S. 3 ff.; Nass, Die Geschichte der Vorbildung der Verwaltungsbeamten ..., RVBl. Bd. 62, S. 479.

[23] Höhn, a. a. O., S. 9.

[24] Circular v. 9. Dezember 1737 (Corp. Const. Marchic., Sp. 6682).

[25] Ernst von Maier, Die Reform der Verwaltungsorganisation unter Stein und Hardenberg, München und Leipzig 1912, S. 3.

Mit der Einführung der großen Verwaltungsprüfung wird die Verwaltungslaufbahn nicht nur von der Justizlaufbahn endgültig getrennt, sondern zugleich eine der mit Reglement vom 12. November 1755[26] geschaffenen preußischen Immediat-Justiz-Examenationskommission vergleichbare Einrichtung für die Verwaltung geschaffen. Damit tritt die Ausbildung für den höheren Verwaltungsdienst gleichberechtigt neben die Ausbildung für den höheren Justizdienst.

### 4. Erkenntnisse aus der Ausbildungspraxis des absoluten Verwaltungsstaates für die Reformbestrebungen der Gegenwart

In die Zeit des absoluten Staates fällt die Trennung der Laufbahnen für den Richter und höheren Verwaltungsbeamten in Preußen. Hier wird der Grundstein für eine Entwicklung gelegt, die heute noch nicht abgeschlossen ist. Wenn es zur Zeit in der Bundesrepublik auch in den preußischen Nachfolgeländern kein System der Sonderausbildungen in der Verwaltungsausbildung dadurch zu überbrücken suchen, daß sie gibt, so gibt es doch zahlreiche Stimmen, die die gegenwärtigen Mängel in der Verwaltungsausbildung dadurch zu überbrücken suchen, daß sie einer Sonderausbildung für den höheren Verwaltungsdienst das Wort reden[27]. Tatsächlich kann das Berufsbeamtentum des absoluten Verwaltungsstaates in Preußen auf beachtliche Erfolge zurückblicken, die mit ihre Ursache darin haben, daß bei der Ausbildung die Fachprobleme in den Vordergrund gestellt werden. Gleichzeitig werden in dieser Epoche jedoch auch die Gefahren einer Sonderausbildung offensichtlich, indem eine nur fachlich ausgerichtete Verwaltung die Tendenz zeigt, die Staatsinteressen allen anderen Interessen gegenüber in den Vordergrund zu stellen. Sie wird deutlich bei dem Übergewicht des Staates gegenüber der Gesellschaft, die, repräsentiert durch die Stände, zurückgedrängt wird. Die Sonderausbildung ist aus militärisch-politischen Gründen entstanden. Diese Basis findet keine Parallele in der Gegenwart, weil das heutige Verhältnis von Staat und Gesellschaft ein wesentlich anderes ist als das in der zuvor behandelten Epoche. Im Verlauf der Untersuchung wird anhand der von der modernen Verwaltung zu lösenden Aufgaben noch festzustellen sein, in welchem Maße eine umfassende Vorbildung für die höheren Verwaltungsbeamten unumgänglich ist.

---

[26] Vgl. hierzu: Stelling, Friedrichs II. und seiner Nachfolger. Fürsorge für die Ausbildung höherer Juristen, DJ 1938, S. 294 ff.

[27] Vgl. beispielsweise: Grabendorff, Die Problematik der Ausbildung für den höheren Verwaltungsdienst, DVBl. 1952, S. 133 ff.;
Neese, Gedanken über die juristische Ausbildung für den höheren Verwaltungsdienst, NDB 1961, 46 ff., 92 ff., 141 ff., 168 ff.

## IV. Die Reformen unter dem Einfluß der Aufklärung und der Kriege gegen Napoleon

Die folgende Entwicklungsepoche ist dadurch gekennzeichnet, daß die Verwaltung Preußens gewisse Gedanken der Aufklärung in sich aufnimmt, denen unter dem Gesichtspunkt des Aufstiegs aus der Niederlage in den Kriegen gegen Napoleon besonderes Gewicht zukommt. Während die Gedanken der Aufklärung und der Einfluß der französischen Revolution bei allen deutschen Staaten wirksam werden, kommt bei den Rheinbundstaaten noch hinzu, daß diese durch nicht unerheblichen Gebietszuwachs und aufgrund außenpolitischer Verflechtungen zu einer innerstaatlichen Neuordnung gelangen, deren Ziele und Ergebnisse die Institution des Beamtentums und somit auch das Ausbildungs- und Prüfungssystem nachhaltig beeinflussen. Die wesentlichen Unterschiede zwischen Preußen einerseits und den Rheinbundstaaten andererseits lassen es angebracht erscheinen, die Entwicklung getrennt darzustellen.

### A. Die Entwicklung in Preußen

#### 1. Die Neuordnung der Verwaltung

Von den Ideen der französischen Revolution finden vor allem politisch-konstitutionelle und physiokratische Vorstellungen bei den jüngeren Beamten Preußens lebhafte Resonanz. Der Forderung, den Willen des Monarchen zu begrenzen, schließen sich nicht nur engste Mitarbeiter des preußischen Königs, beispielsweise sei auf Svarez, Klein und v. Hagen verwiesen, an, sondern auch Friedrich II. steht derartigen Anschauungen nicht unaufgeschlossen gegenüber[1]. Hinsichtlich der Rechtsprechung soll die Forderung dadurch konkretisiert werden, daß königliche Machtsprüche ausgeschaltet werden. In der Verwaltung soll das Kollegialprinzip, welches als Organisationsprinzip im wesentlichen von der Vorstellung getragen ist, daß der Wille des Monarchen als koordinierender Faktor wirkt, durch eine zweckmäßigere Gliederung bei Wahrung der Eigenverantwortlichkeit der Beamten ersetzt werden. In beiden Bereichen kommt es im Jahre 1786 zu Neuerungen. In diesem Jahre werden die Gerichte unabhängig[2], und in der Instruktion für das Generaldirektorium erfolgt als erster Schritt auf dem Weg der Abschaffung des Geheimen Kabinettrats eine umfassende Neuorganisation nach praktischen Gesichtspunkten. Sie ist deshalb erforderlich, weil die wochenlangen Kabinettsberatungen nicht mehr zu effektiven politischen Entscheidungen

---

[1] Hintze, a. a. O., S. 410.

[2] Ein Schritt auf dem Weg der durch den Fall des Müllers Arnold (1779) eingeleiteten Justizreform, die mit dem Gesetzgebungswerk des Allgemeinen Landrechts endet.

führen. Durch Einführung der Ministerverfassung nach englischem und französischem Vorbild glaubt man die Einheit der Verwaltung in jedem Hauptzweig sicherzustellen[3]. Der Aufteilung des Generaldirektoriums in Realdepartements folgt als zweiter Schritt im Jahre 1798 eine Dekonzentrierung, indem den Kriegs- und Domänenkammern, in denen die gesamte innere Verwaltung zusammengefaßt ist, eine beachtliche Selbständigkeit gegenüber dem Generaldirektorium eingeräumt wird[4].

Der Schwerpunkt der Reformen fällt in die Zeit nach dem Tilsiter Frieden. Nicht nur durch organisatorische Maßnahmen, sondern auch durch eine weitgehende Neuorientierung des Verhältnisses von Staat und Gesellschaft sollen nach der militärischen Niederlage alle Kräfte für den Neubau des Staates mobilisiert werden[5]. Dies geschieht in den Städten und Gemeinden dadurch, daß sie weitgehend von der Staatskuratel befreit werden. Den Bürgern wird ein umfassendes Recht zur Mitwirkung an der politischen Willensbildung eingeräumt. Die vorher schon weitgehend beschränkten Zünfte werden aufgehoben. Die geforderte Gleichstellung von Stadt und Land soll durch eine Hebung des rechtlichen, wirtschaftlichen und sozialen Standes des Bauerntums erreicht werden. Deshalb wird etwas voreilig durch das Edikt von 1807[6] die Erbuntertänigkeit aufgehoben, so daß die Gefahr der Übervorteilung der mündigen Bauern dadurch angewendet werden muß, daß sie noch eine Zeitlang unter staatlichen Schutz gestellt werden[7].

### 2. Die Auswirkung der Reformen auf das Ausbildungs- und Prüfungswesen

Durch die Verlagerung wesentlicher Entscheidungen auf die Kriegs- und Domänenkammern als Mittelinstanz muß eine noch größere Anzahl von hochqualifizierten Beamten herangebildet werden. Der in 10 II 70, 71 des Preuß. Allg. Landrechts enthaltenen Vorschrift, daß ein öffentliches Amt nur dem aufgetragen werden soll, der sich hierzu hinreichend qualifiziert hat, wobei die Qualifikation durch Prüfung festzustellen ist, entspricht gewissermaßen als Ausführungsvorschrift die in der Geschäftsinstruktion an die nunmehr Regierungen genannten Kriegs- und Dom-

---

[3] Nach Hintze, a. a. O., S. 408, wurde der Zweck verfolgt, das Generaldirektorium im wesentlichen wieder auf den Zustand wie bei seiner Begründung unter Friedrich Wilhelm I. zurückzuführen.

[4] Provisorische Instruktion für das Generaldirektorium vom 19. März 1798. Sie weist den Departementschefs in gewissen Grenzen Selbständigkeit und ausschließliche Verantwortung zu.

[5] Einen umfassenden Überblick gibt Ernst von Maier, a. a. O.

[6] Edikt vom 9. Oktober 1807.

[7] Durch die Verordnung vom 17. Februar 1808, die weitgehend auf den Vorstellungen Steins beruht.

mänenkammern gegebene Regelung[8]. Nach deren § 105 hat derjenige, der sich um die Übernahme als Auskultator bei einer Regierung bewirbt, über „gute Schulkenntnisse in alten und neuen Sprachen, Geschichte und Mathematik, Staatswissenschaft, Ökonomie und Technologie und möglichst über Kenntnisse in der Landwirtschaft" zu verfügen. Daneben soll der Auskultator gründliche Kenntnisse des Rechts haben und nach Möglichkeit als Auskultator bei einer Gerichtsbehörde gearbeitet haben. Nach der „Allgemeinen Gerichtsordnung für die preußischen Staaten von 1793"[9], in der die bisher ergangenen Vorschriften über die Ausbildung der Referendare und Auskultatoren zusammengefaßt werden, kann nur derjenige, der ein Rechtsstudium an einer preußischen Universität abgeschlossen hat, zum Auskultator bei einem Gericht ernannt werden. Kameralwissenschaft und kameralistische Hilfswissenschaften waren niemals Gegenstand einer Universitätsabschlußprüfung[10]. Deshalb führt die Forderung, als Auskultator bei einem Gericht gearbeitet zu haben, dazu, daß das juristische Studium als akademische Vorbereitung für den höheren Verwaltungsdienst in Erscheinung tritt.

Eine besondere Qualifikation für die Verwaltung kann der Kandidat nur noch bei der Prüfung durch eine bei jeder Regierung gebildete Kommission, die praktisch aus sämtlichen höheren Beamten besteht, beweisen. Die Ausbildung der in den Verwaltungsdienst übernommenen Auskultatoren wird als eine persönliche Obliegenheit des Regierungspräsidenten angesehen, der dafür zu sorgan hat, daß der Referendar den einzelnen Departements zugeteilt und dort umfassend ausgebildet wird. Es soll darauf geachtet werden, daß der Referendar unmittelbar in den Geschäftsbetrieb eingeführt wird, er Arbeiten selbstverantwortlich erledigt und an Dienstreisen teilnimmt. Eine zeitliche Begrenzung des Vorbereitungsdienstes ist nicht vorgesehen, vielmehr wird weiterhin so verfahren, daß der Referendar zur Prüfung vorgeschlagen wird, wenn er mit der Arbeit in allen Abteilungen vertraut ist und das Präsidium zu der Überzeugung gelangt, daß ihm die Reife zur Prüfung bescheinigt werden könne[11].

### 3. Zusammenfassende Würdigung der Reformen in Preußen

Wenn regelmäßig von dem in die Verwaltung eintretenden Referendar der Abschluß eines juristischen Studiums und der Erwerb von Grund-

---

[8] Geschäftsinstruktion für die Regierungen in sämtlichen Provinzen vom 26. Dezember 1808 (Nov. Corp. Consti., S. 703).

[9] Teil 3, Titel 4 der Gerichtsordnung.

[10] Vgl. S. 19 oben (Nur an der Handelshochschule St. Gallen gibt es heute verwaltungswissenschaftliche Promotionen).

[11] Dellbrügge, a. a. O., S. 7, 8.

kenntnissen im Gerichtswesen verlangt wird, so ist dies ein Beweis dafür, daß die bei den Regierungen gebildete Prüfungskommission ebensowenig Feststellungen darüber treffen kann, ob das kameralwissenschaftliche Studium mit Erfolg betrieben wurde, wie die Kameralisten selbst nicht zu einem geordneten Prüfungsverfahren kommen können. Als geeignete akademische Vorbildung wird deshalb auf das juristische Studium zurückgegriffen, obwohl der Unterschied zwischen dem Justitiar, der auch dann, wenn er in der Verwaltung tätig ist, über eine vollständige justizjuristische Ausbildung verfügen muß, und dem höheren Verwaltungsbeamten, der sachorientierte Verwaltungsaufgaben zu erfüllen hat, geläufig bleibt[12]. Von dem späteren höheren Verwaltungsbeamten wird deshalb verlangt, daß er sich während des Studiums eingehend mit den Staatswissenschaften, der Ökonomie und der Technologie befaßt und sich einen Einblick in die Landwirtschaft, dem damaligen wichtigsten Erwerbszweig der Bevölkerung, verschafft. Hiermit ist jedoch noch keine genügende Grundlage für eine Tätigkeit in der Verwaltung geschaffen. Der Vorbereitungsdienst muß so angelegt sein, daß der Referendar nicht nur seine an der Universität erworbenen Kenntnisse auf die Praxis umzustellen hat, vielmehr muß er von Grund auf neu lernen und mit der Materie vertraut gemacht werden. Es zeigt sich erstmals, daß bei der Sonderausbildung für die Verwaltung ein geeigneter Studiengang nicht vorhanden ist und sich deshalb der Schwerpunkt der Ausbildung auf den Vorbereitungsdienst verlagert.

## B. Die Entwicklung in den Rheinbundstaaten

### 1. Die Reformversuche vor den Kriegen

Gegen Ende des 18. Jahrhunderts ist in Bayern und in den anderen Mittelstaaten des deutschen Reiches die Tendenz zum Verwaltungsstaat zu erkennen, die in einem merkantilistischen Wirtschaftssystem und in dem Bestreben, den Einfluß der Stände zurückzudrängen, Ausdruck findet[13]. Dennoch kommt es, zumindest vor den Kriegen, nicht zum Aufbau eines mit den preußischen Verhältnissen vergleichbaren Berufsbeamtentums, vor allem deshalb, weil das in Bayern von Österreich her übernommene Kollegialprinzip nicht die gleichen Anforderungen an die Staatsdiener stellt wie eine stärkere Betonung der Eigenverantwortlichkeit. Zudem wird die Trennung von Justiz und Verwaltung nicht vollständig durchgeführt[14]. Die in den bayrischen Landpflegeämtern tätigen Landrichter haben richterliche und Verwaltungsfunktionen inne. In der

---

[12] Die Justitiare sind nach §§ 22 und 40 der Regierungsinstruktion von 1817 in den einzelnen Abteilen als Rechtskonsulenten ohne eigene Verantwortung „für das Materielle" tätig.

[13] Vgl. S. 16 oben.

[14] Mayer, a. a. O., S. 39.

Ortsinstanz macht sich der Druck der Stände noch am stärksten bemerkbar, so daß, begünstigt durch die geringe Größe der Territorien, das fachliche Element hinter den persönlichen Beziehungen zurücktritt[15]. Da schließlich auch noch die finanzielle Basis zum Aufbau eines geordneten Berufsbeamtentums fehlt, werden die Verwaltungsaufgaben in der Ortsinstanz überwiegend durch eine Kaste bürokratischer Schreiber, die von Sporteln leben, durchgeführt.

### 2. Der Einfluß des Rheinbundes auf die Verwaltungsorganisation

Nachdem schon der Preßburger Frieden von 1805 bedeutende Gebietserweiterungen für Bayern, Baden und Württemberg gebracht hat, führt die Mediatisierung zu erneutem Gebietszuwachs. Durch den Anschluß an den Rheinbund haben sich die vorgenannten Staaten nach außen unbedingt einer europäischen Politik unter der Führung Napoleons unterworfen. Um die erheblichen Militärleistungen, die die deutschen Staaten nach der Rheinbundakte von 1806 zu erbringen haben, in dem größtenteils neu erworbenen Staatsgebiet durchzusetzen, bedarf es einer uneingeschränkten Staatsgewalt im Lande[16].

Die einheitsstaatlichen Bestrebungen in Bayern werden wirkungsvoll durch zwei Persönlichkeiten verkörpert, Maximilian IV. und den Grafen Montgelas, die entsprechend der napoleonischen Verfassung die „rationale Staatseinheit" durch einen vollständigen Zusammenhang von Gesetzgebung, Verwaltung und Rechtsprechung zu erreichen suchen. Auch die Organisationsprinzipien der Bayerischen Verfassung von 1808 lassen ebenso wie organisatorische Reformen auf dem Gebiet der Verwaltung das französische Vorbild erkennen[17]. So wird die Gendarmerie nach französischem Muster aufgebaut, die Finanzverwaltung verselbständigt und die Gerichtsorganisation in der Ober- und Mittelinstanz von der Verwaltung getrennt. In dem so entstandenen Einheitsstaat, in dem der König und die Bürokratie als die einzig legitimen Repräsentanten angesehen werden, entsteht ein modernes Berufsbeamtentum, welches in der Dienstpragmatik von 1805, dem ersten abgeschlossenen Beamtengesetz in Deutschland, eine umfassende Regelung seiner Rechte und Pflichten erfährt[18]. Die bisherigen Mißstände, die sich in Amtsanwartschaften, Adjunktionen und Erbpflegen zeigten, sind abgeschafft.

---

[15] Doeberl, a. a. O., Bd. II, S. 203 ff.

[16] Huber, Deutsche Verfassungsgeschichte seit 1789, Bd. I, Stuttgart 1957, S. 319 ff.

[17] Vgl. hierzu Bornhak, Verfassungsgeschichte, a. a. O., S. 319 ff.

[18] Das Gesetz v. 1. Januar 1805 (Reg.-Bl., S. 225), das erstmals die öffentlichrechtliche Natur des Beamtenverhältnisses klarstellt, geht auf den Staatsrechtslehrer Prof. Gönner zurück.

In Württemberg und Baden zeigt sich ebenfalls die Tendenz zum Einheitsstaat. Justiz und Verwaltung werden vollständig getrennt und die bisher weitgehend von den Ständen getragene Selbstverwaltung wird verstaatlicht[19]. Insbesondere hierdurch entsteht ein erheblicher Bedarf an Verwaltungsbeamten, der den Aufbau eines geordneten Berufsbeamtentums und Bemühungen um den Aufbau eines Ausbildungs- und Prüfungswesens als notwendig erscheinen läßt.

### 3. Der Konstitutionalismus

Die Idee einer Repräsentativverfassung, eine der Leitideen des Wiener Kongreßes, wird von den süddeutschen Herrschern aufgegriffen, weil hierdurch die Möglichkeit besteht, alle einflußreichen Gesellschaftsschichten am staatlichen Leben zu interessieren und damit zu beteiligen[20]. Der Volksvertretung kommt deshalb beispielsweise wie in den Verfassungen Bayerns und Badens von 1818 die Aufgabe zu, den König beim Erlaß neuer Gesetze zu beraten[21, 22]. Liberale Ideen haben nur insoweit Erfolg, als die staatliche Verwaltung hinsichtlich der Rechtsgüter der persönlichen Freiheit und des Eigentums an die Gesetze gebunden wird[23]. Darüber hinaus besteht ein uneingeschränktes Verordnungsrecht des Monarchen, aus dessen Machtvollkommenheit die Verfassungen entstanden sind[24].

In Württemberg wird der Verfassungsentwurf von 1817 abgelehnt, weil er dem „guten alten Recht", d. h. dem der Stände, widerspricht[25]. Deshalb wird bei der Verabschiedung der neuen Verfassung von 1819[26] bewußt die Form des Verfassungsvertrages erwähnt. In § 44 der Verfassungsurkunde ist der Verfassungsgrundsatz enthalten, daß niemand ein Staatsamt bekleiden darf, ohne gesetzmäßig geprüft und für tüchtig befunden zu sein. Die kurhessische Verfassung von 1831[27] und die sächsische von 1831[28] folgen auch insoweit den süddeutschen Vorbildern.

---

[19] Forsthoff, Verfassungsgeschichte, a. a. O., S. 109.

[20] Vgl. hierzu Huber, Verfassungsgeschichte, a. a. O., Bd. I, S. 315 ff.

[21] Verfassungsurkunde für das Königreich Bayern vom 26. Mai 1818 (BayGBl., S. 101).

[22] Verfassungsurkunde für das Großherzogtum Baden v. 22. Aug. 1808 (Reg.-Bl., S. 1425).

[23] Zum „Vorbehalt des Gesetzes" in den süddeutschen Verfassungen vgl. Huber, Verfassungsgeschichte, a. a. O., Bd. I, S. 321.

[24] Vgl. hierzu Forsthoff, Verfassungsgeschichte, a. a. O., S. 107 ff.

[25] Huber, Dokumente zur deutschen Verfassungsgeschichte, Stuttgart 1961, Bd. I, S. 171.

[26] Verfassungsurkunde für das Königreich Württemberg vom 25. Sept. 1819 (Reg.-Bl., S. 633).

[27] Verfassungsurkunde für das Kurfürstentum Hessen vom 5. Januar 1831 (GuVOS., S. 1 ff.).

[28] Verfassungsurkunde für das Königreich Sachsen vom 4. September 1831 (GuVOBl., S. 241).

## 4. Die Schaffung eines modernen Ausbildungs- und Prüfungswesens auf der Grundlage der Verwaltungs- und Verfassungsreform

Hinsichtlich der Ausgestaltung des modernen Berufsbeamtentums und in der Gestaltung des Ausbildungs- und Prüfungswesens nimmt Bayern bei den Mittelstaaten eine führende Rolle ein.

Das Hochschulwesen nimmt einen beachtlichen Aufschwung durch die Verlegung der Landesuniversität nach München und die Neugründungen von Erlangen und Würzburg[29]. Für alle Universitäten wird das sog. Absolutorium zur einheitlichen Universitätsabschlußprüfung. 1803[30] erfolgt eine wesentliche Neuerung dadurch, daß die Bewerber um eine Ratsstelle, die Akzessisten, im Anschluß an die Amtspraxis eine Eingangsprüfung abzulegen haben. Da die Prüfungen der Akzessisten sich auf die Tätigkeiten beziehen, die sie bisher ausgeübt haben, bleibt die Amtspraxis weiterhin spezialisiert und das Prüfungswesen wird dadurch, daß jede Behörde ihre Akzessisten selbst prüft, weitgehend zersplittert. 1809[31] wird deshalb das Prüfungswesen vereinheitlicht, indem für jeden Regierungsbezirk permanente Prüfungskommissionen gebildet werden. Die Prüfungskommissionen sind paritätisch mit Verwaltungsbeamten und Richtern besetzt und der Prüfungsstoff entspricht der Tätigkeit des Richters und höheren Verwaltungsbeamten. Geprüft werden Zivil- und Strafrecht, Zivil- und Strafprozeß, Polizeiwissenschaft und Polizeirecht, Staatswissenschaft und Finanzwissenschaft, Staatsrecht und Kirchenrecht. Als Neben- oder bloß emfehlende Fächer sind allgemeine Staatslehre, Grundsätze der Landesgeschichte und Statistik in das Prüfungsprogramm aufgenommen. 1812[32] wird aus den bei den Regierungen bestehenden Prüfungskommissionen eine einheitliche Prüfungskommission für ganz Bayern gebildet. Die Fachministerien werden insoweit stärker in die Prüfung eingeschaltet, als sie zunächst die Prüfungsaufgaben genehmigen, später sie sogar entwerfen. Hierdurch wird ein einheitlicher Prüfungsmaßstab geschaffen, ohne daß an der Zentralprüfung in der Landeshauptstadt, die bei den damaligen Verkehrsverhältnissen auf Schwierigkeiten stößt, festgehalten zu werden braucht. 1830[33] gelangt die Entwicklung in Bayern, die von Anfang an von der festen Konzeption, die Belange der Justiz und der Verwaltung in Studium, Prüfung

---

[29] Kollmann, a. a. O., S. 757.

[30] Verordnung v. 15. August 1803 (Reg.-Bl., Sp. 657).

[31] Verordnung, die Conkursprüfung der Adspiranten zum Staatsdienst betr. vom 20. September 1809 (Reg.-Bl., Sp. 1737).

[32] Verordnung vom 21. März 1812 (Reg.-Bl., Sp. 541).

[33] Verordnung, die Conkursprüfung der zum Staatsdienst adspirierenden Rechtskandidaten betr. v. 6. März 1830 (Reg.-Bl., Sp. 581).

und Ausbildung zu berücksichtigen, ausgeht und in der Praxis in verschiedenen Experimenten den Weg sucht, mit dem dieses Ziel am ehesten erreicht werden kann, zu einem Abschluß. Die nunmehr für Richter, Advokaten, Verwaltungs- und Finanzbeamte — diese hatten in den Jahren vorher noch eine Sonderlaufbahn — eingeführte Einheitsausbildung wird damit bis heute zur Grundlage des eigenständigen bayerischen Ausbildungs- und Prüfungssystems. Nach ihr zerfällt die juristische Ausbildung in einen theoretischen Abschnitt, das Studium, und einen praktischen Abschnitt, den Vorbereitungsdienst. Am Ende der beiden Abschnitte steht jeweils eine Staatsprüfung, die theoretische Referendarprüfung und die praktische Staatsprüfung, der Staatskonkurs. Die Studiendauer wird auf vier Jahre festgesetzt, wovon 1 Jahr an einer bayerischen Universität studiert werden muß. Als Prüfungsgegenstände, die ihrerseits wiederum den Lehrplan der Universitäten weitgehend bestimmen, werden Rechtsphilosophie, römisches Recht, römisches und deutsches Privatrecht, Strafrecht, Zivil- und Strafprozeß, Kirchenrecht, Polizeiwissenschaft und -recht, Staatswissenschaft, Nationalwirtschaft und Staatsfinanzwirtschaft genannt. Bei der ersten Staatsprüfung, die alljährlich an den bayerischen Hochschulen von den Professoren unter der Leitung eines Staatsbeamten abgehalten wird, werden keine Noten erteilt, sondern lediglich festgestellt, ob der Kandidat befähigt ist, in den Vorbereitungsdienst einzutreten. Die Prüfung soll sich auch auf den allgemeinen Bildungsstand erstrecken. Diese Prüfungspraxis bedeutet eine gewisse Schwerpunktverlagerung zugunsten des Staatskonkurses, an dem der Kandidat im Anschluß an einen zweijährigen Vorbereitungsdienst, der je zur Hälfte bei Verwaltungsbehörden der inneren oder Finanz-Verwaltung und bei Gerichten abzuleiten ist, teilnimmt. Hierbei entspricht der Prüfungsstoff dem der Referendarprüfung mit Ausnahme der Rechtsphilosophie. Die schriftlichen Aufgaben sind gleichmäßig auf die Justiz- und Administrativfächer verteilt. Sie werden durch zwei besondere Prüfungskommissionen beurteilt, deren Ergebnisse zu einer Gesamtnote zusammengefaßt werden. Die Aufgaben sind auf die Bedürfnisse der Praxis zugeschnitten und so gestellt, daß der Kandidat zeigen kann, ob er die an der Universität erworbenen theoretischen Kenntnisse bei der Lösung praktischer Fälle verwerten kann. Kandidaten mit einem überdurchschnittlichen Examen erhalten den sog. „Rats-Akzeß" und somit die Möglichkeit, in den bayerischen Staatsdienst einzutreten.

In Baden werden 1838[34] Vorschriften über Prüfung und Vorbereitungsdienst für den höheren Finanzdienst erlassen, die durch das gesamte 19. Jahrhundert fortbestehen. Bestrebungen, nach dem baye-

[34] Ausbildungsverordnung für den höheren Dienst im Bereich der Finanzverwaltung (StuRegBl., S. 193).

rischen Vorbild eine einheitliche Ausbildung für den höheren Justiz- und Verwaltungsdienst zu schaffen und den Finanzdienst einzubauen, sind zwar vorhanden, sie führen jedoch nicht zum Ziel. Sie werden dadurch gegenstandslos, daß 1843[35] die erste Regelung für den höheren Justizdienst erfolgt, die einen einheitlichen Beurteilungsmaßstab dadurch garantieren will, daß die Bedingungen der Universitätsabschlußprüfung gesetzlich festgelegt werden. An der Universitätsabschlußprüfung wird das Justizministerium weitgehend beteiligt, jedoch nicht die Verwaltung. Ebenso fehlt es an Vorschriften über den Vorbereitungsdienst und die zweite Staatsprüfung.

Die Aufnahme des § 44 in die Württembergische Verfassung von 1819 macht es verständlich, daß das Problem des Ausbildungs- und Prüfungswesens energischer als in Baden aufgegriffen wird. Ebenso wie der vorerwähnte Verfassungsgrundsatz preußischen Vorstellungen entspricht, läßt sich bei der 1837[36] erfolgten Regelung, die getroffen wird, nachdem 1817 Justiz, innere und, als württembergische Sonderheit, Finanzverwaltung getrennt sind[37], das preußische Vorbild deutlich erkennen. Die Möglichkeit einer geordneten Vorbildung für den höheren Verwaltungsdienst ist württembergischen Bürgern eröffnet, nachdem mit Reskript vom 17. Oktober 1817[38] an der Universität Tübingen eine staatswirtschaftliche Fakultät errichtet wird. Hierdurch ist für die späteren höheren Verwaltungs- und Finanzbeamten ein eigener Studiengang geschaffen, der im Gegensatz zu Preußen mit einer Universitätsprüfung abschließt. Mit der Neuregelung von 1837 kann die Befähigung für den höheren Dienst in der inneren Verwaltung von zwei Prüfungen abhängig gemacht werden, die beide auf die praktischen Bedürfnisse der Verwaltung zugeschnitten sind. Bei der ersten Prüfung, die an der Universität Tübingen durchgeführt wird, hat der Kandidat seine theoretischen Kenntnisse auf dem Gebiet des württembergischen Staatsrechts in Verbindung mit dem allgemeinen und dem öffentlichen Recht anderer deutscher Länder, dem gemeinen und vaterländischen Privatrecht — „vorzugsweise, soweit es für die Tätigkeit in der Verwaltung von Bedeutung ist" —, im Kirchenrecht, in den Grundzügen des Strafrechts, in der Nationalökonomie, in der Polizeiwissenschaft und im Steuer- und Rechnungswesen unter Beweis zu stellen. Gleichzeitig hat er enzyklopädische Kenntnisse in der Gewerbekunde und in der Land- und Forstwirtschaft zu zeigen. Sodann wird er zum Regiminalreferendar zweiter Klasse ernannt und während acht Monaten bei einem Bezirksamt (Land-

---

[35] Verordnung v. 28. September 1843 (StuRegBl., S. 161).

[36] Verordnung in Betr. der Dienstprüfungen im Departement des Innern vom 10. Februar 1837 (Reg.-Bl., S. 81).

[37] Dellbrügge, a. a. O., S. 30.

[38] StuRegBl., S. 101.

ratsamt) und vier Monaten bei einer Kollegialstelle des Departements beschäftigt. Im Anschluß an das praktische Jahr wird der Kandidat von den vortragenden Räten des Ministeriums des Innern geprüft, wobei neben den theoretischen Kenntnissen auf die „praktische Tüchtigkeit und Geschäftsgewandtheit“ abgestellt wird. Nach bestandener Prüfung wird der Kandidat zum Regiminalreferendar erster Klasse ernannt und seine Stellung ist mit der des heutigen Assessors in etwa vergleichbar. Ausbildung und Prüfung für den höheren Finanzdienst sind entsprechend geregelt, jedoch wird sowohl im Studium als auch während der praktischen Ausbildung mehr Gewicht auf die spezifischen Finanzfächer gelegt.

### 5. Kritische Würdigung der Ausbildungssysteme in den Mittelstaaten

Als eine wesentliche Neuerung gegenüber der ständischen Epoche, in der das fachliche Element bei der Auswahl des Beamtentums hinter die persönlichen Beziehungen zurücktrat, läßt sich in den ersten dreißig Jahren des 19. Jahrhunderts eine beachtliche Objektivierung des Prüfungs- und Ausbildungswesens erkennen. Hierdurch entstehen gleiche Startbedingungen für alle fähigen Bewerber, wodurch das Beamtentum als ein wesentlicher Träger des konstitutionellen Staates nicht nur vor der Aufnahme ungeeigneter Kräfte geschützt wird, sondern auch eine gewisse innere Stärkung erfährt. Der im konstitutionellen Staat hinsichtlich des Eigentums und der persönlichen Freiheit bestehende Gesetzesvorbehalt hat zur Folge, daß das juristische Element stärker bei der Verwaltungsausbildung betont wird. Dies gilt auch für Württemberg, wo nach preußischem Vorbild die Trennung zwischen dem höheren Verwaltungsdienst und dem Justizdienst streng durchgeführt ist.

Der wesentliche Unterschied zwischen der bayerischen und württembergischen Lösung — das badische System hat zu dieser Zeit noch kein Gewicht — hat seinen Grund darin, daß in Bayern in der Ortsinstanz die Landgerichte gleichzeitig Verwaltungs- und Gerichtsbehörden sind, während in Württemberg die Trennung zwischen Justiz und Verwaltung vollständig durchgeführt ist.

Da die jüngeren höheren Beamten nach dem Staatskonkurs in Bayern zunächst regelmäßig als Landrichter tätig sind und erst nach einigen Jahren, wenn sie sich in dieser Tätigkeit überdurchschnittlich bewährt haben, an höhere Gerichte oder Verwaltungsbehörden versetzt werden, ist die Einheitsausbildung, bei der sowohl im Studium als auch während des auf die Praxis zugeschnittenen Vorbereitungsdienstes den Belangen der Justiz und der Verwaltung gleiches Gewicht beigelegt wird, als eine pragmatische Lösung anzusehen.

## V. Der Gedanke des bürgerlichen Rechtsstaates und seine Auswirkung auf die Ausbildung der höheren Verwaltungsbeamten

Die dem ersten Drittel des 19. Jahrhunderts folgende Epoche zeigt im Rahmen der Grundkonzeption, die in Norddeutschland durch das System der Sonderausbildung und in Bayern und den seinem Beispiel folgenden Ländern durch die Einheitsausbildung gekennzeichnet ist, Abänderungen in der bisherigen Ausbildungs- und Prüfungspraxis.

Sie sind gleichermaßen interessant, ob sie ihre Ursache in dem durch den bürgerlichen Rechtsstaat geänderten Verfassungs- und Verwaltungssystem haben oder auf Bemühungen zurückzuführen sind, das bisherige System technisch zu verbessern.

### 1. Staat und Gesellschaft des bürgerlichen Rechtsstaates

Die wirtschaftspolitische Konzeption des Liberalismus führt zu einem beachtlichen Aufschwung der Industrie, die nunmehr zwar den Ordnungszweck des Staates weiterhin anerkennt, jedoch bestrebt ist, in ihren wirtschaftlichen Maßnahmen nicht mehr von den für den Merkantilismus typischen Befehlen oder Erlassen, die lediglich vom Willen des Monarchen bestimmt sind, abhängig zu sein[1]. Wenn die Forderung erhoben und durchgesetzt wird, daß der Staat durch generelle berechenbare Normen gebunden sein müsse, so entspringt diese Vorstellung den kapitalistisch orientierten Industriebetrieben, die von der staatlichen Seite her mit möglichst feststehenden Faktoren rechnen wollen. Gestützt wird dieses Postulat auch mit der Forderung nach Selbstbestimmung der Persönlichkeit, die seit ihrem Sieg in der französischen Revolution auch auf die anderen Staaten Europas übergreift. Es wird als die Aufgabe des Staates angesehen, dieses und andere Grundrechte zu schützen. In sie soll nur dann eingegriffen werden können, wenn von der Volksvertretung, dem Repräsentanten der bürgerlichen Gesellschaft, entsprechende Gesetze erlassen werden. Der in den Reformen von Stein und Hardenberg dominierende Gedanke, daß die Beteiligung aller Bevölkerungskreise am Staat zu einer Stärkung des Staates führt, wird so durch das Spannungsverhältnis von Staat und Gesellschaft abgelöst[2].

### 2. Die Entwicklung des bürgerlichen Rechtsstaates in den einzelnen deutschen Staaten

#### *a) Preußen*

Wenn auch Preußen ohne wesentliche Änderung seines Verfassungssystems aus den Freiheitskriegen hervorgeht, so führt die weise Zu-

[1] Vgl. den Überblick über die geistigen und sozialen Bewegungen in der Bürgerlichen Welt bei Forsthoff, Verfassungsgeschichte, a. a. O., S. 114 ff.
[2] Forsthoff, Verwaltungsrecht, a. a. O., S. 32 ff.

rückhaltung des Monarchen in den 30iger und 40iger Jahren des 19. Jahrhunderts dazu, daß Verwaltungsmaßnahmen grundsätzlich auf allgemein gültige gesetzliche Normen zurückgeführt werden. Dieser den Verfassungen der süddeutschen Staaten entsprechende Rechtszustand wird jedoch bisweilen durch Königliche Kabinettsordres, die der Ergänzung, Fortbildung aber auch der Durchbrechung der Gesetze dienen, unterbrochen. Ebenso wie auf diese Weise dem König die Möglichkeit verbleibt, in die Verwaltung einzugreifen, so erhält sich ein Rest höchstrichterlicher Gewalt in dem Recht zur Bestätigung von Todesurteilen und der richterlichen Erkenntnisse auf lebenslange Haft[3].

Die Wandlung zum Rechtsstaat bringt erst die Verfassung von 1850[4], die nicht nur einen Grundrechtsteil[5] enthält, sondern auch das Gewaltenteilungsprinzip[6] durchführt. Hierbei bleibt die vollziehende Gewalt Sache des Königs. Er behält somit die Macht über das Beamtentum bei, welches neben dem Offiziersstand zum wichtigsten staatstragenden Faktor wird. Deutlich wird dies im preußischen Verfassungskonflikt, bei dem es der weitgehend von konservativen Kräften beherrschten Verwaltung gelingt, die Gesetzgebung zu überspielen. Eine gewisse Vollendung erhält der bürgerliche Rechtsstaat in Preußen mit dem Ausbau der Verwaltungsgerichtsbarkeit, die 1883 abgeschlossen wird, ohne daß durch die Einführung einer verwaltungsgerichtlichen Generalklausel ein umfassender Verwaltungsrechtsschutz eingerichtet wird[7].

### b) *Bayern*

Die Forderung der Revolution von 1848 geht dahin, nicht nur bei Eingriffen in die persönliche Freiheit und das Eigentum ein förmliches Verfahren einzuführen, sondern in weitem Umfang die Verwaltung durch die Gesetze zu binden[8]. Obwohl schon während der Revolution die Verabschiedung eines Polizeigesetzes und die Trennung von Justiz und Verwaltung zugesagt wurde, erfolgt erst im Januar 1861 der entscheidende Durchbruch zum Rechtsstaat moderner Prägung. Durch das Gerichtsverfassungsgesetz[9] und das Polizeistrafgesetzbuch[10] wird das Richteramt verselbständigt, das auf der volksnahen Unterstufe der Verwaltungshierarchie im Pflegeramt die Omnipotenz der Staatsgewalt ver-

---

[3] Vgl. hierzu Huber, Verfassungsgeschichte, a. a. O., Bd. II, S. 19 ff.

[4] Preußische (revidierte) Verfassung v. 31. Januar 1850.

[5] Art. 3 ff.

[6] Art. 45, 62, 86.

[7] Zur Geschichte der Verwaltungsrechtspflege vgl. beispielsweise Werner, „Die Verwaltungsrechtspflege hört auf“, Deutsche Verwaltung 1949, S. 168 ff.

[8] Einzelnachweis bei Mayer, a. a. O., S. 71 ff.

[9] Gerichtsverfassungsgesetz vom 10. 11. 1861.

[10] Zur Entstehungsgeschichte vgl. Mayer, a. a. O., S. 71 ff.

anschaulichte[11]. Das Normsetzungsrecht der Polizei wird von der speziellen Ermächtigung des Gesetzgebers abhängig gemacht und der polizeiliche Einzeleingriff der „Spezialdelegation der Legislative“ unterstellt.

### 3. Der Einfluß des bürgerlichen Rechtsstaates auf das Ausbildungs- und Prüfungswesen

Trotz der bedeutenden Verfassungs- und Verwaltungsumwälzungen bleibt das Ausbildungssystem in den einzelnen Staaten zunächst weitgehend an den früheren Vorstellungen orientiert. Nur langsam wird eine schrittweise Neuorientierung sichtbar, die in den einzelnen Staaten nicht unerhebliche Abweichungen aufweist.

#### *a) Preußen*

1838[12] ergeht in Preußen ein Regulativ über die Prüfung der Landratsamtskandidaten. Aus ihm ist zu ersehen, daß grundsätzlich die Landratsämter mit Beamten, die die Befähigung zum höheren Verwaltungsdienst oder Richteramt erworben haben, besetzt werden sollen. Wenn für Landratsamtskandidaten noch geringere Anforderungen an die Vorbildung und ein wesentlich vereinfachtes Prüfungsverfahren festgelegt werden, so hat das seine Gründe darin, daß zunächst noch nicht genügend Beamte mit der Befähigung zum höheren Verwaltungsdienst vorhanden sind. Formell bleibt diese Regelung noch lange Zeit bestehen. Sie verliert jedoch ihre praktische Bedeutung dadurch, daß in immer stärkerem Maße Landratsämter mit Anwärtern besetzt werden, die die Befähigung zum höheren Verwaltungsdienst erworben haben[13].

Einen wesentlichen Schritt nach vorne bringt das Regulativ über die Befähigung zu den höheren Ämtern der Verwaltung von 1846[14], die erste umfassende Regelung über Vorbildung, Vorbereitungsdienst und Prüfungen. Es ist insoweit typisch für die Übergangsperiode zum bürgerlichen Rechtsstaat, weil ein erhebliches Gewicht auf eine solide wissenschaftliche und praktische juristische Ausbildung der höheren Verwaltungsbeamten gelegt wird, ohne daß dabei die früher vorherrschende kameralistische Ausbildung wegfallen soll. Grundsätzlich hat nunmehr der Bewerber für den höheren Verwaltungsdienst ein abgeschlossenes juristisches Studium nachzuweisen, welches im wesentlichen im Studium des in hoher Blüte stehenden Privatrechts besteht. Nach der ersten juristischen Staatsprüfung hat er als Auskultator in den juristischen

---

[11] Mayer, a. a. O., S. 83.

[12] Regulativ vom 13. Mai 1838, (G. S., S. 423).

[13] von Dellbrück, Die Ausbildung für den höheren Verwaltungsdienst in Preußen, Jena 1917, S. 9.

[14] Regulativ vom 14. Februar 1846 (G. S., S. 149).

Vorbereitungsdienst einzutreten[15]. Nach der Referendarprüfung, oder wenn ihm hierzu das Zeugnis der Reife erteilt ist, kann der Rechtskandidat sich um Übernahme als Regierungsreferendar bewerben. Hierbei hat er sich einer Eignungsprüfung zu unterziehen, in der er den Nachweis erbringen muß, daß er sich während des Studiums hinreichend mit den Staatswissenschaften, den Grundsätzen der Nationalökonomie und der Polizei- und Finanzwirtschaft vertraut gemacht und wenigstens allgemeine Kenntnisse in den kameralistischen Hilfswissenschaften, insbesondere in der Landwirtschaftslehre, erworben hat[16]. Nach dieser Eingangsprüfung, die vom Regierungspräsidenten und zwei Räten durchgeführt wird, erfolgt die Ernennung zum Regierungsreferendar und die Ausbildung in allen Geschäftsbereichen der Regierung, die allen höheren Beamten, die dort tätig sind, als eine besonders wichtige Obliegenheit nahegelegt wird. Darüber hinaus wird der Regierungsreferendar bei einem Landratsamt beschäftigt. Entsprechend der früheren Übung[17] soll er unter Anleitung erfahrener höherer Beamten von leichteren zu schwierigeren Amtsgeschäften geführt werden und bei hinreichender Qualifikation die Gelegenheit erhalten, einen Landrat oder Kreissekretär zu vertreten[18].

Die Zulassung zu der Prüfung vor der Oberexamenskommission für den höheren Verwaltungsdienst wird von einem eingehenden Reifezeugnis, welches der Regierungspräsident zu erstellen hat, abhängig gemacht. Der schriftliche Teil der Prüfung besteht aus drei wissenschaftlichen Arbeiten, die über einen staatswissenschaftlichen, „polizeilichen“ und finanziellen Gegenstand anzufertigen sind. Ebenso wie bei der mündlichen Prüfung, in der der Referendar einen wohlgeordneten, klaren und gründlichen Vortrag halten muß, wird in der schriftlichen Prüfung darauf abgestellt, daß der künftige höhere Verwaltungsbeamte „neben einer soliden Bildung ein gewandtes eindringendes Urteil und gründliche, zusammenhängende und in ihrer praktischen Bedeutung aufgefaßte theoretische Kenntnisse in den Gegenständen seines künftigen Berufs“ hat[19].

---

[15] Der damalige Ausbildungsgang der Justizjuristen sieht drei Abschnitte vor. Die erste Staatsprüfung — pro auscultatore — verschafft den Rechtskandidaten die Befähigung zur Auscultatur, d. h. zum Bürodienst. Die zweite — pro referendariatu —, die nach mehrjähriger Ausbildung bei den Gerichten erster Instanz erfolgt, eröffnet die Möglichkeit, bei einem Untergericht als Richter oder Advokat tätig zu sein. Mit der dritten Staatsprüfung, dem Assessorexamen, die nach einer mehrjährigen Referendarzeit bei einem Appellationsgericht erfolgt, wird die Befähigung zum Dienst bei Obergerichten erlangt.

[16] § 2 des Regulativs von 1846.

[17] Vgl. S. 24 oben.

[18] §§ 9, 10 des Regulativs von 1846.

[19] §§ 17 ff. des Regulativs von 1846.

Bei dieser Regelung verbleibt es auch, nachdem in Preußen die Entwicklung zum Rechtsstaat abgeschlossen ist. Sie wird jedoch jäh im Jahre 1868 unterbrochen. Die Regierungspräsidenten erhalten durch die Minister des Innern und der Finanzen die Weisung, die Eingangsprüfungen für Regierungsreferendare einzustellen[20]. Der Erlaß wird damit begründet, daß durch die Übernahme neuer Landesteile eine starke Überbesetzung mit höheren Beamten vorhanden sei, die eine vorübergehende Sperrung des Zugangs zum höheren Verwaltungsdienst erforderlich mache[21]. Da kurze Zeit später nicht nur die Justitiariate, sondern auch klassische Dezernate bei den Regierungen mit Gerichtsassessoren besetzt werden, wird offensichtlich, daß die in dem Erlaß gegebene Begründung nicht allein ausschlaggebend gewesen sein kann.

Der Erlaß steht im Zusammenhang mit einer Regierungsvorlage der preußischen Staatsregierung. Diese sieht eine Neuordnung der juristischen Prüfung und der Vorbereitung zum höheren Justizdienst vor. Für alle Gerichtsreferendare ist ein einjähriger Vorbereitungsdienst bei Verwaltungsbehörden in Aussicht genommen[22]. Bei der parlamentarischen Beratung im Preußischen Abgeordnetenhaus wird das Verwaltungsjahr gestrichen und die 1869 erlassene Justizausbildungsordnung[23] ausschließlich auf die Bedürfnisse der Justiz, der Staatsanwaltschaft, der Rechtsanwaltschaft und des Notariats zugeschnitten. Nachdem das Verwaltungsjahr abgelehnt worden ist, beschließt das Abgeordnetenhaus, die beabsichtigte Neuregelung der Vorschriften über die Befähigung zu den höheren Ämtern der Verwaltung zu beschleunigen. Bei der Beratung mehrerer Gesetzesentwürfe[24] kommt es zu lebhaften Debatten, die nicht unter sachlichen, sondern auch unter politischen Erwägungen geführt werden. Hierbei wird die Auffassung vertreten, daß der Widerstand der meist konservativen Beamtenschaft, der sich gegen die neue Ordnung stemme, am besten dadurch überwunden werden könne, daß man die Verwaltungsbeamten durch eine stramme juristische Schulung zur Achtung vor dem Gesetz erziehe. Schließlich kommt es doch 1879 zur Verabschiedung des Gesetzes betreffend die Befähigung für den höheren Verwaltungsdienst[25]. Von den Überlegungen, die zur Wiedereinführung

---

20 Nichtveröffentlichter Erlaß v. 30. Mai 1868, zitiert bei Dellbrügge, a. a. O., S. 11 und bei der Herrfurth, Das Gesetz betr. die Befähigung zum höheren Verwaltungsdienst vom 11. März 1879, Berlin, 1888, S. 1.

21 Dellbrügge, a. a. O., S. 11.

22 Dellbrügge, a. a. O., S. 11.

23 Nach dem Gesetz v. 6. Mai 1869 (G. S. S. 656) ist das Referendarexamen nach einem mindestens 3jährigen Universitätsstudium und die große Staatsprüfung nach einem mindestens 4jährigen Vorbereitungsdienst abzulegen.

24 Eine eingehende Schilderung über die Entstehung des Gesetzes gibt Herrfurth, a. a. O., S. 1—20. Ihr sind die wesentlichen Faktoren entnommen.

25 Gesetz vom 11. März 1879 (G. S., S. 160).

des Systems der Sonderausbildungen führen, sind als wichtigste folgende hervorzuheben[26]: Ziel der großen juristischen Staatsprüfung sei es, zu erforschen, ob der Referendar für die Praxis hinreichende Kenntnisse des gemeinen und preußischen Rechts erworben habe, um als Richter, Rechtsanwalt oder Notar tätig zu sein. Wenn man nicht ein besonderes Schwergewicht darauf lege, daß der in der Verwaltung tätige höhere Verwaltungsbeamte einen nachhaltigen Eindruck vom Verwaltungsrecht und den Verwaltungseinrichtungen in ihrer praktischen Arbeit erhalte, bestehe die Gefahr, daß er die praktischen Anforderungen des Lebens nicht mit dem geschriebenen Gesetz in Einklang bringen könne. Ein Hinweis darauf, daß sich die getrennte Vorbildung in Preußen überaus bewährt habe, wird mit dem Gedanken verbunden, daß die Beseitigung der Sonderausbildung für den Verwaltungsdienst möglicherweise das untragbare Ergebnis der Ämterpatronage zur Folge haben könne.

Die neue Ausbildungs- und Prüfungsordnung für den höheren Verwaltungsdienst zeigt, daß der Gedanke des bürgerlichen Rechtsstaats zu einer stärkeren Betonung des juristischen Elements bei der Ausbildung führt. Zwar ist noch von einem mindestens[27] dreijährigen Studium der Rechte *und der Staatswissenschaften* die Rede. Dadurch jedoch, daß nach § 2 des Gesetzes der Kandidat im Anschluß an das Studium die erste juristische Staatsprüfung abzulegen hat, werden die Staatswissenschaften in der Prüfung nur entsprechend den Anforderungen des höheren Justizdienstes geprüft. Solange die Staatswissenschaften nur in der mündlichen Prüfung als Nebenfach berücksichtigt werden, wird es in das Belieben des Studenten gestellt, sich während des Studiums eingehend mit diesen Disziplinen zu beschäftigen. Der Vorschlag der Kommission des Abgeordnetenhauses, daß zu der ersten juristischen Prüfung für die späteren höheren Verwaltungsbeamten noch ein staatswissenschaftlich-nationalökonomisches Examen hinzutreten solle, wird bei den Beratungen des Plenums abgelehnt[28].

Auch bei der Ausgestaltung des Vorbereitungsdienstes tritt das justizielle Element weit stärker als bei dem Regulativ von 1846 hervor. Der spätere Regierungsreferendar muß zunächst für die Dauer von mindestens zwei Jahren den Vorbereitungsdienst bei den Gerichtsbehörden absolvieren und dies durch Zeugnis nachweisen[29]. Sodann hat er die

---

[26] Hierbei ist auch die Darstellung der Entstehungsgeschichte bei Dellbrügge, a. a. O., S. 12 ff. berücksichtigt.

[27] Mit der Formulierung sollte nach Herrfurth, a. a. O., S. 21, die Streitfrage, ob ein 3- oder 4-jähriges Studium erforderlich sei, unentschieden bleiben.

[28] Herrfurth, a. a. O., S. 22, 23.

[29] §§ 3, 4 des Gesetzes von 1879.

Möglichkeit, sich bei einer Regierung um Übernahme als Regierungsreferendar zu bewerben. Hierbei findet eine besondere Einstellungsprüfung oder eine persönliche Vorstellung nicht statt. Die Übernahme erfolgt lediglich nach dem jeweiligen Bedarf und aufgrund der Zeugnisse. Während des sich anschließenden zweijährigen Vorbereitungsdienstes bei Verwaltungsbehörden unterliegt der Regierungsreferendar dem vom Regierungspräsidenten aufgestellten Ausbildungsplan. Für diesen wird durch ein Regulativ von 1883 ein gewisser Rahmen abgesteckt[30]. Der Vorbereitungsdienst beginnt bei der Regierung. In einem Zeitraum von mindestens 15 Monaten ist der Referendar mindestens 4 Monate bei einem Bezirksausschuß und 4 Monate bei der Finanzabteilung der Regierung zu beschäftigen[31]. Nach der Ausbildung bei der Regierung ist die verbleibende Zeit von 9 Monaten für eine praktische Tätigkeit bei einem Landrat oder dem Vorstand einer Stadtgemeinde vorgesehen. In Fortführung des schon im Regulativ von 1846 enthaltenen Gedankens wird hinsichtlich der Gestaltung des Vorbereitungsdienstes bestimmt, daß der Referendar nicht nur sorgfältig in den Dienstgeschäften ausgebildet werden müsse, sondern ihm darüber hinaus auch Gelegenheit geboten werden solle, sich wissenschaftlich weiterzubilden[32].

Mit der Prüfung für den höheren Verwaltungsdienst soll festgestellt werden, ob der Kandidat persönlich befähigt und gründlich ausgebildet ist, um im höheren Verwaltungsdienst eine selbständige Stellung mit Erfolg zu bekleiden[33]. Der Kandidat hat je eine wissenschaftliche Arbeit aus dem Gebiet des Staats- und Verwaltungsrechts und der Volks- und Staatswirtschaftslehre anzufertigen, wozu ihm jeweils 6 Wochen Zeit zur Verfügung stehen. In der mündlichen Prüfung werden Privatrecht, Volkswirtschaftslehre und Finanzpolitik geprüft. Besonderes Gewicht wird auf Verfassungs- und Verwaltungsrecht gelegt[34].

### *b) Bayern*

In Bayern werden nach den wichtigen Reformen des Jahres 1861 Überlegungen angestellt, ob das Ausbildungs- und Prüfungssystem der 30iger Jahre nicht umgestaltet werden müsse. Dies geschieht insbesondere deshalb, weil der eigentliche Grund für die bayerische Einheitsausbildung, die Verbindung von Justiz und Verwaltung in den Pflegeämtern, weggefallen ist[35].

---

[30] §§ 1—3 des Regulativs vom 30. November 1883 (G. S., S. 160).

[31] § 9 des Regulativs von 1883.

[32] §§ 6, 7, 11 des Regulativs von 1883.

[33] § 7 des Gesetzes von 1879.

[34] Wegen der Ausgestaltung der Prüfung wird auf §§ 14—28 des Regulativs von 1883 verwiesen.

[35] Vgl. S. 25 oben.

Die für den bürgerlichen Rechtsstaat typische Tendenz, das justizielle Element stärker zu betonen, kommt jedoch nur dadurch zum Ausdruck, daß 1863[36] der Vorbereitungsdienst bei den Gerichten um ein halbes Jahr und damit insgesamt auf 2½ Jahre verlängert wird. Eine weitere Ausdehnung des Vorbereitungsdienstes wird aufgrund des Gerichtsverfassungsgesetzes des Reiches von 1877[37] im Jahre 1880[38] erforderlich. Nunmehr wird der Vorbereitungsdienst auf 3 Jahre ausgedehnt, wobei es bei der Verwaltungsausbildung von 12 Monaten bleibt, während die justizielle Ausbildung auf 18 Monate bei den Gerichten und auf 6 Monate bei einem Anwalt, der bei einem Kollegialgericht zugelassen sein muß, erweitert wird[39]. Auch in Bayern tritt so die Vorstellung, daß die Verwaltung im wesentlichen Gesetze zu vollziehen habe, in den Vordergrund.

Hinsichtlich des Prüfungsverfahrens bleibt es dabei, daß die Probeaufgaben (Klausuren) paritätisch dem Bereich der Justiz und dem der Verwaltung entnommen werden. Gleichzeitig wird in Bayern in der mündlichen Prüfung, ähnlich der preußischen Justizausbildungsordnung, der mündliche Vortrag eingeführt, der dem bürgerlichen Recht zugeordnet ist[40].

### *c) Baden*

Baden kommt in der Epoche des bürgerlichen Rechtsstaats zu einer ähnlichen Lösung des Ausbildungs- und Prüfungssystems wie Bayern.

Nachdem zunächst nur eine Ausbildungsordnung für den höheren Dienst in der Finanzverwaltung bestand[41] und 1843[42] im Verordnungswege die Prüfung der Kandidaten durch das Justizministerium geregelt wurde, wird 1853[43] neben dem Studium und der ersten Staatsprüfung auch der Vorbereitungsdienst und die zweite Staatsprüfung geordnet. Sie wird 1868[44] durch eine neue Verordnung über die Vorbereitung zum höheren Justiz- und Verwaltungsdienst ersetzt, in der eine sechsmonatige Vorbereitungszeit bei den Verwaltungsbehörden innerhalb eines zweijährigen Vorbereitungsdienstes vorgesehen ist. Eine entsprechende Re-

---

[36] Verordnung v. 7. August 1863 (Reg.-Bl., Sp. 313).

[37] Gesetz v. 27. Januar 1877 (RGBl., S. 41).

[38] Verordnung über die Prüfung für den höheren Justiz- und Verwalttngsdienst und die Vorbereitung für diese Prüfungen v. 25. April 1880 (GuVOBl., S. 261).

[39] § 4 der Verordnung von 1880.

[40] §§ 18, 19, 21, der Verordnung von 1880.

[41] Vgl. S. 30 oben.

[42] Verordnung vom 28. September 1843 (StuReg.Bl., S. 161). In dieser Verordnung wird erstmals der Studienstoff aufgeführt.

[43] Verordnung über die Vorbereitung zum öffentlichen Dienst in der Justiz- und der inneren Staatsverwaltung vom 16. Dezember 1853 (Reg.-Bl., S. 429).

[44] Verordnung vom 6. Mai 1868 (Reg.-Bl., S. 529).

lation zwischen Ausbildung bei Gerichten und Verwaltungsbehörden wird beibehalten, nachdem durch das Gerichtsverfassungsgesetz eine Neuordnung erforderlich wird. Entsprechend der bayerischen Regelung vom gleichen Jahre wird durch die Verordnung vom 10. Juli 1880[45] der Vorbereitungsdienst auf 3 Jahre verlängert, wobei 12 Monate für den Dienst bei Verwaltungsbehörden vorgesehen sind. In den Ausführungsanweisungen von 1880[46] wird vorgeschrieben, daß die Rechtspraktikanten in den gesamten Geschäftsbereich der Bezirksämter einzuführen, mit dem Gemeindewesen vertraut zu machen und sowohl dort wie während des Vorbereitungsdienstes bei den Verwaltungskollegien zu selbständigen Arbeiten und Vorträgen heranzuziehen seien. Obwohl die Ausbildung für den höheren Finanzdienst getrennt bleibt[47], wird auch für die späteren Richter und höheren Verwaltungsbeamten das Studium der Finanzwissenschaft zur Pflicht gemacht. Das Studium hat neben der Rechtswissenschaft Nationalökonomie und Staatswissenschaften zu umfassen. In der ersten Staatsprüfung werden diese Fächer sämtlich berücksichtigt. Um den Belangen der Verwaltung gerecht zu werden, sind Kommissare des Ministeriums des Innern bei der ersten Prüfung, die durch das Justizministerium erfolgt, zugegen[48]. Nach dem Abschluß der zweiten Staatsprüfung, bei der ebenfalls die Verwaltung beteiligt ist, wird der „Rechtskandidat" zum „Referendar" ernannt und als unbesoldeter Hilfsarbeiter in richterlichen und Verwaltungsgeschäften verwendet bis eine Anstellung, die normalerweise nur Kandidaten mit überdurchschnittlichen Examensleistungen offensteht, erfolgt[49].

### d) Hannover

Das Königreich Hannover führt im Jahre 1852[50] schon verhältnismäßig früh die erste juristische Prüfung als Eingangsprüfung für den höheren Justiz- und Verwaltungsdienst ein. Nach der ersten Staatsprüfung ist ein vierjähriger Vorbereitungsdienst zu absolvieren, wovon je 1½ Jahre in der Justiz und in der Verwaltung abzuleisten sind. Das vierte Jahr kann auf sonstige geeignete Weise zur Ausbildung verwendet werden[51]. Hierbei wird bei denjenigen, die sich später um eine Übernahme in den höheren Verwaltungsdienst bewerben, erwartet, daß sie diese Zeit

---

45 GuVOBl., S. 189.

46 Ausführungsanweisungen v. 3. August 1880 (GuVOBl., S. 291, 296).

47 Durch Verordnung v. 17. März 1881 (GuVOBl., S. 189) wird sie nochmals neu geregelt.

48 §§ 2, 3, 7 der Verordnung von 1868.

49 §§ 17, 19, 21 der Verordnung von 1868.

50 Bekanntmachung die Prüfung und weitere Ausbildung für den Justizdienst betreffend v. 15. September 1852 (G. S., S. 303) und Verordnung über die Prüfung der Verwaltungsbeamten v. 16. September 1852 (G. S., S. 327).

51 §§ 3, 4, 6 der Verordnung von 1852.

zur Ausbildung in Verwaltungsgeschäften benutzen. Am Ende des Vorbereitungsdienstes wird die große juristische Staatsprüfung abgelegt und die Befähigung zum Richteramt erteilt. Zu einer weiteren Prüfung, in der die Befähigung für den höheren Verwaltungsdienst unter Beweis zu stellen ist, werden nur dann Bewerber zugelassen, wenn neue Anstellungen in der Verwaltung erforderlich sind. Bei dieser Prüfung werden auch die schriftlichen Arbeiten, die der Kandidat in seiner Ausbildungszeit verfaßt hat, und die Dienstzeugnisse beurteilt. Darüber hinaus hat der Bewerber vor der Prüfungskommission einen Aktenvortrag zu halten und wird über Fragen des öffentlichen Rechts, der Volkswirtschaftslehre und der Finanzwissenschaft anhand von praktischen Fällen mündlich geprüft[52].

Durch eine neue Verordnung vom 17. Januar 1856[53] wird in Hannover das System der Sonderausbildungen für den höheren Justiz- und Verwaltungsdienst eingeführt. Diese wesentliche Neuerung besteht darin, daß nach Abschluß eines 1½-jährigen Vorbereitungsdienstes bei den Justizbehörden nur so viele Regierungsreferendare („Amtsauditoren") für den Vorbereitungsdienst in der Verwaltung zugelassen werden, um den künftigen Bedarf zu decken[54]. Diese schließen einen 2½-jährigen Vorbereitungsdienst bei den Verwaltungsbehörden mit einer Staatsprüfung, die ihnen die Befähigung für den höheren Verwaltungsdienst verleiht, ab[55].

### *e) Württemberg*

Am spätesten von allen deutschen Staaten wird die Entwicklung zum bürgerlichen Rechtsstaat im Ausbildungs- und Prüfungswesen Württembergs sichtbar. 1885[56] wird für die „Regiminalreferendare", die nunmehr entsprechend dem preußischen Vorbild „Regierungsreferendare" heißen, anstelle des früheren staatswissenschaftlichen Studiums, für das an der Universität in Tübingen eine eigene Fakultät bestand[57], das Studium der Rechte und der Staatswissenschaften eingeführt. Nach der ersten Staatsprüfung wird der Kandidat zum Regierungsreferendar zweiter Klasse ernannt und ein Jahr bei einem Bezirksamt, wahlweise ½ Jahr bei einem Bezirksamt oder bei einer Gemeindeverwaltung und ein weiteres halbes

[52] §§ 11—20 der Verordnung von 1852.

[53] G. S., S. 25.

[54] § 4 der Verordnung von 1856.

[55] § 15 der Verordnung von 1856.

[56] Verordnung v. 7. November 1885 betr. die höheren Dienstposten im Departement des Innern (Reg.-Bl., S. 491).

[57] Vergleiche S. 30 oben. Zur Aufnahme in den juristischen Vorbereitungsdienst sind nur 6 Semester erforderlich.

Jahr bei einer Kollegialstelle des Ministeriums des Innern ausgebildet[58]. Sodann schließt sich die sog. zweite höhere Dienstprüfung an, die in ihrem schriftlichen Teil je einen praktischen Fall aus dem Gebiet der Verwaltung, der Verwaltungsrechtspflege und des Strafrechts, die aufgrund von vorbereiteten Aktenstücken relationsmäßig bearbeitet werden müssen, und aus schriftlich zu beantwortenden Fragen aus dem Steuer- und Rechnungswesen besteht. In der mündlichen Prüfung werden ebenso wie in der ersten Staatsprüfung Straf-, Zivil- und Prozeßrecht, Kirchenrecht, Staatsrecht, Volkswirtschafts- und Verwaltungslehre und zusätzlich Steuerlehre, Steuerrecht und Rechnungswesen geprüft. Im Anschluß an die zweite höhere Dienstprüfung erfolgt die Ernennung zum Regierungsreferendar erster Klasse. Dieser hat damit eine dem Regierungsassessor in Preußen entsprechende Stellung.

Die Vollendung der für den Rechtsstaat typischen Entwicklung erfolgt durch die Verordnung vom 7. Dezember 1903[59]. Für Gerichts- und Regierungsreferendare wird nunmehr das gleiche Studium verlangt, und die erste Staatsprüfung ist für alle Rechtskandidaten die des höheren Justizdienstes. Der Vorbereitungsdienst beginnt für alle geprüften Rechtskandidaten einheitlich bei Gericht. Nach einem Jahr können sie sich um Übernahme in den Vorbereitungsdienst des Ministeriums des Innern bewerben. Der zweijährige Vorbereitungsdienst in der inneren Verwaltung erfolgt beim Bezirksamt, in einer Gemeinde und in einer Kollegialbehörde des Ministeriums des Innern. Bei der Staatsprüfung für den höheren Verwaltungsdienst, nach der die Ernennung zum „Regierungsreferendar“ (Regierungsassessor) erfolgt, wird bei den Aufsichtsarbeiten ein verstärktes Gewicht auf die justiziellen Fächer gelegt.

### *f) Sachsen*

In Sachsen wird erstmals durch ein Regulativ von 1859, welches bereits 1863[60] durch eine Neuregelung ersetzt wird, eine Ordnung der Vorbereitung für den höheren Verwaltungsdienst geschaffen. Sie lehnt sich zunächst noch stark an das Akzeßsystem an. Von den Studenten, die später in den höheren Verwaltungsdienst eintreten wollen, wird verlangt, daß sie sich neben dem Rechtsstudium im engeren Sinne mit staatswissenschaftlichen Disziplinen, insbesondere mit dem allgemeinen deutschen und sächsischen Staatsrecht, dem Völkerrecht, der Politik, der Polizeiwissenschaft, dem Verwaltungsrecht, der Statistik, der Nationalökonomie, der Finanzwirtschaft, der Technologie und der Land- und Forstwirt-

---

[58] §§ 14, 15 der Verordnung von 1885.

[59] Reg.-Bl., S. 591. Sie ist ein Pendant zu der am gleichen Tag ergangenen königlichen Verordnung für den höheren Justizdienst (Reg.-Bl., S. 583).

[60] Regulativ vom 12. März 1863 (GuVoBl., S. 109).

schaftslehre beschäftigen und ihre Kenntnisse durch die entsprechenden Praktika vertiefen. Nach der Universitätsabschlußprüfung, von der das Regulativ bestimmt, daß sie die staatswissenschaftlichen Disziplinen mit berücksichtigen solle, fällt die Vorbereitung zum höheren Justizdienst und höheren Verwaltungsdienst zunächst zusammen. Nach mindestens einjähriger Vorbereitungszeit bei unteren Gerichten erhält der sog. Accessist nach einer Prüfung die Befähigung als verpflichtender Protokollant. Er kann sich sodann entscheiden, ob er in einer Art gehobenem Justizdienst verbleiben, oder sich auf die Befähigung zum höheren Justizdienst oder höheren Verwaltungsdienst vorbereiten will. Für den weiteren Vorbereitungsdienst in der Verwaltung werden normalerweise nur die Kandidaten zugelassen, die die Universitätsabschlußprüfung und die Prüfung als verpflichtender Protokollant mit der ersten oder zweiten Prüfungsnote bestanden haben. Sie haben sich nach einer dreimonatigen Einführungszeit, die bei einer Verwaltungsbehörde erster Instanz abzuleisten ist, einer Accessprüfung, in gewissem Sinn einer Vorprüfung für den Verwaltungsdienst, zu unterziehen. Diese besteht aus einer schriftlichen Arbeit des öffentlichen Rechts und aus einem Vortrag über einen praktischen Verwaltungsfall oder einen Verwaltungsrechtsstreit. Die Verwaltungsaccessisten werden sodann auf die Dauer von regelmäßig zwei Jahren in der Verwaltung beschäftigt und in ihrer Fortbildung in jeder Weise gefördert. Hierbei wird darauf Wert gelegt, daß sie einen möglichst umfassenden Einblick in die Verwaltung erhalten. Nach Ablauf dieser Zeit besteht die sog. Abschlußprüfung in ihrem schriftlichen Teil aus einer praktischen Verwaltungsaufgabe und einer Relation in einer Verwaltungsstreitsache. Nach der Prüfung, die auch ein sehr eingehendes mündliches Examen umfaßt, wird der Accessist zum Referendar ernannt. Er hat damit die Qualifikation, als Rat bei einer Kreisdirektion oder einer anderen Mittelbehörde im Bereich des Ministeriums des Innern oder als Amtshauptmann tätig zu sein. Meistens dauert es einige Jahre, bis er in eine entsprechende Planstelle eingewiesen werden kann.

Durch Verordnung vom 9. Dezember 1897[61] wird das Regulativ von 1863 aufgehoben, nachdem schon vorher in immer stärkerem Maße Assessoren mit allgemeinjuristischer Vorbildung eingestellt worden sind. Dies ist deshalb möglich, weil es sächsischer Praxis entspricht, in die Staatsprüfungen für das Richteramt verwaltungsrechtliche Fragen mit einzubeziehen. Schließlich wird bei der Neufassung der Verordnung, den Vorbereitungsdienst zur Erlangung der Fähigkeit zum Richteramt betreffend, die im Anschluß an das Gerichtsverfassungsgesetz erfolgt, bestimmt, daß von dem insgesamt vierjährigen Vorbereitungsdienst ein Teil bei Verwaltungsbehörden abzuleisten ist. Normalerweise ist dies ein

---

[61] GuVBl., S. 172.

Jahr; da jedoch die justizielle Ausbildung nach dem Gerichtsverfassungsgesetz zwei Jahre beträgt, besteht für die Kandidaten, die sich für eine spätere Übernahme in die Verwaltung interessieren, nur noch die Möglichkeit, 2 Jahre bei Verwaltungsbehörden ausgebildet zu werden[62].

### 4. Kritische Würdigung der durch den bürgerlichen Rechtsstaat geprägten Ausbildungs- und Prüfungsordnungen

In allen deutschen Staaten, gleichgültig ob eine Einheitsausbildung oder je eine Sonderausbildung für den höheren Justiz- und den höheren Verwaltungsdienst vorgeschrieben ist, führt die Grundkonzeption des bürgerlichen Rechtsstaats dazu, daß der justiziellen Ausbildung mehr Gewicht als der mehr die Sachaufgaben der Verwaltung betonenden Verwaltungsausbildung zugerechnet wird. Diese Entwicklung ist allzu verständlich, wenn man die damalige liberale Grundhaltung, die davon ausgeht, daß zumindest im wirtschaftlichen Bereich das freie Spiel der Kräfte zu marktgerechten Verhältnissen führe, berücksichtigt und hierdurch zu dem weiteren Schluß kommt, daß der Staat im wesentlichen Sicherheitsaufgaben wahrzunehmen habe. Insoweit muß der Gesetzesvorbehalt, der in Verbindung mit den Grundrechten einen nachhaltigen Einfluß auf die Verwaltungspraxis haben muß, dazu führen, daß die Verwaltungsbeamten in erster Linie in der richtigen Anwendung des Gesetzes geschult werden. Bei dem hohen Stand der Zivilistik, der Staatsrecht und Verwaltungsrecht kein entsprechendes Pendant zu bieten haben, erscheint es erforderlich, dem späteren höheren Verwaltungsbeamten sowohl während des juristischen Studiums als auch zumindest in einer Hälfte des Vorbereitungsdienstes eine justizjuristische Ausbildung zu geben.

Der Versuch in Preußen, die Verwaltungsausbildung ganz abzuschaffen und Gerichtsassessoren in der Verwaltung zu verwenden, erweist sich als Fehlschlag, so daß das Parlament sich nach 10 Jahren bereit findet, trotz der Abneigung gegen eine gewisse konservative Tendenz der preußischen höheren Verwaltungsbeamten am Prinzip der Sonderausbildung festzuhalten. Lediglich dann, wenn das Preußische Justizministerium sich bereit gefunden hätte, sowohl während des Studiums als auch während der Referendarzeit und in beiden Staatsprüfungen die Belange der Verwaltung hinreichend zu berücksichtigen, wäre den Bemühungen in Preußen um eine echte Einheitsausbildung ein Erfolg zuteil geworden. Hiermit wäre gleichzeitig der Weg eröffnet worden, in allen deutschen Staaten zu einer Einheitsausbildung nach bayerischem Vorbild zu kommen. Deren pragmatische Grundlage ist zwar mit der Trennung der

---

[62] Dellbrügge, a. a. O., S. 26.

Justiz und der Verwaltung in der Ortsinstanz weggefallen, jedoch sprechen nicht unbeachtliche Gründe für deren Einführung bzw. Beibehaltung in kleineren Territorien. Bei der „echten“ Einheitsausbildung, bei der während des Studiums die Belange der Justiz und Verwaltung berücksichtigt werden, und die Ausbildungsstationen während der Referendarzeit annähernd gleichwertig auf Justiz und Verwaltung verteilt sind — eine zeitliche Gleichordnung ist hierbei nicht unbedingt erforderlich — braucht der Assessor die Berufswahl erst zu treffen, nachdem er während des Vorbereitungsdienstes einen umfassenden Einblick in die juristische Praxis erhalten hat. Geht man davon aus, daß er die Wahl nach seinen persönlichen Neigungen trifft, so werden Justiz, Verwaltung und den freien Berufen die Kräfte zugeführt, die am besten für die jeweils spezifische Tätigkeit und Denkungsweise geeignet sind. Der Staat als Dienstherr hat die Möglichkeit, aus einer größeren Zahl von Bewerbern diejenigen auszuwählen, die ihm aufgrund ihrer Leistungen während des Vorbereitungsdienstes bzw. wegen ihrer persönlichen Qualitäten als hinreichend qualifiziert erscheinen. Demgegenüber bedeutet die Aufnahme in die Sonderausbildung für die Verwaltung, die notwendigerweise mit einem am Bedarf orientierten Numerus Clausus verbunden sein muß, eine gewisse Vorwegnahme der Entscheidung über die zukünftige Verwendung. Selbst dann, wenn die Übernahme in den Vorbereitungsdienst der Verwaltung von einer Eingangsprüfung abhängig gemacht wird, wie das in der zweiten Hälfte des 19. Jahrhunderts beispielsweise in Sachsen geschieht, ist damit noch keine Gewähr dafür gegeben, daß sich der Referendar während des weiteren Vorbereitungsdienstes in der Verwaltung als geeignet erweist. Hierüber kann erst der Vorbereitungsdienst und im Anschluß daran die große Staatsprüfung Auskunft geben. In einer großräumigen Verwaltung, wie der Preußens im 19. Jahrhundert, können möglicherweise Regierungsassessoren, die zwar die große Staatsprüfung bestanden haben, jedoch in ihren Leistungen nur durchschnittlichen Anforderungen genügen, „verkraftet“ werden. Der räumliche Bereich unserer heutigen Bundesländer ist jedoch so eng, daß eine derartige Erscheinung zu einer erheblichen Belastung der Verwaltung führen müßte.

Wichtige Erkenntnisse für die Gegenwart können aus der Gestaltung des Vorbereitungsdienstes in der Verwaltung entnommen werden. In allen Staaten wird das Ziel angestrebt, den Referendar umfassend mit der Verwaltung vertraut zu machen. Dies ist nur dann möglich, wenn sich die Ausbildung fortschreitend vollzieht, in sachlicher Hinsicht von kleineren zu größeren Verwaltungsbehörden, um die mit steigender Größe der Behörde immer schwieriger werdenden sachlichen Zusammenhänge zu erfassen, und in persönlicher Hinsicht von subalterner Tätigkeit — auch insoweit wird es für erforderlich angesehen, daß der spätere höhere Verwaltungsbeamte einen Einblick bekommt — zu immer schwierigerer und verantwortungsvollerer Mitarbeit. Die in verschiedenen Ausbildungs- und Prüfungsordnungen erhobene Forderung, daß die höheren Verwaltungsbeamten die Ausbildung des Nachwuchses als eine ihrer wichtigsten Aufgaben anzusehen haben, hat heute wie damals gleichermaßen Gültigkeit, wenn auch die Zahl der in Ausbildung befindlichen Referendare die Verwaltung heute vor umfassendere Probleme stellt, als das für die zweite Hälfte des 19. Jahrhunderts zutrifft.

## VI. Der Einfluß sozialordnender Verwaltungstätigkeit im bürgerlichen Rechtsstaat

Die anschließende Epoche ist dadurch gekennzeichnet, daß die für den bürgerlichen Rechtsstaat typische Antinomie von Staat und Gesellschaft teilweise durchbrochen wird, ein Prozeß, der durch den wirtschaftlichen Zusammenbruch im Anschluß an die sog. Gründerjahre und durch die Gesetzgebungskompetenz des Reiches begünstigt wird.

### 1. Die Abkehr von der Manchester-Doktrin und die Wirtschafts- und Sozialgesetzgebung des Reiches

Nach dem deutsch-französischen Krieg von 1870/71 setzt, nicht zuletzt begünstigt durch die Reparationsleistungen Frankreichs, ein gewaltiger wirtschaftlicher Aufschwung in Deutschland ein. Obwohl das Nationalprodukt stark ansteigt, bleibt der Lebensstandard der Industriebevölkerung gering, und die Verelendung des Arbeiterstandes wird noch augenfälliger, als 1874 eine Krise einsetzt, die den politischen linksstehenden Kräften zahlreiche Stimmen zuführt. Nachdem das Sozialistengesetz von 1878 nicht zu der beabsichtigten Schwächung der Sozialdemokratie geführt hat[1], reift in Bismarck, der sich nach dem Rücktritt Delbruecks selbst mit wirtschafts- und sozialpolitischen Fragen befaßt, der Plan zu einer Wirtschafts-, Steuer- und Sozialreform[2]. Derartige Reformen können durchgeführt werden, nachdem dem Reich in Art. 4 der Reichsverfassung u. a. die Gesetzgebungskompetenz über das Gewerberecht, das Versicherungs-, Zoll-, Handels- und Bankwesen, das Recht der Erfindungen und des Schutzes des geistigen Eigentums zugestanden ist.

In Abkehr von der Manchester-Doktrin[3], die nach der Wirtschaftskrise des Jahres 1874 einer immer stärkeren Kritik ausgesetzt ist, geht das

[1] 1865 schließen sich die radikalen Marxisten und die Sozialisten unter Lasalle auf dem Gothaer Parteikongreß zusammen.

[2] Hintze, a. a. O., S. 665.

[3] Sie geht vor allem von dem 1872 gegründeten „Verein für Sozialpolitik“ aus, der sich 1875 mit den Interessenten der Landwirtschafts- und der In-

Reich zur Schutzzollpolitik über, und nach der kaiserlichen Botschaft, in der es als Pflicht christlicher Gesinnung bezeichnet wird, für die wirtschaftlich Schwachen ein höheres Maß von Fürsorge an den Tag zu legen, kommt es zur Arbeiterschutzgesetzgebung, insbesondere zum Verbot von Frauen- und Kinderarbeit, zur Arbeiterversicherung gegen Unfall, Krankheit, Invalidität und Alter. Die in der Zeit von 1881 bis 1889 erlassenen Versicherungsgesetze werden 1911 in der Reichsversicherungsordnung zusammengefaßt[4].

## 2. Der Einfluß der Reformen auf das Ausbildungs- und Prüfungswesen

Nach der Reichsverfassung ist den deutschen Staaten die Gesetzgebungskompetenz zur Regelung des Ausbildungs- und Prüfungswesens verblieben, so daß eine reichseinheitliche Regelung nicht erfolgen kann. Preußen, welches nicht nur wegen seiner territorialen Ausdehnung, sondern auch durch die Personalunion von Reichskanzler und preußischem Ministerpräsidenten ein besonderes Schwergewicht gegenüber den anderen Staaten besitzt, paßt als erster deutscher Staat sein Ausbildungs- und Prüfungswesen der neuen Verwaltungssituation an. Teilweise sind in den anderen deutschen Staaten Parallelentwicklungen zu erkennen.

### *a) Preußen*

1895 setzen in Preußen Reformbestrebungen ein, die insbesondere von Finanzminister v. Miquel befürwortet werden. Hierbei taucht der Gedanke auf, nach dem Vorbild der Ausbildungsordnung von Hannover aus dem Jahre 1852[5] in Preußen eine Einheitsausbildung zu schaffen, bei der von dem vierjährigen Vorbereitungsdienst je 1½ Jahre auf die Ausbildung bei Gerichten und bei Verwaltungsbehörden entfallen sollen. Ein weiteres Jahr soll nach den persönlichen Neigungen des Referendars zur Schwerpunktbildung entweder im justiziellen oder im Verwaltungsbereich verwendet werden. Hiermit sollen die Voraussetzungen für eine reichseinheitliche Regelung in den einzelnen Staaten geschaffen werden, denn die Sonderausbildung hat sich für kleinere Territorien als unvorteilhaft erwiesen[6]. Als ein wesentliches Argument gegen die in der Reformdiskussion vorgeschlagene Lösung wird auf die gestiegene Sozial- und gewerbepolitische Verwaltungstätigkeit des Staates hingewiesen.

---

dustriezweige, die durch ausländische Konkurrenz bedroht sind, zum „Verein für Steuer- und Wirtschaftsreform" zusammenschließt.

[4] Zur Geschichte der Versicherungsgesetze vgl. Erdmann, Die Entwicklung der deutschen Sozialgesetzgebung, Göttingen 1947.

[5] Vgl. S. 40 oben.

[6] Dellbrügge, a. a. O., S. 16.

Bei der zunehmenden Bedeutung des öffentlichen Rechts in Gesetzgebung und Verwaltung erscheint es erforderlich, die Verwaltungsbeamten noch früher als das bisher der Fall war, in die Verwaltungspraxis einzuführen. Erstmals taucht der Gedanke auf, daß die Ausbildung bisher zu lange gedauert habe und es erforderlich sei, die künftigen höheren Verwaltungsbeamten in einem früheren Alter aus der Abhängigkeit und Verantwortungslosigkeit heraustreten zu lassen[7]. Konsequenzen werden aus den vorgenannten Überlegungen nur teilweise gezogen, vielmehr liegt die wesentliche Bedeutung der Neuregelung von 1906[8] in einer Verlängerung der Verwaltungsausbildung zu Lasten der justiziellen Ausbildung und einer qualitativen Verbesserung des Vorbereitungsdienstes.

Beibehalten wird die Regelung, daß nach einem zumindest sechssemestrigen Studium der Rechte und Staatswissenschaften die erste juristische Staatsprüfung abzulegen ist. Sodann treten alle Referendare, auch diejenigen, die später Regierungsreferendar werden wollen, in den juristischen Vorbereitungsdienst ein[9]. Grundsätzlich nach einem Jahr können sich die Referendare um Übernahme in den Vorbereitungsdienst der Verwaltung bewerben, der 3 Jahre dauert bzw. 3¼ Jahre, wenn nach einer neunmonatigen justiziellen Ausbildung der Übernahmeantrag gestellt wird[10]. Im Gegensatz zu der früheren Regelung können nunmehr nur noch 15 Regierungen, bei denen die Bemühungen um eine geordnete Ausbildung intensiviert werden, Regierungsreferendare einstellen. Bei diesen werden Ausbildungsleiter eingesetzt, die die Tätigkeit der Referendare zu überwachen und mit ihnen regelmäßig Kurse und Übungen abzuhalten haben, die der praktischen Schulung und wissenschaftlichen Fortbildung auf dem Gebiet des Staats- und Verwaltungsrechts, sowie der Volks- und Staatswirtschaftslehre dienen sollen[11].

Von dem normalerweise 3 Jahre dauernden Vorbereitungsdienst in der Verwaltung entfallen 3 Monate auf die Ausbildung bei einer Gemeindeverwaltung, 12 Monate auf die Einführung in die Geschäfte des Landrats und mindestens 15 Monate auf eine Tätigkeit bei einer Regierung und bei einem Bezirksausschuß. Nach Anweisung des Regierungspräsidenten ist der Referendar in den wichtigsten Dezernaten der Regierung zu beschäftigen[12].

---

[7] Dellbrügge, a. a. O., S. 17.

[8] Gesetz über die Befähigung zum höheren Verwaltungsdienst vom 10. August 1906 (G. S., S. 378) und Ausführungsanweisung hierzu vom 12. August 1906 (MinBl. i. V. S. 231).

[9] §§ 2, 3 des Gesetzes von 1906.

[10] §§ 1—3 der Ausführungsanweisung von 1906.

[11] § 5 der Ausführungsanweisung von 1906.

[12] §§ 4, 6, 7 der Ausführungsanweisung von 1906.

Eine wesentliche Abkürzung der Prüfung für den höheren Verwaltungsdienst wird dadurch erreicht, daß anstelle der früher üblichen Hausarbeit der Regierungspräsident eine größere schriftliche Arbeit des Referendars, die dieser während des Vorbereitungsdienstes selbständig anzufertigen hat, mit einem Gutachten des Ausbildungsleiters der Prüfungskommission für höhere Verwaltungsbeamte vorlegt. Die schriftliche Prüfung besteht nur noch aus 2 Klausurarbeiten. Die mündliche Prüfung wird mit einem Aktenvortrag eingeleitet[13]. Bei der Prüfung für den höheren Verwaltungsdienst, die das in Preußen geltende öffentliche und private Recht, insbesondere das Verwaltungs- und Verfassungsrecht, sowie die Volks- und Staatswirtschaftslehre umfaßt, soll festgestellt werden, ob der Regierungsreferendar eine selbständige Stellung im höheren Verwaltungsdienst einzunehmen in der Lage ist[14].

Nach der Staatsprüfung werden die Referendare zu Regierungsassessoren ernannt. Es entspricht preußischer Übung, sie zumindest bis zur Anstellung auf Lebenszeit in den verschiedensten Teilen des großräumigen preußischen Staates einzusetzen, um ihnen Gelegenheit zu geben, andere Lebensverhältnisse und Rechtsmaterien kennenzulernen und mit ihnen in der Verwaltungspraxis fertig zu werden. Die Bestellung zum Justitiar einer Verwaltungsbehörde setzt weiterhin die Befähigung zum Richteramt voraus. Diesen Beamten kann bei Bewährung nachträglich auch die Befähigung zum höheren Verwaltungsdienst verliehen werden[15].

### *b) Sachsen*

In Sachsen führt das Anwachsen der Verwaltungsbehörden dazu, daß in erheblichem Umfang Justizjuristen in die Verwaltung eingestellt werden, eine Praxis, die durch eine Verordnung von 1897[16] legalisiert wird.

Die in dieser Verordnung in Aussicht gestellte Neuordnung des Ausbildungs- und Prüfungswesens für den höheren Verwaltungsdienst erfolgt 5 Jahre später durch Verordnung vom 22. Dezember 1902[17]. In ihr ist eine Anlehnung an das preußische Gesetz betreffend die Befähigung für den höheren Verwaltungsdienst von 1879[18] deutlich zu erkennen. Nach dem Studium der Rechte und Staatswissenschaften und der

---

[13] Zum Prüfungsverfahren im einzelnen vgl. §§ 8 ff. der Ausführungsanweisung von 1906.

[14] § 8 des Gesetzes von 1906. In § 10 sind die Stellen, die nur mit höheren Verwaltungsbeamten besetzt werden können, im einzelnen aufgeführt.

[15] §§ 12, 13 des Gesetzes von 1906.

[16] Verordnung vom 9. Dezember 1897 (GuVBl., S. 172).

[17] Verordnung v. 22. Dezember 1902 (GuVBl., 1903, S. 49), den juristischen Vorbereitungsdienst im Geschäftsbereich der inneren Verwaltung und die Wiedereinführung einer Prüfung für den höheren Verwaltungsdienst betreffend.

[18] Vgl. S. 25 oben.

ersten juristischen Staatsprüfung hat der am höheren Verwaltungsdienst interessierte Referendar zunächst den justiziellen Vorbereitungsdienst von 2 Jahren bei Justizbehörden und von 6 Monaten bei einem Rechtsanwalt zu vollenden. Bewirbt er sich sodann um Übernahme in den Vorbereitungsdienst im Geschäftsbereich der Verwaltung, dann wird er zunächst 6 Monate bei einer Amtshauptmannschaft oder bei der Polizeidirektion Dresden probeweise beschäftigt. Ziel dieses Probedienstes ist es, festzustellen, ob der Referendar befähigt, fleißig und nach seinen persönlichen Eigenschaften und Verhältnissen für eine spätere Anstellung im höheren Verwaltungsdienst geeignet ist. Referendare, die sich während des Probedienstes bewährt haben, werden sodann auf weitere 6 Monate einer Gemeindeverwaltung zugeteilt, bei der sie unter Leitung des Behördenvorstandes in alle Zweige des Geschäftsbereichs eingeführt werden sollen. Während der letzten 6 Monate des insgesamt 1½-jährigen Vorbereitungsdienstes in der Verwaltung hat der Referendar die Wahl, ob er bei einer Mittelbehörde der inneren Verwaltung oder in einem Bankunternehmen, bei einer Handels- und Gewerbekammer oder in einem landwirtschaftlichen oder industriellen Betrieb beschäftigt werden will[19].

Die 5 schriftlichen Arbeiten der großen Staatsprüfung werden den Gebieten des Privatrechts, des öffentlichen Rechts einschließlich des Straf- und Prozeßrechts und den Staatswissenschaften entnommen. Eine weitere Aufgabe betrifft einen praktischen Verwaltungsfall, beispielsweise die Revision einer Gemeindeverwaltung[20].

### *c) Württemberg*

Wenn auch die Neuordnung von 1903[21] mit der Ablösung der staatswirtschaftlichen Ausbildung durch das Studium der Rechte, Nationalökonomie und Polizeiwissenschaft die für den bürgerlichen Rechtsstaat typische Entwicklung gezeigt hat, so ist sie doch gleichzeitig schon der Epoche verhaftet, in der die sozialgestaltende Tätigkeit des Staates stärker in Erscheinung tritt. Dies kommt dadurch zum Ausdruck, daß die Übernahme in den Vorbereitungsdienst der Verwaltung schon nach einjähriger Tätigkeit als Gerichtsreferendar möglich ist[22]. Hieran schließt sich ein zweijähriger Vorbereitungsdienst in der Verwaltung an, so daß auch zeitlich in dem Verhältnis von praktischer Ausbildung im justiziellen und Verwaltungsbereich eine mit der preußischen Ausbildungsordnung von 1906 zu vergleichende Regelung vorliegt[23]. Ziel einer zur

[19] Dellbrügge, a. a. O., S. 27 und 28.
[20] § 11 der Verordnung von 1902.
[21] Vgl. S. 30 unten.
[22] § 3 der Verordnung von 1903.
[23] Vgl. S. 38 oben.

Neuordnung von 1903 erlassenen Vollziehungsordnung von 1907 ist es, den Vorbereitungsdienst dadurch qualitativ zu verbessern, daß der Gang der Ausbildung und die Beschäftigung des Referendars umfassend geregelt werden. Von dem zweijährigen Vorbereitungsdienst in der Verwaltung sollen zunächst 10 Monate bei einem Oberamt verbracht werden, um den Referendar mit den Geschäftsformen und dem Geschäftsgang, der Polizeiverwaltung, der Arbeiterversicherung, den bau- und gewerbepolizeilichen Angelegenheiten und der Staatsaufsicht vertraut zu machen. Während der neunmonatigen Ausbildung bei einer Kollegialbehörde wird das Schwergewicht der Ausbildung auf die Entscheidung schwieriger Verwaltungs- und Verwaltungsrechtssachen gelegt, die die Referendare normalerweise durch Gutachten vorzubereiten haben. Die 5 Monate dauernde Ausbildung im Gemeindedienst ist so aufgegliedert, daß der Referendar 3 Monate bei einer kleineren Gemeinde mit übersichtlichen Verhältnissen die Verwaltungsprobleme kennenlernt, die ihm die Ausbildung in der Mittelinstanz nicht bieten kann. Sodann soll er in einer mittleren (Stadt-)Gemeinde tätig sein, um einen Einblick in größere körperschaftliche Verhältnisse zu erhalten[24].

Eine gewisse Anlehnung an die sächsische Ausbildungsordnung von 1902[25] ist in der Einrichtung einer sechsmonatigen Wahlstation zu erkennen, in der der Referendar unter gleichzeitiger Kürzung der Ausbildung in den anderen Abschnitten bei einem Rechtsanwalt oder bei einem gewerblichen Unternehmen tätig sein kann. Diese Zeit kann — insoweit wird die staatswissenschaftliche Tradition Württembergs fortgeführt — zur Fortbildung an einem staatswissenschaftlichen Seminar einer Hochschule oder einer anderen zu staatswissenschaftlichen Studien und Arbeiten geeigneten Anstalt verwendet werden[26]. Nach der zweiten Prüfung, die bürgerliches Recht, Strafrecht, Reichs- und württ. Landesstaatsrecht, deutsches und württembergisches Verwaltungsrecht und Verwaltungslehre, württembergisches Steuerrecht einschließlich Gemeindesteuerwesen, Grundsätze der Steuerlehre, Gemeinderechnungswesen und Volkswirtschaft umfaßt, und bei der ein besonderes Gewicht auf praktische Fälle gelegt wird[27], wird der Referendar zum Regierungsassessor ernannt[28].

### *d) Bayern*

Im Gegensatz zu Preußen erfährt das Ausbildungs- und Prüfungssystem in Bayern nur Änderungen unwesentlicher Art, die sich vor allem auf die technische Gestaltung des Prüfungswesens beziehen.

---

[24] Vollziehungsordnung vom 27. Juli 1907, Amtsblatt S. 313.
[25] Vgl. S. 49 oben.
[26] § 5 der Verordnung von 1903.
[27] § 13 der Verordnung von 1903.
[28] Dellbrügge, a. a. O., S. 36.

In der Verordnung von 1893[29] wird die Zulassung zur ersten Staatsprüfung davon abhängig gemacht, daß der Kandidat in den ersten 3 Studienjahren des 4jährigen Rechtsstudiums 8 ordentliche philosophische Vorlesungen gehört haben muß. Die erste Staatsprüfung ist weiterhin mündlich, ihr geht jetzt jedoch eine schriftliche Vorprüfung voraus[30]. Weil die erste juristische Prüfung nur der Feststellung dienen soll, ob der Kandidat zum Vorbereitungsdienst „befähigt" ist, werden keine Noten erteilt. Der Vorbereitungsdienst dauert weiterhin 3 Jahre, wovon 12 Monate auf die Vorbereitung in der Verwaltung zu verwenden sind. An ihn schließt sich die ausschließlich schriftliche zweite Staatsprüfung an, bei welcher der justiziellen (ersten) und der Verwaltungs-(zweiten)abteilung[31] hinsichtlich der Anzahl der Aufsichtsarbeiten und der Mitglieder der Prüfungskommission gleiches Gewicht eingeräumt ist[32]. 1899 wird eine Zwischenprüfung während des Studiums eingeführt, durch die die erste Prüfung entlastet werden soll. Gleichzeitig soll diese den für das Studienfach nicht geeigneten Studenten den Hinweis geben, daß ein Berufswechsel zweckmäßig erscheint[33]. Im gleichen Jahr werden in Bayern ähnlich wie in Preußen[34] gemeinsame praktische Übungen, die unter der Leitung eines geeigneten Richters oder höheren Verwaltungsbeamten stehen, eingeführt[35].

Durch die Abänderungsverordnung von 1910[36] wird die erste Prüfung als „Universitätsabschlußprüfung", die zweite Prüfung als „Staatsprüfung" bezeichnet. Damit wird der bisher schon vorhandene Gegensatz zwischen theoretischer und praktischer Prüfung noch stärker betont. Gleichzeitig wird das noch heute in Bayern gebräuchliche Platzziffernsystem in der Staatsprüfung eingeführt. Es ist begünstigt durch eine erweiterte Notenskala[37] und eine anonyme Beurteilung der schriftlichen Arbeiten[38].

---

29 Verordnung über die Prüfung für den höheren Justiz- und Verwaltungsdienst und die Vorbereitung für diese Prüfungen vom 12. Juli 1893 (GuVBl., S. 257).

30 §§ 6, 10 der Verordnung von 1893.

31 Die Verwaltungsprüfung umfaßt u. a. auch die Fächer Volkswirtschaftslehre, Sozialgesetzgebung und Staatsfinanzwirtschaft.

32 §§ 27—43 der Verordnung von 1893.

33 Kollmann, a. a. O., S. 461.

34 Vgl. S. 39 oben.

35 Kollmann, a. a. O., S. 462.

36 Verordnung vom 18. Oktober 1910 (GuVOBl., S. 1003).

37 Nach § 49 der Verordnung von 1910 ist jede schriftliche Prüfungsarbeit und der mündliche Vortrag mit den Noten 1 bis 7 zu bewerten.

38 Kollmann, a. a. O., S. 462.

### *e) Baden*

Als Folge der stärkeren Verflechtung von Staat und Wirtschaft wird 1899[39] in Baden die Neuerung eingeführt, daß die Studenten in der ersten Staatsprüfung in theoretischer und praktischer Volkswirtschaftslehre[40] geprüft werden müssen. Die aufgrund der Verordnung vom 17. November 1899 ergangene Ausführungsanweisung vom gleichen Jahr[41] läßt die Bemühung erkennen, die Ausbildung zu intensivieren. Um der Zusammenballung der Referendare in den Großstädten entgegenzuwirken, wird vorgeschrieben, daß jeweils nur ein Referendar einem ausbildenden Richter oder Verwaltungsbeamten zugeteilt werden darf, selbst wenn dies die Verlegung des Wohnsitzes für den Referendar erforderlich macht[42]. Nicht nur während der Verwaltungsausbildung, die grundsätzlich beim Bezirksamt abgeleistet werden soll, sondern auch während der Ausbildung bei Gerichten und bei der Staatsanwaltschaft müssen die Referendare ihre ganze Kraft und Zeit der Ausbildung widmen und die Dienststunden einhalten[43]. Durch landesherrliche Verordnung vom 27. August 1903[44] wird der Vorbereitungsdienst von 3 auf 3½ Jahre verlängert. Diese Änderung wirkt sich zugunsten des justiziellen Ausbildungsabschnittes aus. Gleichzeitig wird, und insoweit trägt die Änderungsverordnung von 1903 der gestiegenen Bedeutung des Staats- und Verwaltungsrechts Rechnung, die Zulassung zur ersten Staatsprüprüfung von der erfolgreichen Teilnahme an einer Übung im Staats-, Verwaltungs-, Kirchenrecht oder in der Volkswirtschaftslehre abhängig gemacht. Durch Verordnung vom 15. Mai 1907[45] wird die Übung im Staats- und Verwaltungsrecht für obligatorisch erklärt.

## 3. Kritische Würdigung der Reformen

Diese Entwicklungsepoche zeigt, daß der Übergang von dem durch Passivität der Verwaltung gekennzeichneten bürgerlichen Rechtsstaat zu der erst in den Anfängen sichtbaren sozialstaatlichen Aktivität es erforderlich macht, die Interessen der Verwaltung stärker zu berücksichtigen. Deshalb wird allgemein dem Studium des Staats- und Verwaltungsrechts größeres Gewicht beigelegt. Ebenso wird erkannt, daß ein Einblick in die Volkswirtschaftslehre zu einem Zeitpunkt, in dem Staat, Wirtschaft und Gesellschaft beginnen, zu einer Einheit zusammenzuwachsen, sowohl für

---

[39] Verordnung v. 17. November 1899 (GuVOBl., S. 653).

[40] § 2 der Verordnung von 1899.

[41] Vollzugsverordnung v. 21. November 1899 (GuVOBl., S. 653).

[42] §§ 2, 4 der Vollzugsverordnung von 1899.

[43] §§ 13, 21 der Vollzugsverordnung von 1899.

[44] GuVOBl., S. 163.

[45] GuVOBl., S. 183.

den späteren Richter als auch in besonderem Maße für den höheren Verwaltungsbeamten erforderlich ist.

Die Bemühungen Preußens, durch die Einführung einer Einheitsausbildung zu einer Lösung zu kommen, der sich die kleineren Staaten im Interesse einer reichseinheitlichen Regelung des Ausbildungs- und Prüfungswesens anschließen können, ist wiederum ein Beweis dafür, mit welchen Schwierigkeiten das System der Sonderausbildungen für Staaten, die nicht über die Ausdehnung Preußens verfügen, verbunden ist[46]. Gleichzeitig läßt die geplante Anlehnung an die Regelung Hannovers aus dem Jahre 1852 erkennen, daß eine echte Einheitsausbildung vor allem wegen der wachsenden Bedeutung der Verwaltung kaum in der Lage ist, sowohl für den Beruf des Richters als auch für den des höheren Verwaltungsbeamten zu einer abgeschlossenen Ausbildung zu führen. Mit der geplanten Schwerpunktverlagerung während des Vorbereitungsdienstes wird ein Weg gewiesen, den Referendaren, die sich stärker für eine Tätigkeit in der Justiz oder in der Verwaltung interessieren, in ihren Neigungen entgegenzukommen und Verwaltung und Justiz auf die Bewerber zu verweisen, die in dem von ihnen gewählten Schwerpunkt über eine gründliche Ausbildung verfügen. Andererseits würde dadurch die große Staatsprüfung, die die Befähigung zum Richteramt und höheren Verwaltungsdienst verleiht, noch nicht nach der einen oder anderen Seite hin abgewertet. Die Entwicklung in Preußen zeigt schließlich, daß dann, wenn in der Einheitsausbildung — mit oder ohne Schwerpunktbildung — die Interessen der Verwaltung nicht hinreichend berücksichtigt werden, die Verwaltung keine andere Möglichkeit hat, als im Rahmen einer Sonderausbildung für die Heranbildung eines geeigneten Nachwuchses zu sorgen.

Im Hinblick auf die Gegenwart ist auf die nunmehr noch stärker in Erscheinung tretenden Bemühungen um eine Intensivierung und Verbesserung der Ausbildung in der Verwaltung hinzuweisen. Durch die in den verschiedenen Staaten eingerichteten Arbeitsgemeinschaften soll auch während des überwiegend auf die Praxis zugeschnittenen Vorbereitungsdienstes eine wissenschaftliche Fortbildung der Referendare erreicht werden. Die Bestrebungen, den Arbeitsgemeinschaften ein hohes Niveau zu garantieren, sind in Preußen deshalb besonders erfolgreich, weil die Ausbildung auf 15 Regierungen konzentriert ist, so daß dort eine hinreichende Zahl qualifizierter und für Ausbildungszwecke geeigneter höherer Beamter gefunden werden kann. Der wissenschaftlichen Fortbildung dienen auch die in Württemberg seit 1903 eingerichteten staatswirtschaftlichen Semester. Nachdem die staatswirtschaftliche Ausbildung des Nachwuchses für den höheren Verwaltungsdienst in Württemberg

---

[46] Vgl. S. 45 oben.

dem Studium der Rechte und Staatswissenschaften Platz gemacht hat, wird so in Anlehnung an die Vorstellung Robert v. Mohls, der das Schwergewicht der Verwaltung in der sozialen und gestaltenden Tätigkeit sieht, die Möglichkeit geschaffen, den Referendaren Fragen der Verwaltungswissenschaften näher zu bringen. Derartige Studien müssen sich deshalb als fruchtbar erweisen, weil der erforderliche Einblick in die Verwaltungspraxis vorhanden ist.

Hand in Hand mit den Bemühungen um eine Verbesserung der Verwaltungsausbildung durch wissenschaftliche Weiterbildung gehen die Bemühungen, während des Vorbereitungsdienstes einen umfassenden Einblick in die Praxis zu erreichen. Wenn in Baden vorgeschrieben wird, daß jeweils nur ein Referendar durch einen Richter oder höheren Verwaltungsbeamten ausgebildet werden darf, so wird damit deutlich gemacht, wie sehr der Erfolg der Ausbildung von den persönlichen Bemühungen der Ausbilder abhängig ist. Dies gilt vor allem für die Einarbeitung in die Verwaltungsgeschäfte. In der Verwaltungspraxis steht im Gegensatz zur richterlichen Tätigkeit nicht der Einzelfall im Vordergrund, sondern regelmäßig hat jeder Vorgang eine Reihe von weiteren Reaktionen zur Folge, sei es, daß Dritte berührt werden, sei es, daß andere Dienststellen oder andere Abteilungen derselben Dienststelle beteiligt werden müssen, sei es, daß durch eine bestimmte Verwaltungsmaßnahme eine Richtung gewiesen wird, die die Verwaltung später kaum mehr verlassen kann. Soll der Referendar diese Zusammenhänge erfassen, so ist es nicht zu umgehen, mit ihm die Auswirkungen im einzelnen durchzugehen, eine Aufgabe, die an den Ausbilder erhebliche Anforderungen stellt. Sie ist leichter durchzuführen, wenn sie, wie in Preußen, auf die praktische Ausbildung bei einzelnen Regierungen konzentriert ist. Ein derartiger Plan wäre jedoch heute angesichts der großen Zahl der auszubildenden Referendare im Rahmen einer Einheitsausbildung kaum zu verwirklichen.

## VII. Reformtendenzen und die Bemühungen um ein einheitliches Ausbildungs- und Prüfungswesen im Deutschen Reich der Weimarer Republik

Die Zeit während und nach dem ersten Weltkrieg ist dadurch gekennzeichnet, daß die sozialgestaltende Tätigkeit der Verwaltung erheblich ausgebaut wird. So ist es verständlich, daß Wissenschaft und Praxis der Verbesserung des Ausbildungs- und Prüfungswesens lebhaftes Interesse entgegenbringen. Mit den Reformbestrebungen, die nicht frei von politischen Gesichtspunkten sind, gehen die Bemühungen, für das ganze Reich einen einheitlichen Ausbildungsmodus zu finden, parallel.

## 1. Die Entwicklung der Verwaltung im ersten Weltkrieg und in der Nachkriegszeit

Der erste Weltkrieg bringt für die Verwaltung in Deutschland bisher nie gekannte Aufgaben. Die schlechte wirtschaftliche Lage der Mittelmächte und die Blockade zwingen zu umfassenden Improvisationen, um den Bedarf der Front und die Versorgungslage in der Heimat sicherzustellen. Nach dem Waffenstillstand entstehen durch die Demobilisierung des Millionenheeres und die Umstellung der Kriegsproduktion auf normale Bedingungen neue Schwierigkeiten. Der Verwaltung, die auch weiterhin vom Berufsbeamtentum getragen wird, gelingt es, die schwierige Situation zu meistern, obwohl die Reparationsleistungen zu sparsamstem Wirtschaften zwingen[1].

Obwohl die Weimarer Reichsverfassung nur Ansatzpunkte einer Wirtschafts- und Sozialverfassung enthält[2], wächst die Verwaltung auch in die Rolle einer normativen Schlichtungsinstanz bei den Auseinandersetzungen zwischen Arbeitgebern und Arbeitnehmern hinein[3]. Umfangreiche Hilfsmaßnahmen sozialgestaltender Art erfolgen im Zusammenhang mit der Inflation und der Weltwirtschaftskrise. Andererseits zeigen sich gerade in der Krisensituation Tendenzen zu wirtschaftlicher Machtzusammenballung, denen entgegengewirkt werden muß, um die Bewegungsfreiheit des einzelnen im Interesse des Gemeinwohls zu sichern[4].

## 2. Die Reform- und Vereinheitlichungsbestrebungen und die Entwicklung des Ausbildungs- und Prüfungswesens in Preußen

Die wesentlich veränderte Situation der Verwaltung veranlaßt Wissenschaft und Praxis zu umfassenden Reformvorschlägen. Mit diesen wird teilweise eine grundlegende Neugestaltung des Ausbildungs- und Prüfungswesens angestrebt. Wenn auch die Verwaltung Plänen einer umfassenden Neuorientierung mit verständlicher Zurückhaltung entgegentritt, so ist doch festzustellen, daß der Reformdiskussion ein gewisser Erfolg nicht versagt bleibt.

---

[1] Nicht zuletzt durch die unmittelbaren Erfordernisse des ersten Weltkrieges und der Nachkriegszeit wird die Verwaltung in dieser Epoche zum „Leistungsträger". Vgl. hierzu Forsthoff, Rechtsfragen der leistenden Verwaltung, Stuttgart 1959.

[2] Einzelnachweise bei Forsthoff, Verwaltungsrecht, a. a. O., S. 61.

[3] Verordnung über das Schlichtungswesen v. 30. Oktober 1923. (RGBl. I, S. 1043).

[4] Verordnung gegen den Mißbrauch wirtschaftlicher Machtstellungen vom 2. November 1923 (RGBl. I, S. 1067).

Zunächst erkennen Verwaltung und Justiz die Forderung an, daß sowohl Richter als auch künftige höhere Verwaltungsbeamte während der Ausbildung einen umfassenderen Einblick in die wirtschaftlichen und sozialen Zusammenhänge erhalten müssen, als das bisher geschehen ist. Deshalb wird bei der Änderung der Justizausbildungsordnung im Jahre 1923[5] von den Studenten gefordert, daß sie sich mit Nachdruck während des Studiums an öffentlich-rechtlichen und nationalökonomischen Vorlesungen und Übungen beteiligen. Auch der wachsenden Bedeutung des öffentlichen Rechts wird so Rechnung getragen. Daß diese Studien ernsthaft betrieben werden, wird dadurch sichergestellt, daß bei der mündlichen Prüfung ein zweiter Prüfungstag ausschließlich dem öffentlichen Recht und der Nationalökonomie vorbehalten bleibt.

Daß hiermit den Bedürfnissen des höheren Verwaltungsdienstes, dessen Vorbereitungsdienst 1920[6] auf 3 Jahre — davon nur noch 6 Monate bei Gerichtsbehörden — herabgesetzt wird, nach einer geeigneten staatswissenschaftlichen Ausbildung nicht entsprochen ist, geht daraus hervor, daß 1925[7] durch Runderlaß ein dem Regulativ von 1846[8] entsprechendes Colloquium wieder eingeführt wird. In diesem soll festgestellt werden, ob die Kandidaten, die sich aus dem justiziellen Vorbereitungsdienst um Übernahme als Regierungsreferendar bewerben, über die erforderlichen staatswissenschaftlichen Kenntnisse verfügen.

Aus dem Umstand, daß die Verwaltung so zu einer Art Eignungsprüfung gelangt, leitet Drews[9] in Anknüpfung an frühere Reformgedanken von Stier-Somlo[10] und Dellbrück[11] die Forderung her, das Univer-

---

[5] Justizausbildungsordnung v. 11. August 1923 (JVMBl., S. 589).

[6] Gesetz vom 8. Juni 1920 (G. S., S. 388).

[7] Runderlaß vom 24. Juni 1925 (MBl. IV. S. 715).

[8] Vgl. S. 35 oben.

[9] Drews, Verwaltungsreform und Berufsbildung der Volkswirte, München und Leipzig 1930.

[10] Stier-Somlo, Die Ausbildung der höheren Verwaltungsbeamten, Berlin 1906, vertritt die Auffassung, daß der Rechtsstaat ein juristisches Studium der höheren Verwaltungsbeamten erfordere. Er glaubt jedoch, daß nach einem gemeinsamen Grundstudium für die späteren Verwaltungsbeamten ein besonderes Studium, bei dem das Schwergewicht auf dem Verwaltungsrecht und den Staatswissenschaften liege, eingerichtet werden müsse. Hierdurch werde ein engerer Kontakt zu der praktischen Ausbildung während der Referendarzeit erreicht.

[11] Dellbrück, Die Ausbildung der höheren Verwaltungsbeamten in Preußen, Berlin 1917, will ebenfalls an der juristischen Ausbildung festhalten. Jedoch will er eine völlige Gleichordnung des Staats- und Verwaltungsrechts und der „verwaltungswissenschaftlichen Hilfsfächer" mit dem privat- und strafrechtlichen Studium herbeiführen. Während Dellbrück den Wert der Universitätsausbildung für höhere Verwaltungsbeamte und Richter besonders betont, tritt er gleichzeitig für die Einrichtung einer Akademie für Führungskräfte ein, an der jüngere höhere Verwaltungsbeamte, die sich als besonders qualifiziert erwiesen haben, ausgebildet werden sollen.

sitätsstudium der Justizjuristen von dem der Verwaltungsbeamten zu trennen. Parallel gehen Bestrebungen, die vom Verein für Sozialpolitik und dem Verein der sozial- und wirtschaftswissenschaftlichen Hochschullehrer unterstützt werden. Sie haben das Ziel, das Ansehen des nationalökonomischen Studiums zu heben[12]. Konkretisiert werden sie durch eine von 10 höheren Verwaltungsbeamten und Hochschullehrern herausgegebene Denkschrift „Staatsreferendar und Staatsassessor"[13], in der vorgeschlagen wird, für alle künftigen Justizjuristen, höhere Verwaltungsbeamten und Wirtschaftler einen gemeinsamen 7semestrigen Studiengang zu schaffen. Nach dem sog. Staatsreferendarexamen soll sich ein ebenfalls gemeinsamer 2½jähriger Vorbereitungsdienst anschließen, der mit dem Staatsassessorexamen abschließt.

Die Justiz[14] tritt diesen Bestrebungen, die sämtlich von einer erheblichen Beschneidung der klassischen justiziellen Fächer, des Straf-, Zivil- und Prozeßrechts in Studium und Vorbereitungsdienst ausgehen, mit aller Entschiedenheit mit dem Argument entgegen, daß die gesamte juristische Ausbildung darauf abgestellt sein müsse, das spezifisch juristische Denken zu lernen. Das sei am besten am Zivilrecht auf der Grundlage des römischen Rechts zu erreichen. Deshalb seien Studium und Vorbereitungsdienst notwendigerweise stark auf die Ausbildung des Justizjuristen zugeschnitten. Während des Vorbereitungsdienstes könne allenfalls ein Einblick in die Verwaltung gegeben werden und es sei nicht zu verhindern, daß die Verwaltung die von ihr übernommenen Assessoren noch entsprechend ausbilde.

Bei diesem Diskussionsstand mit stark divergierenden Auffassungen haben die Reformbestrebungen in der Weimarer Zeit einen schlechten Ausgangspunkt.

Bei den Haushaltsverhandlungen 1925 wird von der demokratischen Partei der Antrag eingebracht, die preußische Regierung zu ersuchen, die Frage zu prüfen, ob eine gemeinsame Ausbildung der Regierungs- und Gerichtsreferendare in die Wege geleitet werden könne[15]. Dies führt dazu, daß 1927[16] die Übernahme von Regierungsreferendaren unterbun-

---

[12] Einen eingehenden Überblick über diese Bestrebungen gibt Höhn, a. a. O., S. 70 ff.

[13] Batocki, Bruck, Friedberg, Hamm, Kaufmann, Lueken, Most, Popitz, Trendelenburg, Wolff „Staatsreferendar und Staatsassessor", Reformvorschläge für das Ausbildungs- und Berechtigungswesen der Juristen und Volkswirte, Jena 1927; vgl. auch Schumpeter, Staatsreferendar und Staatsassessor in Schmoller's Jahrbuch 1928, S. 703 ff.

[14] Vgl. hierzu Schwister, Zur Reform der juristischen Vorbildung, JW 1928, S. 1840.

[15] Dellbrügge, a. a. O., S. 19.

[16] Nicht veröffentlichter Erlaß v. 10. Januar 1927.

den wird, obwohl das Gesetz über die Befähigung für den höheren Verwaltungsdienst formell weiter in Kraft bleibt. Die Gründe für diesen Schritt sind teilweise politischer Art. Man befürchtet, daß die Regierungsreferendare durch die höheren Verwaltungsbeamten altpreußischer Schule in einem stark konservativen Sinne erzogen werden[17]. Wichtiger erscheint jedoch der Gesichtspunkt, eine einheitliche Ausbildung für das gesamte Reichsgebiet zu schaffen. Hierbei geht man davon aus, daß die süddeutschen Staaten ihr System der echten Einheitsausbildung nicht aufgeben werden und deshalb Preußen zu Konzessionen bereit sein müsse. Bei den interministeriellen Beratungen, bei denen seit 1928 der Reichsminister der Justiz federführend ist, treten die Verwaltungsressorts nachdrücklich dafür ein, daß im Rahmen der zu schaffenden echten Einheitsausbildung während des Studiums ein besonderes Gewicht auf die Verwaltungsfächer gelegt werden müsse und im Vorbereitungsdienst eine einjährige Verwaltungsausbildung als das Mindestmaß dessen anzusehen sei, was vom Standpunkt der Verwaltung aus vertreten werden könne[18]. Dennoch gelingt es dem Reichsjustizministerium, seine Vorstellungen von einer überwiegend justiziellen Ausbildung durchzusetzen. 1930 werden die Kommissionsarbeiten abgeschlossen und eine Vereinbarung über die juristische Vorbildung konzipiert, der nach und nach alle deutschen Staaten, zuletzt Braunschweig[19], zustimmen. Sie sieht ein stark auf die Bedürfnisse der Justiz zugeschnittenes Studium von 7 Semestern und einen Vorbereitungsdienst von $3^1/_2$ Jahren vor. Alle Referendare sollen hiernach eine sechsmonatige Ausbildung in der Verwaltung erhalten. Weiterhin ist eine Wahlstation von 6 Monaten vorgesehen, wobei erwartet wird, daß die Referendare, die an einer Übernahme in den Verwaltungsdienst interessiert sind, diese Zeit zur Verwaltungsausbildung nutzen[20].

Bis zum Jahre 1933 paßt Preußen sein Ausbildungssystem noch nicht der Vereinbarung an, so daß, nachdem 1930[21] die letzten Regierungsreferendare die Prüfung für den höheren Verwaltungsdienst abgelegt haben, der Bedarf an höheren Verwaltungsbeamten in Preußen ausschließlich mit Assessoren, die nach der justiziellen Ausbildung die Befähigung zum Richteramt erhalten haben, gedeckt wird.

---

[17] Pfundtner, Deutsche Regierungsreferendare, RVBl., 1938, S. 108.

[18] Vgl. Niederschrift über das Ergebnis der Ausschußtagung über die juristische Vorbildung am 25. und 26. März 1929 (Bestand des Bundesarchivs Koblenz R 43 I/2622-Akten der Reichskanzlei).

[19] Am 16. Januar 1931.

[20] Die Vereinbarung befindet sich im Bestand des Bundesarchivs: F 43 I/2623.

[21] Dellbrügge, a. a. O., S. 19.

### 3. Die Entwicklung des Ausbildungs- und Prüfungswesens in den einzelnen Staaten

Die Tatsache, daß in der Zeit der Weimarer Republik um eine Vereinheitlichung der Ausbildungs- und Prüfungsbestimmungen mit dem Ziel einer echten Einheitsausbildung gerungen wird, macht es verständlich, daß in den Staaten mit Sonderausbildungen die Entwicklung ähnlich wie in Preußen verläuft. So melden sich in Sachsen keine Referendare für die Verwaltungsausbildung mehr. Daher werden dort von 1927 ab nur Assessoren mit der Befähigung zum höheren Justizdienst eingestellt[22]. Ausdrücklich wird die Verwaltungsausbildung in Württemberg außer Kraft gesetzt. Durch die Verordnung betreffend die Befähigung für den höheren Verwaltungsdienst vom 12. Juli 1921[23] wird bestimmt, daß die Befähigung für den höheren Verwaltungsdienst bis auf weiteres durch das Bestehen der zweiten höheren Justizdienstprüfung erlangt wird.

Die Staaten mit traditioneller Einheitsausbildung halten demgegenüber weitgehend an ihrem bisherigen System fest. Es erfolgen nur in geringem Umfang Anpassungen an die geänderten Verhältnisse.

1919 setzen in Bayern Bestrebungen ein, die Laufbahn des Richters und die des höheren Verwaltungsbeamten zu trennen, weil die Kriegsteilnehmer auf diese Weise glauben, schneller in das Berufsleben eingegliedert werden zu können.

Nachdem sehr eingehend die Vorteile der echten Einheitsausbildung vom Gesichtspunkt der Anstellungsbehörden einerseits und der Volljuristen andererseits dargelegt wurden, wird an dem früheren System festgehalten[24]. Die Reform, die in den 20iger Jahren durchgeführt wird, betrifft im wesentlichen das Prüfungswesen[25].

Die Ausbildungsordnung von 1933[26] ergeht im Anschluß an die zwischen den einzelnen Staaten abgeschlossene Vereinbarung, mit denen

[22] Dellbrügge, a. a. O., S. 29.

[23] Reg.-Bl., S. 351.

[24] Vgl. hierzu Kollmann, a. a. O., S. 463. In der nach dem Ersten Weltkrieg von ihm verfaßten Denkschrift werden folgende Gesichtspunkte hervorgehoben: Der Verwaltungsbeamte müsse aus rechtsstaatlichen Gründen über das volle justizielle Rüstzeug des Richters verfügen. Dieser müsse ebenso wie der Staats- und Rechtsanwalt im öffentlichen Recht ausgebildet sein und nicht nur über eine bloße oberflächliche Kenntnis der Verwaltung verfügen. Durch die Einheitsausbildung werde die Beschäftigung mit dem Recht in seiner aktuellen wirtschaftlichen und sozialen Bedeutung betont. Es sei für den jungen Juristen ein großer Vorteil, daß er die Berufswahl erst zu treffen habe, wenn er einen umfassenden Einblick in alle juristischen Berufe erhalten habe. Auch sei ein späterer Berufswechsel möglich.

[25] Die während des Studiums durchgeführte Zwischenprüfung wird 1919 abgeschafft. 1933 wird sie als „Vorprüfung" wieder eingeführt.

[26] Verordnung und Min.-Bekanntmachung über die Vorbedingungen für den höheren Justiz- und Verwaltungsdienst v. 17. Juli und 27. Sept. 1933 (GuVOBl., S. 193 und 281).

eine Vereinheitlichung des Ausbildungs- und Prüfungswesens erreicht werden soll[27]. Dennoch weicht die Regelung nicht unerheblich von der getroffenen Vereinbarung ab. Während des Studiums wird eine schriftliche und mündliche „Vorprüfung" eingeführt, die nach dem dritten Fachsemester abzulegen ist[28]. Nach der Universitätsabschlußprüfung[29], der ein 7semestriges Studium vorauszugehen hat, schließt sich ein 3½jähriger Vorbereitungsdienst an, wovon 24 Monate bei Gerichten, 12 Monate bei der inneren Verwaltung und 6 Monate bei einem Rechtsanwalt abzuleisten sind[30]. Grundsätzlich soll die Verwaltungsausbildung bei einem Bezirksamt oder je zur Hälfte bei einem Bezirksamt und bei einer kreisfreien Stadt erfolgen[31]. Das Ziel des Vorbereitungsdienstes wird dahingehend umrissen, daß die wissenschaftliche Ausbildung durch die Lösung schwieriger Aufgaben des praktischen Dienstes vertieft und erweitert werden solle. Deshalb werden die Referendare zu Beginn und während des Vorbereitungsdienstes darauf hingewiesen, daß eine allzu starke wissenschaftliche Vorbereitung, vornehmlich der Besuch von Repetitionskursen, sich entweder schon in der großen Staatsprüfung, zumindest aber im späteren Beruf nachhaltig auswirken müsse[32]. Hinsichtlich der Verwaltungsausbildung wird bestimmt, daß die Referendare zunächst in den Geschäftsgang und dann in die *Aufgaben* der Verwaltung in der Art einzuführen seien, daß sie jeden Verwaltungszweig hinreichend kennenlernen. Wenn gleichzeitig von den ausbildenden Beamten verlangt wird, daß diese das Verständnis für wirtschaftliche, technische und hygienische Fragen bei den Referendaren wecken sollen, so wird damit zum Ausdruck gebracht, daß es in der modernen Verwaltung nicht nur auf die Lösung einzelner Rechtsfälle ankommt. Auch in Bayern werden Arbeitsgemeinschaften eingerichtet, in denen die Referendare aufgrund von praktischen Verwaltungsfällen auf die große Staatsprüfung vorbereitet werden sollen[33]. Bei der Staatsprüfung, dem Assessorexamen, bleibt es bei der Zweiteilung der Prüfung in einen justiziellen und Verwaltungsteil. Die Prüfung ist weiterhin nur schriftlich. Das Platzziffernsystem wird beibehalten[34].

In Baden ergeht im Jahre 1931[35] die letzte Regelung vor dem Erlaß der Reichsjustizausbildungsordnung. Die Studiendauer von 3½ Jahren[36]

---

27 Vgl. S. 59 oben.

28 §§ 2—12 der Verordnung von 1933.

29 §§ 13 ff. der Verordnung von 1933.

30 §§ 33 ff. der Verordnung von 1933.

31 § 66 der Ministerialbekanntmachung von 1933.

32 §§ 72, 73 der Ministerialbekanntmachung von 1933.

33 §§ 91, 92 der Ministerialbekanntmachung von 1933.

34 §§ 48 ff. der Verordnung von 1933.

35 Verordnung über die juristische Ausbildung v. 25. Sept. 1931 (GuVOBl., S. 341) mit den Ausführungsbestimmungen v. 26. Sept. 1931 (GuVOBl., S. 350).

36 §§ 4, 26 der Verordnung von 1931.

und ein gleich langer Vorbereitungsdienst werden beibehalten. Die Neuregelung zeichnet sich durch Bestrebungen aus, den Vorbereitungsdienst der Bedeutung der Verwaltung anzupassen. In dem der Verwaltung zugeordneten (zweiten) Ausbildungsabschnitt, in dem der Referendar grundsätzlich beim Bezirksamt — evtl. auch 3 Monate der 12monatigen Verwaltungsausbildung bei einer Stadt mit rechtskundigem Bürgermeister, einem größeren Finanz- oder Arbeitsamt — auszubilden ist, soll er alle Geschäftsbereiche kennenlernen. Insbesondere soll er mit dem Polizei-, Rechnungs- und Gemeindewesen vertraut gemacht werden. Hierbei hat er selbständig größere Arbeiten zu fertigen. Um das Verständnis für soziale, volkswirtschaftliche, technische und Gesundheitsfragen zu fördern, sollen die Referendare nicht nur in die entsprechende Gesetzgebungs- und Verwaltungspraxis eingeführt werden, sondern sie sollen auch Gelegenheit erhalten, durch Besichtigung von industriellen, landwirtschaftlichen und gewerblichen Betrieben die tatsächlichen Probleme kennenzulernen[37]. Während der Verwaltungsausbildung nehmen die Referendare an Übungen teil, die jedoch im Gegensatz zu Bayern vorwiegend der mündlichen Erörterung von Verwaltungsproblemen vorbehalten sind[38]. Entsprechend der bayerischen Regelung besteht die schriftliche Prüfung des zweiten Examens ausschließlich aus Aufsichtsarbeiten. Jedoch werden die Hausarbeiten, die die Referendare während der Zeit des Vorbereitungsdienstes selbständig angefertigt haben, mit zur Bewertung herangezogen[39]. Die mündliche Prüfung wird mit einem bürgerlich-rechtlichen Aktenvortrag eingeleitet[40].

### 4. Kritische Würdigung der Entwicklung des Ausbildungs- und Prüfungswesens in der Weimarer Zeit

Während schon vor dem ersten Weltkrieg Stimmen laut wurden, die auf die Bedeutung volkswirtschaftlicher Studien für künftige Richter und höhere Verwaltungsbeamten hinwiesen und die mit Erfolg dafür eintraten, daß während des Studiums dem öffentlichen Recht größere Bedeutung zugemessen wurde, berücksichtigt die preußische Justizausbildungsordnung von 1923 den Umstand, daß die Mehrzahl der Studenten das Studium unter dem Gesichtspunkt der Berufsausbildung betreibt und deshalb den Fächern, die Gegenstand der ersten Staatsprüfung sind, besondere Aufmerksamkeit schenkt. Indem ein zweiter Tag der mündlichen Prüfung dem öffentlichen Recht und den Sozial- und Wirtschaftswissen-

---

[37] § 28 der Ausführungsbestimmungen von 1931.

[38] § 34 der Ausführungsbestimmungen von 1931.

[39] §§ 53—55 der Ausführungsbestimmungen von 1931.

[40] § 65 der Ausführungsbestimmungen von 1931.

schaften gewidmet ist, wird gesichert, daß die Studenten über den erforderlichen Einblick verfügen. Allerdings darf nicht verkannt werden, daß die erste Staatsprüfung in Preußen einseitig unter dem Gesichtspunkt der Justiz gesehen wird, so daß die Prüfung im öffentlichen Recht sich überwiegend auf die Fälle bezieht, die den Richter in der zivilistischen Praxis interessieren. Ein Beweis dafür ist, daß sich die Wissenschaft in starkem Umfang Fragen aus dem Enteignungsrecht, der Amtshaftung, des öffentlichen Wegerechts und der öffentlich-rechtlichen Verwahrung widmet. Daß die erste juristische Staatsprüfung in Preußen dadurch noch nicht hinreichend auf die Bedürfnisse der Verwaltung zugeschnitten ist, ergibt sich auch daraus, daß sich die Verwaltung veranlaßt sieht, 1925 ein Colloquium einzuführen, in dem die Befähigung der Kandidaten für den Verwaltungsdienst festgestellt werden soll. Da die Übernahme in die beschränkte Zahl der Regierungsreferendare praktisch bedeutet, daß von nun ab der Weg des jungen Mannes in der Verwaltung vorgezeichnet ist, muß hierbei festgestellt werden, ob er sich während des Studiums mit staatswissenschaftlichen Disziplinen in einer Weise beschäftigt hat, die weit über den Durchschnitt der ersten juristischen Staatsprüfung liegt. Gleichzeitig ist so eine Möglichkeit eröffnet, die persönlichen Anlagen, die bei einem höheren Verwaltungsbeamten von nicht zu unterschätzender Bedeutung sind, beispielsweise die Fähigkeit, logisch, zweckmäßig und konstruktiv zu denken, Aufgeschlossenheit, Schwung und Ausdauer, Anpassungsfähigkeit und Zielstrebigkeit, unter Beweis zu stellen.

Demgegenüber bestehen ähnliche Probleme in den Staaten, in denen im Rahmen einer echten Einheitsausbildung insbesondere während der beiden Staatsprüfungen der Verwaltung der ihr zukommende Einfluß eingeräumt ist, nicht. Der Umstand, daß Bayern und Baden auch in der Zeit nach dem ersten Weltkrieg keine umfassenden Änderungen ihres Ausbildungs- und Prüfungssystems vornehmen müssen, während Preußen sich wenigstens zunächst gegenüber einer echten Einheitsausbildung aufgeschlossen zeigt, ist ein Beweis dafür, daß bei der damaligen Verfassungs- und Verwaltungssituation der Sonderausbildung gewissermaßen die Grundlage entzogen ist.

Wenn in Bayern nach dem ersten Weltkrieg sehr eingehende Besprechungen darüber geführt werden, ob man an dem bisherigen Ausbilbildungsmodus festhalten solle, kann nicht angenommen werden, daß nur traditionelle Faktoren die Entwicklung beeinflußt haben.

Es hat allerdings den Anschein, daß bei den Vereinheitlichungsbestrebungen, bei denen der Reichsminister der Justiz federführend ist, die Tragweite einer echten Einheitsausbildung nicht erkannt wird. Zwar wird, wenn die Wahlstation von 6 Monaten ebenfalls für die Ausbildung in der Verwaltung gewählt wird, eine praktische Ausbildung in der Verwaltung von 12 Monaten gewährleistet. Somit wird eine den Verhältnissen in Baden und Bayern entsprechende Regelung erreicht. Solange jedoch entsprechend dem Vorbild der Länder mit klassischer Einheitsausbildung keine Gewähr dafür besteht, daß die Belange der Verwaltung auch in beiden Staatsprüfungen hinreichend berücksichtigt werden, erscheint eine derartige Lösung problematisch. Zumal kann über die geplante Neuordnung kein abschließendes Urteil gefällt werden. Als mit der Machtübernahme Hitlers ein plötzlicher Umschwung einsetzt, haben nur einzelne Staaten ihr Ausbildungs- und Prüfungssystem entsprechend der getroffenen Vereinbarungen abgeändert.

So befindet sich das Ausbildungs- und Prüfungswesen am Ende der Weimarer Republik in einer ausgesprochenen Übergangssituation, die mit der vorübergehenden Sperrung des Zugangs zum Regierungsreferendariat in Preußen eingeleitet wird und auch in den anderen Staaten mit Sonderausbildungen dazu führt, daß im Hinblick auf die geplante Neuregelung das Interesse an der Ausbildung für den höheren Verwaltungsdienst schwindet. Hierauf muß besonders hingewiesen werden, weil 1945, wie noch später zu zeigen ist, die Tendenz besteht, an die Verhältnisse von 1933 anzuknüpfen. Sie muß deshalb als irreal bezeichnet werden, weil eine ausschließlich auf die Bedürfnisse der Justiz zugeschnittene Ausbildungs- und Prüfungspraxis den allgemeinen Vorstellungen der Weimarer Zeit nicht entspricht. Daß andererseits die Justiz die Möglichkeit wahrnimmt, den gesamten Nachwuchs auf den Beruf des Richters, Staatsanwalts und Rechtsanwalts hin auszubilden, ist deshalb verständlich, weil für die Justiz so die Möglichkeit besteht, aus einer großen Zahl von Bewerbern die für ihre Zwecke am geeignetsten auszuwählen.

Schließlich muß auf den nochmaligen Versuch Bayerns, eine Zwischenprüfung während des Studiums einzuführen, hingewiesen werden. Ebenso wie bei dem ersten Versuch, der im Jahre 1899 erfolgte, wird sie auch jetzt damit gerechtfertigt, daß sie für die nicht für das Studienfach geeigneten Studenten ein Hinweis sei, in einen anderen Beruf überzuwechseln. Wenn die Zwischenprüfung in Bayern versagt, so hat das seine Ursache darin, daß sie nicht am Ende eines organischen Studienabschnitts erfolgt, wie das beispielsweise bei naturwissenschaftlichen Fächern — insoweit kann auf das medizinische Studium verwiesen werden — der Fall ist. Ein entsprechender Erfolg könnte dadurch erzielt werden, daß während der ersten Semester die Studenten in kleinen Arbeitsgruppen zusammengefaßt und mit ihnen Rechtsfälle des täglichen Lebens besprochen werden. Studenten, die bei derartigen Übungen Schwierigkeiten haben, werden normalerweise — und zwar zu einem frühen Zeitpunkt — von sich aus das Rechtsstudium aufgeben. Es könnte jedoch auch daran gedacht werden, die Teilnahme an Pflichtübungen von einem vorherigen erfolgreichen Besuch derartiger Colloquien abhängig zu machen, so daß ein ähnlicher Erfolg wie bei der Zwischenprüfung nach bayerischem Vorbild erreicht werden könnte. Gleichzeitig würde die Fakultät nicht durch die Zwischenprüfung belastet, ein Umstand, der sich nachteilig auf das Experiment der Zwischenprüfung auswirken mußte.

## VIII. Die Entwicklung im „Dritten Reich“

Unmittelbar nach der Machtübernahme wird das Regierungsreferendariat in Preußen wieder eingeführt. 1937 erfolgt für das gesamte Reichsgebiet die Trennung von Justiz- und Verwaltungsausbildung. Es spricht so eine Vermutung dafür, daß dieses Ergebnis von den politischen Vorstellungen des Nationalsozialismus getragen wird. Ziel der Arbeit muß es deshalb vor allem sein, die politischen Gesichtspunkte von den sachlichen Überlegungen zu trennen und damit Erkenntnisse für die nunmehr unter sachlichen Aspekten zu führende Reformdiskussion zu gewinnen. Schließlich müssen auch die Abänderungsvorschläge aus den vierziger Jahren dargestellt werden, weil sie eine Abkehr von den preußischen Vorstellungen erkennen lassen.

### 1. Die Wiedereinführung des Regierungsreferendariats in Preußen und die Reichsjustizausbildungsordnung von 1934

In Preußen tritt die Entwicklung in ein neues Stadium, als durch Erlaß des damaligen preußischen Ministers des Innern vom 20. Juni 1933[1] die 1927 angeordnete Einstellungssperre für Regierungsreferendare aufgehoben wird. Diese Maßnahme wird durch den damaligen preußischen Ministerpräsidenten Göring in einer Reichstagsrede damit begründet, daß die Entscheidung gegen das Regierungsreferendariat in der Weimarer Republik weitgehend als politische Maßnahme zu sehen sei. Mit der gleichzeitig ergangenen Ausführungsanweisung[2] wird bestimmt, daß der Ausbildungsleiter, dem gleichzeitig die Bearbeitung der Personalakten der Referendare übertragen wird, die Referendare auf dem gesamten Gebiet des Staats- und Verwaltungsrechts sowie der Staatswissenschaft, einschließlich der Finanzwissenschaft, zu unterweisen habe[3].

Die Bemühungen um eine reichseinheitliche Gestaltung des Ausbildungs- und Prüfungswesens, die in der nationalsozialistischen Zeit begünstigt durch die zentralstaatliche Entwicklung erheblichen Auftrieb erhalten, führen 1934 zum Erlaß der Reichsjustizausbildungsordnung[4]. Sie

---

[1] MBl. iV. Sp. 738.

[2] Ausführungsanweisung v. 20. Juni 1933 (MBl. iV. Sp. 738).

[3] § 14 der Ausführungsanweisung von 1933.

[4] Justizausbildungsordnung v. 22. Juli 1934 (RGBl. I S. 727).

ergeht aufgrund des ersten Gesetzes zur Überleitung der Rechtspflege auf das Reich[5], bevor ein Meinungsaustausch zu der Frage, ob eine Einheitsausbildung für Richter und höhere Verwaltungsbeamte eingeführt werden solle, ernsthaft erörtert worden ist. Sie enthält zahlreiche Ansatzpunkte für die Neuorientierung des Richter- und Anwaltstandes im Sinne der NSDAP. So wird von den Studenten eine ernsthafte Beschäftigung mit dem Nationalsozialismus und seinen weltanschaulichen Grundlagen, mit dem Gedanken der Verbindung von „Blut und Boden", von „Rasse und Volkstum", mit dem deutschen Gemeinschaftsleben und mit den großen Männern des deutschen Volkes verlangt. Schon 1934 soll der Referendar während der Ausbildung lernen, „Volksschädlinge zu bekämpfen"[6].

Die Ausbildung wird aus sog. bevölkerungspolitischen Gründen verkürzt. Zugleich soll dem Gesichtspunkt Rechnung getragen werden, daß es für einen späteren Richter oder Anwalt untunlich sei, zu lange im Stadium des Lernenden zu verbleiben. Deshalb wird das Rechtsstudium auf 6, höchstens 10 Semester[7], begrenzt. Das nunmehr nach sog. Lebensgebieten gegliederte Fachstudium muß aus dem Bereich des öffentlichen Rechts und der Verwaltung enthalten: „Das Recht des deutschen Staates und seine Entwicklung, einschließlich der Grundzüge der öffentlichen Verwaltung, das Recht der Herrschaft über die Sachgüter, das Recht des deutschen Bauern und die Grundzüge des Rechts der deutschen Wirtschaft"[8]. Hierbei sind die zuletzt genannten Lebensgebiete gleichermaßen unter öffentlichrechtlichem und privatrechtlichem Aspekt zu behandeln. Es ist eine notwendige Konsequenz der erheblich stärkeren Betonung der Belange der Verwaltung in der Gestaltung des Studienstoffes, wenn der Referendar bei der Zulassung zur ersten Staatsprüfung nachweisen muß, daß er an einer Übung im öffentlichen Recht teilgenommen hat. Beim Referendarexamen muß je eine von 4 Aufsichtsarbeiten dem Bereich des öffentlichen Rechts und der Rechtsgeschichte, vorwiegend der Staatsrechtsgeschichte, entnommen werden[9].

Während beim Studium das Ziel verfolgt wird, die Belange der Verwaltung angemessen zu berücksichtigen, ist der Vorbereitungsdienst überwiegend auf die spätere Berufstätigkeit des Richters, Staats- und Rechtsanwalts abgestellt. In deren Aufgaben sollen die Gerichtsreferendare „unterwiesen und geübt" werden, während sie in den Gang der

---

[5] Gesetz v. 16. Januar 1934 (RGBl. I S. 91).

[6] §§ 4, 27 der Justizausbildungsordnung von 1934.

[7] § 3 der Justizausbildungsordnung von 1934.

[8] Die Fassung des § 5 der Justizausbildungsordnung läßt erkennen, daß diesem Teil des Studiums überragende Bedeutung zukommt.

[9] §§ 10, 13 der Justizausbildungsordnung von 1934.

öffentlichen Verwaltung nur „eingeführt" werden sollen[10]. Hierfür ist innerhalb des 3jährigen Vorbereitungsdienstes die Beschäftigung in der inneren Verwaltung und bei einer kleinen oder mittleren Gemeinde auf die Dauer von 7 Monaten vorgesehen. Von den 5 Klausuren der großen Staatsprüfung ist eine dem Staats- und Verwaltungsrecht und eine der Geschichte oder der Wirtschaftskunde zu entnehmen[11].

### 2. Die reichseinheitliche Regelung der Ausbildung für den höheren Dienst in der allgemeinen und inneren Verwaltung im Jahre 1937

Mit dem Inkrafttreten der Reichsjustizausbildungsordnung werden in den Staaten mit klassischer Einheitsausbildung die bisherigen Vorschriften außer Kraft gesetzt, so daß dort nur noch Justizjuristen ausgebildet werden können. Insbesondere dort erweist sich eine Neuordnung als dringend erforderlich, während in Preußen durch die Wiedereinführung des Regierungsreferendariats das System der Sonderausbildungen fortbesteht. Die Frage, wie der Vorbereitungsdienst auf die Belange der Verwaltung hin zugeschnitten werden kann, wird erst dann im Hinblick auf eine reichseinheitliche Regelung ernsthaft diskutiert, nachdem die Reichsregierung aufgrund des deutschen Beamtengesetzes von 1937[12] ermächtigt worden ist, Vorschriften über die Vorbildung und die Laufbahn der Beamten zu erlassen.

Nachdem für das Reichsgebiet die Sonderausbildung für die Justizjuristen geschaffen worden ist, liegt es nahe, entsprechend dem preußischen Vorbild und in Ergänzung hierzu die Sonderausbildung für den höheren Verwaltungsdienst für das gesamte Reichsgebiet einzurichten. Dennoch wird die Frage, ob man nicht doch zu einer Einheitsausbildung kommen könne, lebhaft diskutiert. Das Reichs- und preußische Ministerium des Innern befürwortet 1936 die Einheitsausbildung vorwiegend aus sachlichen Gesichtspunkten, wobei ähnliche Überlegungen angestellt werden, wie bei den Reformbesprechungen in Bayern im Anschluß an den ersten Weltkrieg[13].

---

[10] § 37 der Justizausbildungsordnung von 1934.

[11] §§ 29, 32, 44 der Justizausbildungsordnung von 1934.

[12] § 164 DBG v. 26. Januar 1937 (RGBl. I S. 39, 186).

[13] Nach Dellbrügge, a. a. O., S. 55 sprachen für die Einheitsausbildung folgende sachliche Gesichtspunkte: Wird die Spezialisierung möglichst weit hinausgeschoben, dann wird verhindert, daß Justiz und Verwaltung sich abkapseln (politisch spielt hier die Vorstellung vom einheitlichen Typ des „Rechtswahrers" mit); bei einem gemeinsamen Ausbildungsgang kann der Nachwuchs aus einer größeren Zahl von Bewerbern ausgesucht werden und damit neben den Leistungen ein Schwergewicht auf die persönlichen Anlagen gelegt werden, andererseits kann der Assessor seine Wahl treffen, nachdem er einen umfassenden Einblick in alle juristischen Berufe erhalten hat.

Diese Pläne scheitern daran, daß der Reichsminister der Justiz sich nicht in der Lage sieht, durch Änderung der Justizausbildungsordnung eine gründlichere Ausbildung der Referendare in den Verwaltungsstationen zu ermöglichen[14]. So kommt es wiederum — aus Gründen, die bei der Justiz liegen — zur Einführung der Sonderausbildung für den höheren Verwaltungsdienst, nunmehr für das gesamte Reichsgebiet; sie soll, insbesondere nach den Vorstellungen des Finanz- und Arbeitsministeriums einen einheitlichen Typus des Verwaltungsassessors hervorbringen und nicht nur auf die Bedürfnisse der inneren Verwaltung zugeschnitten sein[15].

Nachdem die Verordnung über die Ausbildung für den höheren Dienst in der allgemeinen und inneren Verwaltung vom 29. Juni 1937[16] erlassen worden ist, verlangt Hitler deren Aufhebung mit der Begründung, daß ein Monopol der Verwaltungsjuristen für die Stellen der Verwaltung nicht im Interesse der NSDAP liege. Die Bedenken gegen den Vollzug der Verordnung werden jedoch zurückgestellt, nachdem der Reichs- und preußische Innenminister Frick Hitler darüber aufgeklärt hat, daß in der Verordnung nur die Anforderungen fixiert worden seien, die an *künftige* Verwaltungsjuristen gestellt würden[17].

Während sich die Ausbildungsordnung von 1937 darauf beschränkt, die Sonderlaufbahn für den höheren Verwaltungsdienst in den Grundzügen festzulegen, erfolgen in der ersten Durchführungs- und Überleitungsvorschrift vom 31. Dezember 1937[18] detaillierte Einzelbestimmungen.

Entsprechend der letzten preußischen Regelung aus dem Jahre 1920 wird daran festgehalten, daß die erste Prüfung für den höheren Verwaltungsdienst den Bestimmungen der Justizausbildungsordnung zu entsprechen hat[19]. Es wird jedoch von demjenigen, der sich um die Übernahme als Regierungsreferendar bewirbt, verlangt, daß er sich während des Studiums über die Anforderungen der Justizausbildungsordnung hinaus in besonderem Maße mit den Grundlagen des nationalsozialistischen

---

14 In dem Schreiben des Reichs- und Preußischen Ministers des Innern an den Stellvertr. des Führers und die Ministerialressorts v. 3. 2. 1936 heißt es wörtlich: „Nach den gepflogenen Verhandlungen sieht sich der Reichsminister der Justiz nicht in der Lage, den von mir für eine solche Einheitlichkeit der Ausbildung als unumgänglich notwendig angesehenen Voraussetzungen bei der Ausbildung der Referendare, die den Bedürfnissen der Verwaltung einigermaßen Rechnung tragen, zu entsprechen" (Bestand des Bundesarchivs Koblenz R 43 II/451).

15 Vgl. das in der Fußnote 14 angeführte Schreiben.

16 RGBl. I S. 666.

17 Aktenvermerk Frick über die Unterredung mit Hitler am 7. 9. 1937. (Bestand des Bundesarchivs Koblenz R 43 II/451).

18 RGBl. I 1938, S. 2.

19 § 1 der Ausbildungsordnung von 1937.

Staates, der allgemeinen Staatslehre, dem Verfassungs- und Verwaltungsrecht, der Finanzwissenschaft, dem Wirtschaftsrecht einschließlich der Volkswirtschaftslehre, dem Landwirtschafts- und Sozialrecht und der Rassenlehre — und zwar auch in Übungen, Arbeitsgemeinschaften und Seminaren — beschäftigt hat. Weiterhin hat er sein Interesse an der Verwaltung dadurch zum Ausdruck zu bringen, daß er in den Semesterferien ein Praktikum in der Verwaltung oder Wirtschaft absolviert und die Aufgabe für die Hausarbeit der ersten Staatsprüfung aus dem Bereich „Staat und Verwaltung“ gewählt hat[20].

Nach der ersten Staatsprüfung hat sich der geprüfte Rechtskandidat zunächst um die Einstellung in den justiziellen Vorbereitungsdienst zu bewerben. Nach einem mindestens 5monatigen Vorbereitungsdienst als Gerichtsreferendar kann er den Antrag auf Übernahme als Regierungsreferendar bei den als Ausbildungsbehörden vorgesehenen Regierungen[21] oder Innenministerien stellen. Nach einer Vorprüfung[22] aufgrund der von den Referendaren eingereichten Unterlagen werden die zur Übernahme geeigneten Bewerber einer Vorprüfung bei der Anstellungsbehörde unterzogen. Hierbei werden die theoretischen an der Univerität erworbenen Kenntnisse, die der Referendar sich während des Studiums über die Anforderungen der Justizausbildung hinaus zu erwerben hatte, geprüft. Daneben soll sich der Leiter der Ausbildungsbehörde aufgrund der praktischen und charakterlichen Einstellung des Referendars davon überzeugen, ob er nach Persönlichkeit und Befähigung zur Übernahme in die Verwaltung geeignet ist[23].

Der Vorbereitungsdienst dauert 3 Jahre, wovon 7 Monate auf die justizielle (erste) Station, die der Ausbildung bei einem kleinen Amtsgericht dient, entfallen. Für die Ausbildung des Regierungsreferendars in der Verwaltung verbleiben somit noch 2 Jahre und 5 Monate[24]. In dieser Zeit soll nach dem Vorwort zur ersten Durchführungsvorschrift das Ziel verfolgt werden, Verwaltungsfachleute heranzubilden, die einen Blick für das praktische Leben und die Notwendigkeiten des Augenblicks besitzen, die die Zusammenhänge der Verwaltung kennen und die, ausgestattet mit reichen Kenntnissen, zu schöpferischer und volksnaher Verwaltungsführung befähigt sind.

---

[20] Durchführungsvorschrift zu § 1.

[21] Deren Zahl ist nach der Durchführungsvorschrift zu § 4 auf 22 beschränkt.

[22] Eine ähnliche Vorprüfung war in Preußen in der Regierungsinstruktion von 1817, dem Regulativ von 1846 und im Gesetz von 1906 vorgesehen. Vgl. S. 25, 35, 48 oben.

[23] Durchführungsvorschrift zu § 4.

[24] § 5 der Ausbildungsordnung von 1937.

Der Vorbereitungsdienst in der Verwaltung beginnt mit einer einmonatigen einführenden Beschäftigung bei der Ausbildungsbehörde. Dann wird der Regierungsreferendar 11 Monate bei einem Landrat beschäftigt. Eine gründliche Einführung in diesen Aufgabenkreis und eine sachkundige Anleitung und Aufsicht wird nur dann als möglich angesehen, wenn lediglich ein Referendar einem Landratsamt zur Ausbildung überwiesen wird. In den anschließenden 5 Monaten erfolgt die Ausbildung bei einer Gemeinde. Als Ergänzung zur ersten Ausbildungsstation in der Verwaltung sollen hier Kenntnisse in den besonderen gemeindlichen Aufgaben, der Gemeindewirtschaft und den Gemeindefinanzen erworben werden. Es schließt sich eine einmonatige Tätigkeit bei der staatlichen Polizeibehörde an. Der folgende Ausbildungsabschnitt ist eine sog. Wahlstation von 3 Monaten. In dieser Zeit hat der Regierungsreferendar die Möglichkeit, entsprechend seinen Wünschen für eine spätere Tätigkeit in der Verwaltung, in einer Sonderverwaltung, beispielsweise der Finanz-, Kultur- oder Wirtschaftsverwaltung, ausgebildet zu werden. Besonders empfohlen wird die Betätigung in einem Betrieb der Privatwirtschaft, um das Verständnis des Regierungsreferendars für wirtschaftliche Fragen zu vertiefen. In den restlichen 8 Monaten wird der Referendar in den wichtigsten Dezernaten der Ausbildungsbehörde (Regierung oder Innenministerium dort, wo dessen Aufgaben mit denen einer Regierung in Preußen zu vergleichen sind) ausgebildet. Hiervon entfallen 2 Monate auf die Tätigkeit bei einem Bezirksverwaltungsgericht[25].

Die große Staatsprüfung ist schriftlich und mündlich. Alle Regierungsreferendare legen diese vor dem Reichsprüfungsamt für den höheren Verwaltungsdienst, einer dem Reichsminister des Innern unmittelbar unterstehenden Dienststelle, ab[26]. Im Gegensatz zu den früheren preußischen, sächsischen und württembergischen Regelungen bringt die Ausbildungsordnung von 1937 eine eingehende Bestimmung der Prüfungsgebiete. Die Prüfung erstreckt sich auf die Grundlage des nationalsozialistischen Staates, die Geschichte des deutschen Volkes, das Recht von Volk und Staat einschließlich der Rassenlehre, das Verfassungs- und Verwaltungsrecht unter Berücksichtigung der geschichtlichen Entwicklung, die Finanzwissenschaft, das Recht des deutschen Bauern, das Recht der deutschen Arbeit und Wirtschaft einschließlich der Volkswirtschaftslehre, das Recht der deutschen Kultur und auf die *Grundzüge* des bürgerlichen Rechts und des Strafrechts. Nach der großen Staatsprüfung, die die Befähigung zum höheren Verwaltungsdienst verleiht, werden die Regierungsreferendare grundsätzlich unter Berufung in das Beamtenverhältnis auf Lebenszeit zu Regierungsassessoren ernannt[27]. Gerichtsasses-

---

[25] Durchführungsvorschrift zu § 5 (III Ausbildungsgang).
[26] § 6 der Ausbildungsordnung von 1937.
[27] § 7 der Ausbildungsordnung von 1937.

soren können zu Regierungsassessoren ernannt werden, wenn sie sich mindestens ein Jahr in der Verwaltung bewährt haben[28].

Durch Verordnung vom 24. April 1942[29] wird auch das Diplomexamen der Volkswirte als Voraussetzung für die Ernennung zum Regierungsreferendar anerkannt, eine Möglichkeit, die lediglich aus den Kriegsverhältnissen heraus zu verstehen ist. Von ihr wird nur in wenigen Fällen Gebrauch gemacht.

### 3. Die Reformbestrebungen in den 40iger Jahren

Vom Standpunkt des nationalsozialistischen Staates aus, der in dem Regierungsassessor den „Verwaltungsfachmann" sieht, besteht eine Diskrepanz darin, daß die höheren Verwaltungsbeamten bis zur ersten Staatsprüfung, ja sogar in der amtsgerichtlichen Ausbildungsstation eine überwiegend vom Recht her orientierte Ausbildung erhalten. So ist es zu verstehen, daß bald nach Einführung der im wesentlichen preußischen Traditionen entsprechenden Sonderausbildungen für das ganze Reichsgebiet eine lebhafte Diskussion einsetzt, bei der sich drei Hauptrichtungen unterscheiden lassen[30].

Die Verfechter[31] einer betont rechtswissenschaftlichen Vorbildung heben deren Wert für die spätere Berufspraxis des höheren Verwaltungsbeamten hervor. Eindeutig wird gefordert, daß während des Studiums dem Bereich „Staat und Verwaltung" völliges Gleichgewicht mit den justiziellen Fächern eingeräumt werden müsse. Da aus „sozialen und bevölkerungspolitischen Gründen" das Studium nicht verlängert werden könne, soll der Ausgleich dadurch geschaffen werden, daß der zivilistische Bestand entsprechend gekürzt wird.

Aus der Wesensverschiedenheit der Funktionen und der Arbeitstechnik der Justizjuristen einerseits und der der höheren Verwaltungsbeamten andererseits wird die Forderung[32] begründet, die Studiengänge vom ersten Semester ab zu trennen. Deshalb soll ein Teil der rechtswissenschaftlichen Fakultäten in sog. Verwaltungsfakultäten (Fakultäten für

---

[28] Durchführungsvorschrift zu § 8 Abs. 3.

[29] RGBl. I S. 241.

[30] Einen ausführlichen Überblick über den Diskussionsstand gibt Höhn, a. a. O., S. 83 ff.

[31] Hierher gehören beispielsweise Wacks, Zur Arbeit an der Verwaltungswissenschaft, ZAkdR 1942, S. 83; Köttgen, Die wissenschaftliche Ausbildung der Verwaltungsbeamten RVBl. 1940, S. 7; Koellreutter, Wesen und Gestaltung der ersten juristischen Staatsprüfung, ZAkdR 1938, S. 255; Ernst, Die Verwaltung und der Verwaltungsnachwuchs, RVBl. 1940, S. 293.

[32] So beispielsweise Buchner, Justiz und Verwaltung RVBl. 1941, S. 538; Franz, Zur Reform der Ausbildung für den höheren Dienst in der öffentlichen Verwaltung, DV 1942, S. 187.

Politik, Verwaltung, Wirtschaft und Recht) umgewandelt werden. Dadurch glaubt man, in Anlehnung an die Kameralistik eine neue Staatswissenschaft aufbauen zu können, bei der das Verwaltungsrecht durch die Verwaltungslehre ergänzt und die Verwaltung nicht nur in ihrer rechtlichen Ordnung, sondern auch in ihren Aufgaben und in ihrem tatsächlichen Wirken kenntlich gemacht werden könne.

Eine zwischen den beiden stark gegensätzlichen Auffassungen vermittelnde Richtung[33] sieht die Lösung in einem gemeinsamen Grundstudium von 2 bis 4 Semestern. Sodann soll der Studiengang der Justizjuristen von dem der Verwaltungsbeamten getrennt werden. Bei der Begründung dieser Lösung, die als Übergangsregelung gedacht ist, wird darauf hingewiesen, daß nur so der Bedarf an Lehrkräften, die zur Ausrichtung eines „modernen kameralistischen Studiums" erforderlich seien, gedeckt werden könne.

Die auch in Anbetracht der Kriegsereignisse sehr hochfliegenden Pläne kommen nicht über das Stadium der Diskussion hinaus und werden mit dem Zusammenbruch gegenstandslos. Selbst der bescheidene Versuch der Studienreform von 1943, die Verwaltungslehre und Verwaltungspolitik in den Lehrplan der juristischen Fakultät einzubauen, scheitert schließlich daran, daß nur wenige Fakultäten über geeignete Dozenten verfügen.

### 4. Kritische Würdigung des Ausbildungs- und Prüfungswesens im „Dritten Reich"

Die Vorstellung, daß die Einführung der Sonderausbildung für den höheren Verwaltungsdienst im gesamten Reichsgebiet eine typisch nationalsozialistische Regelung gewesen sei, wird durch verschiedene Umstände entkräftet. Zunächst spricht die Intervention Hitlers nach der Verkündung der Reichsausbildungsordnung für den höheren Verwaltungsdienst von 1937 dafür, daß die Vorarbeiten an der Neuregelung im wesentlichen von den Fachministerien geführt wurden und die Parteidienststellen allenfalls mittelbar beteiligt waren. Gleichzeitig zeigen die von der Parteiführung vorgebrachten Bedenken gegen die Sonderausbildung für den höheren Verwaltungsdienst, welche Schwierigkeiten den Bestrebungen, bewährte Parteifunktionäre in wichtige Dienstposten der Verwaltung unterzubringen, mit der Einführung einer geordneten Sonderausbildung für den höheren Verwaltungsdienst bereitet werden. Offensichtlich werden Assessoren, die lediglich eine justizielle Ausbil-

---

[33] Sie wird beispielsweise vertreten von Fuchs, Zur Reform der Ausbildung der höheren Verwaltungsführer, DV 1942, S. 447; Gaedke, Zur Reform der Ausbildung der Verwaltungsrechtswahrer, DV 1942, S. 338; Thoma, Zur Reform des Verwaltungsstudiums, RVBl. 1941, S. 711.

dung erhalten haben, gegenüber den parteipolitischen Vorstellungen nicht als eine ernste Gefahr angesehen; denn mit Ausnahme der relativ kleinen Zahl von Regierungsassessoren, die nach der Einführung des Regierungsreferendariats in Preußen in den Jahren 1933 und 1934 mit der Ausbildung begonnen haben, sind im übrigen Reichsgebiet 1937 keine schon während des Vorbereitungsdienstes auf die Bedürfnisse der Verwaltung vorgebildeten Volljuristen vorhanden.

Die eigentlichen Vorstellungen des Nationalsozialismus vom höheren Verwaltungsdienst treten erst bei den Reformbestrebungen der 40iger Jahre offen hervor. Sie gipfeln in der Forderung, Studium und Vorbereitungsdienst rein nach verwaltungsstaatlichen Gesichtspunkten zu orientieren. Bewußt wird dabei an die Ausbildungsverhältnisse des absoluten preußischen Staates angeknüpft.

So ist die Einführung der Sonderlaufbahnen für den höheren Verwaltungsdienst einerseits und den Justizdienst andererseits im wesentlichen deshalb verständlich, weil 1937, als die Voraussetzungen zu einer reichseinheitlichen Regelung der Ausbildung aller Juristen vorhanden sind, die Justiz sich nicht bereit findet, während der Ausbildung mehr als nur einen Einblick in die Verwaltung zu gewähren. Immerhin ist für diese Einführung ein Zeitraum von 7 Monaten vorgesehen, so daß, wenn die nunmehr durchzuführende Reform eine echte Einheitsausbildung vorsieht, zumindest während des Vorbereitungsdienstes eine 12monatige Ausbildung in der Verwaltung erfolgen sollte. Dieser Zeitraum wird deshalb vorgeschlagen, weil in den Staaten mit traditioneller Einheitsausbildung eine entsprechende Zeit als notwendig angesehen wird, um mehr als nur eine Einführung in die Verwaltung zu geben.

Es darf jedoch auch nicht verkannt werden, daß die Einführung der Sonderausbildung für den höheren Verwaltungsdienst bei den einheitsstaatlichen Vorstellungen, die im Jahre 1937 vorherrschen, eine zweckmäßige Lösung ist. Der Bedarf an höheren Verwaltungsbeamten kann annähernd festgelegt werden, so daß sich der bei der Einstellung von Regierungsreferendaren festzulegende Numerus Clausus hieran orientieren kann. Zudem hat ein wichtiges Argument für die Einheitsausbildung, nämlich der Umstand, daß der Beamte, der lediglich die Befähigung zum höheren Verwaltungsdienst hat, deshalb in eine starke Abhängigkeit zum Staat gerät, weil er nicht die Möglichkeit hat, in den freien Beruf oder in eine Tätigkeit in der Wirtschaft überzuwechseln, in dieser Zeit kein Gewicht[34]. So weist die Sonderausbildung den Vorteil auf,

[34] 1945 kommen die aus dem Staatsdienst suspendierten höheren Verwaltungsbeamten oft in eine schwierige wirtschaftliche Situation, während Beamte, die die Befähigung zum Richteramt haben, sich beispielsweise als Anwalt niederlassen können.

daß innerhalb eines Zeitraumes von 2 bis 3 Jahren eine weithin abgeschlossene Ausbildung in der Verwaltung möglich ist, ohne daß ein zu starkes Einleben in das für den Justizjuristen typische Einzelfalldenken erfolgt.

Im sozialen Rechtsstaat der Bundesrepublik steht heute eine lediglich verwaltungsstaatliche Orientierung der Ausbildung außerhalb jeder Diskussion. Bei dem föderalistischen Aufbau läßt der kleinere räumliche Bereich der deutschen Länder die Wiedereinführung der Sonderausbildung für den höheren Verwaltungsdienst als nicht praktikabel erscheinen. Dennoch können aus der Ausbildungsordnung von 1937 Schlüsse gezogen werden, wie bei einer Neuordnung die Ausbildung in der Verwaltung erfolgen kann.

Hervorzuheben ist, daß bei der Neuordnung von 1937 die Ausbildung in der Ortsinstanz in den Vordergrund gestellt wird, obwohl die preußischen Regierungsreferendare früher überwiegend bei der Regierung ausgebildet wurden. Dort wird auch mit der Ausbildung begonnen. Da Gemeinde- oder Kreisverwaltung gewissermaßen das Modell einer Staatsverwaltung darstellen, sind hier die Verhältnisse am ehesten zu überschauen und deshalb besonders geeignet, den ersten Eindruck von den Aufgaben der Verwaltung, deren spezifische Denkungsweise und die Arbeitstechnik kennenzulernen. Hier hat der Referendar die Möglichkeit zu erfassen, daß die Verwaltung nicht in der Lösung von einzelnen Rechtsfällen besteht, sondern daß jede Maßnahme der Verwaltung vielschichtige Nebenwirkungen zur Folge hat.

Einleuchtend ist auch, wenn in der Ausbildungsordnung von 1937 nicht mehr versucht wird, den Regierungsreferendar mit den gesamten Aufgaben der Regierung als Mittelbehörde vertraut zu machen, sondern wenn die Ausbildung auf die wichtigsten Dezernate konzentriert wird. Bestrebungen um eine entsprechende Konzentration sind heute gerechtfertigt, weil im Rahmen einer echten Einheitsausbildung der Tätigkeit des Referendars in der Verwaltung ein kürzerer Zeitraum zuzurechnen ist. Deshalb sollte bei der praktischen Verwaltungsausbildung dafür gesorgt werden, daß der *Einblick* in einzelne wichtige Verwaltungsbereiche ermöglicht wird, während ein *Überblick* über eine Vielzahl von Verwaltungsaufgaben vermieden werden sollte. Dies gilt heute um so mehr, weil bei der Einheitsausbildung nicht eine so vollständige Ausbildung erreicht werden kann, daß der Assessor ohne jede Einarbeitungszeit in allen Sachgebieten der inneren Verwaltung, geschweige denn bei Sonderverwaltungen, sofort vollwertig eingesetzt werden könnte. Gleiches gilt auch für die justiziellen Berufe. Es ist dies eine notwendige Folge davon, daß die Ausbildung auf eine so breite Basis gestellt wird, wie dies bei einer echten Einheitsausbildung der Fall ist.

Die in Anlehnung an die Ausbildungsordnung von 1937 zu stellende Frage, ob während der Verwaltungsausbildung eine Wahlstation eingerichtet werden solle, erhält ein besonderes Gewicht im Rahmen der echten Einheitsausbildung deshalb, weil hierbei noch deutlicher zutage tritt, daß ein nicht unbeachtlicher Prozentsatz von Assessoren später in Sonderverwaltungen eintritt. Andererseits ist der wohl als Maximum für die Verwaltungsausbildung zu erreichende Zeitraum von 12 Monaten so knapp bemessen, daß eine Verkürzung der Ausbildungszeit zugunsten einer Wahlstation das im Vordergrund stehende Ziel einer einigermaßen abgeschlossenen Verwaltungsausbildung, die während der Assessorenzeit nur noch eine Vervollständigung erfährt, gefährden würde. Allenfalls ist die Frage zu diskutieren, ob bei einer Einheitsausbildung der Begriff der Verwaltung für die Kandidaten, die hier eine Schwerpunktbildung wünschen, so weit ausgedehnt werden sollte, daß zunächst Sonderverwaltungen, wie beispielsweise die Steuer-, Wehr- oder Gesundheitsverwaltung, oder die Tätigkeit bei einer supranationalen Behörde, bei einer Industrie- und Handelskammer, in der Industrie, bei einem Arbeitgeber- oder Arbeitnehmerverband, mit einbezogen werden könnte.

## IX. Die Verwaltungsausbildung nach dem zweiten Weltkrieg

Die Ausbildung der Regierungsreferendare wird durch die Ereignisse des Jahres 1945 unterbrochen. Es können keine Prüfungen mehr durchgeführt werden, da das Reichsprüfungsamt für den höheren Verwaltungsdienst nicht mehr besteht. Nachdem sich die Verhältnisse einigermaßen konsolidiert haben, wird versucht, die noch in Ausbildung befindlichen Referendare und Assessoren (K) zu einem Abschluß zu führen. Teilweise werden hierbei die Ausbildungsordnungen von 1934 und 1937 entsprechend angewandt, teilweise wird die Ausbildung in Anlehnung an den Rechtszustand von 1933 neu geordnet und die Ausbildung der Referendare, die bereits vor dem Zusammenbruch eingestellt waren, wird entsprechend umgestellt.

### 1. Übergangsregelungen für die bereits im Vorbereitungsdienst stehenden Referendare

Obwohl die Reichsregelung der traditionellen bayerischen Ausbildungs- und Prüfungspraxis widerspricht, bleibt es in Bayern zunächst bei der Trennung von Verwaltungs- und Justizausbildung. 1946[1] wird die Ausbildung in der Justiz im wesentlichen nach der früheren Reichsrege-

[1] Verordnung über die Wiederaufnahme der Justizausbildung und der Staatsprüfungen v. 4. April 1946 (GuVBl., S. 214).

lung wieder aufgenommen, der Vorbereitungsdienst mit Rücksicht auf die Kriegsteilnehmer allgemein auf 2½ Jahre festgesetzt. 1947[2] wird eine Prüfungsordnung für den höheren Verwaltungsdienst erlassen. An die Stelle des Reichsprüfungsamtes für den höheren Verwaltungsdienst tritt ein Prüfungsausschuß beim bayerischen Verwaltungsgerichtshof. Diese Maßnahmen sind jedoch nur verständlich, weil die durch den Krieg unterbrochene Ausbildung der Regierungs- und Gerichtsreferendare und -assessoren (K) zu Ende geführt werden soll; schon seit 1946 sind Bestrebungen vorhanden, das Prüfungs- und Ausbildungswesen unter Zugrundelegung des traditionellen bayerischen Systems der Einheitsausbildung neu zu ordnen[3].

Aus ähnlichen Erwägungen wird 1947[4] in Niedersachsen ein Landesprüfungsausschuß für den höheren Verwaltungsdienst gebildet. In Schleswig-Holstein werden die bereits im Dienst befindlichen Regierungsreferendare stillschweigend weiter ausgebildet und durch den von der Landesregierung Niedersachsen eingesetzten Prüfungsausschuß examiniert[5]. In keinem der zuvor behandelten Länder werden nach dem Zusammenbruch neue Regierungsreferendare eingestellt.

### 2. Die Neuordnung nach 1945 auf der Grundlage der echten oder sog. Einheitsausbildung

#### *a) Bayern*

Der Bayerische Landtag spricht sich 1949[6] dafür aus, die Zwischenlösung durch eine der früheren bayerischen Regelung aus der Zeit vor dem Nationalsozialismus entsprechende Neuordnung zu ersetzen. Nach eingehenden Vorbereitungen wird sodann am 12. März 1952[7] die Ausbildungs- und Prüfungsordnung für den höheren Justiz- und Verwaltungsdienst erlassen. Nachdem durch § 2 des Gerichtsverfassungsgesetzes von 1950 vorgeschrieben worden ist, daß zwischen der ersten und zweiten juristischen Staatsprüfung ein Vorbereitungsdienst von mindestens 3½ Jahren liegen müsse, wird dieser zeitlich so aufgegliedert, daß auf die Beschäftigung bei der ordentlichen Gerichtsbarkeit und der Staatsanwaltschaft 12 Monate, auf die Verwaltung 12 und die Verwaltungs-

---

[2] Ministerialbekanntmachung über die Wiederaufnahme der Prüfungen für den höheren Verwaltungsdienst v. 5. November 1947 (Staatsanzeiger Nr. 45).

[3] Kollmann, a. a. O., S. 467.

[4] Erlasse über die Bildung des Landesprüfungsausschusses in Niedersachsen v. 6. und 9. September 1947 (Amtsbl. f. Niedersachsen S. 104 ff.).

[5] Dieser hat nach Geib, a. a. O., S. 334, formell seine Tätigkeit noch nicht eingestellt.

[6] Kollmann, a. a. O., S. 467.

[7] GuVOBl., S. 103.

gerichtsbarkeit 6 Monate entfallen. Darüber hinaus sind 5 Monate für die Ausbildung bei einem Rechtsanwalt und einem Notar vorgesehen.

Die heute in Bayern geltende Ausbildungs- und Prüfungsordnung für den höheren Justiz- und Verwaltungsdienst (JuVAPO) vom 21. Juni 1957[8] enthält keine wesentlichen Abweichungen. Als Ziel des Vorbereitungsdienstes stellt sie heraus, daß der Rechtsreferendar mit den Aufgaben der Rechtspflege und der Verwaltung so vertraut gemacht werden solle, daß er zu einer späteren selbständigen beruflichen Tätigkeit in der Lage sei[9]. Von dem insgesamt $3^1/_2$jährigen Vorbereitungsdienst entfallen 12 Monate auf die Ausbildung bei Verwaltungsbehörden nach näherer Bestimmung des Regierungspräsidenten. Hiervon sind 2 Monate zur Ausbildung bei einer Finanzbehörde vorgesehen, während 4 Monate bei einer Kreisverwaltungsbehörde abgeleistet werden sollen. 5 Monate dienen der Ausbildung bei einem Verwaltungsgericht, 2 Monate sind für eine Tätigkeit bei einem Arbeitsgericht oder einer ähnlichen Dienststelle, die dem Staatsministerium für Arbeit und soziale Fürsorge untersteht, abzuleisten[10]. Die Durchführungsbestimmungen zur Ausbildungs- und Prüfungsordnung für den höheren Justiz- und Verwaltungsdienst vom 21. Juni 1957[11] treffen sehr eingehende Regelungen über die Auswahl der Verwaltungsbehörden, die Art der Schulung und Beschäftigung des Referendars und über die Teilnahme und die Gestaltung der Arbeitsgemeinschaften während der Verwaltungsstation.

### *b) Baden*

Mit den in Baden im Oktober und November 1945 ergangenen Erlassen wird ebenfalls an die traditionelle Einheitsausbildung angeknüpft. Auf eine voreilige gesetzliche Neuregelung wird zunächst verzichtet, weil erst mit dem Provisorium Erfahrungen gesammelt werden und dann zu einer Neuordnung geschritten werden soll. Entsprechend badischer Tradition wird der Bereich der Verwaltung weder im Studium noch in den Staatsprüfungen dem justiziellen Teil der Ausbildung gleichgestellt. Nach der Regelung von 1945 entfällt ein Jahr des insgesamt $3^1/_2$jährigen Vorbereitungsdienstes auf die Ausbildung bei Verwaltungsbehörden[12].

Dem entspricht die noch heute in Baden-Württemberg geltende Verordnung der Landesregierung über die Ausbildung der Juristen (JAO)

---

[8] GuVOBl., S. 213.

[9] § 29 JuVAPO.

[10] § 30 Abs. 2 Ziffer 2.

[11] GuVOBl., S. 223, geändert durch Bekanntmachung v. 6. März 1958 (GuVOBl., S. 38).

[12] Vgl. hierzu Bader, Zum badischen Prüfungs- und Ausbildungswesen, JZ 1951, S. 213.

vom 12. September 1955[13]. Nach dieser wird der Referendar für die Ausbildung bei der Verwaltung einem Regierungspräsidenten überwiesen, der ihn einem Landratsamt zuweist. Zu Beginn der insgesamt 8monatigen Ausbildung beim Landratsamt soll der Referendar 2 bis 3 Monate bei einer mittleren Gemeinde (möglichst unter 20 000 Einwohnern) tätig sein. Die restlichen 4 Monate der Verwaltungsausbildung sind gewissermaßen als beschränkte Wahlstation ausgebildet, weil der Referendar die Möglichkeit hat, bei einer anderen staatlichen oder kommunalen Verwaltungsbehörde, bei einer Körperschaft, Anstalt oder Stiftung des öffentlichen Rechts, bei einem Verwaltungsgericht oder bei einem Unternehmen der Wirtschaft oder ähnlichem tätig zu sein[14].

### *c) Die Länder der ehemals britischen Zone*

In den ehemals preußischen Ländern Norddeutschlands wird an die Regelung aus dem Jahre 1933 angeknüpft, ohne hinreichend zu berücksichtigen, daß die damals nur noch fortbestehende Sonderausbildung für den höheren Justizdienst aus einer ausgesprochenen Übergangssituation heraus zu verstehen ist[15]. Diese Entwicklung ist deshalb zu verstehen, weil während der Zeit der Militärregierung die Oberlandesgerichtspräsidenten der britischen Zone schon früh voll funktionsfähig und weitgehend unabhängig sind. Teilweise sind ihnen auch Gesetzgebungsbefugnisse übertragen[16]. So können mit Zustimmung der britischen Militärregierung in den einzelnen Oberlandesgerichtsbezirken gleichlautende Justizausbildungsordnungen erlassen werden, die mit dem 1. Januar 1946 in Kraft treten[17]. Aus der Sicht der Oberlandesgerichtspräsidenten besteht zunächst keine Veranlassung, die Vorbereitung für den höheren Verwaltungsdienst zu regeln, da dafür gesorgt ist, daß die bereits in Ausbildung befindlichen Regierungsreferendare die Ausbildung beenden können, und zunächst seitens der Verwaltung keine Versuche unternommen werden, die Sonderausbildung auf Landesebene neu aufleben zu lassen.

Bei den Beratungen zur Justizausbildungsordnung für die britische Zone vom 29. September 1948[18] werden erstmals Überlegungen angestellt, wie der Nachwuchs für den höheren Verwaltungsdienst gesichert werden solle. Nach der amtlichen Begründung[19] zu dieser

---

[13] Ges.Bl. Nr. 18 vom 30. September 1955.

[14] § 27 der Verordnung von 1955.

[15] Vgl. S. 64 oben.

[16] Vgl. die Anweisung Nr. 10 der Militärregierung an die Obergerichtspräsidenten und Oberpräsidenten.

[17] Verkündet beispielsweise im Justizblatt Düsseldorf 1946, S. 38.

[18] VOBl. f. Br. Z., S. 299; Neufassung v. 15. Januar 1949 (VOBl. f. Br. Z., S. 21).

[19] Zentraljustizblatt f. Br. Z. 1948, S. 248.

*Justizausbildungsordnung* soll die Vorbildung der Richter und höheren Verwaltungsbeamten einheitlich gestaltet werden, weil in der Weimarer Republik ebenfalls eine Einheitsausbildung angestrebt worden sei. Im Gegensatz zu der „altpreußischen Abkapselung des Regierungsreferendariats" soll eine gegenseitige Durchdringung von Justiz und Verwaltung erfolgen, weil eine grundsätzliche Einheit zwischen der ordentlichen und Verwaltungsgerichtsbarkeit bestehe. Als Verwaltungsstationen sind die Verwaltungsgerichte, staatliche und Gemeindeverwaltungen, Anstalten und Körperschaften des öffentlichen Rechts, größere Wirtschaftsbetriebe und Organisationen von Arbeitnehmern und Arbeitgebern vorgesehen. Die Ausbildungszeit beträgt lediglich 6 Monate[20].

Diese Regelung gilt durch die Justizausbildungsordnung vom 15. Januar 1949[21] in Bremen und Hamburg noch fort. Das gleiche gilt für Niedersachsen. Nachdem jedoch nach § 2 des Gerichtsverfassungsgesetzes die Dauer des juristischen Vorbereitungsdienstes auf 3½ Jahre verlängert wird, wird durch Allgemeinvergügung des Niedersächsischen Ministeriums des Innern vom 27. April 1951[22] angeordnet, daß die Ausbildung in der Verwaltung von 6 auf 12 Monate erhöht wird. Während dieser Zeit sind 2 Monate zur Ausbildung an einem Verwaltungsgericht, einem Finanzgericht, einem Arbeitsgericht oder einem Sozialgericht vorgesehen, wenn die Gerichte eine entsprechende Anzahl von Referendaren aufnehmen können. Das niedersächsische Ministerium des Innern gibt am 24. Januar 1956[23] Richtlinien für die Gestaltung des juristischen Vorbereitungsdienstes für Referendare in der Verwaltungsstation heraus. Nach diesen ist es das Ziel der Verwaltungsausbildung, den Referendar an die der Verwaltung eigentümlichen schöpferisch gestaltenden Funktionen heranzuführen. Er soll die Rechtsgrundlagen und Aufgaben der Verwaltung in ihrem systematischen Zusammenhang kennenlernen und mit ihrer Arbeitsweise vertraut werden. Als besonderes Ziel der Ausbildung wird es angesehen, daß Verständnis des Referendars für die Stellung der Verwaltung im demokratischen Rechtsstaat zu entwickeln. Die 12monatige Ausbildung beginnt mit der Einführung in die Verwaltung, die bei der Regierung auf die Dauer von 2 Monaten zu erfolgen hat. Sodann schließt sich eine 5monatige Praxis bei der Kommunalverwaltung an. Grundsätzlich sind zwei weitere Monate zur Ausbildung bei einem Landesverwaltungsgericht vorgesehen, das jedoch durch ein Finanz-, Sozial- oder Arbeitsgericht oder Sonderverwaltungen ersetzt

---

[20] Die Reichsjustizausbildungsordnung von 1934 sah bereits einen Zeitraum von 7 Monaten vor, um die Gerichtsreferendare in die Verwaltung „einzuführen". Vgl. S. 57 unten.

[21] VOBl. f. Br. Z., S. 21.

[22] Niedersächsischer Rechtspfleger 1951, S. 78.

[23] Nds. Rpfl., S. 24.

werden kann. Während der Gesamtausbildung in der Verwaltung sind die Referendare zur Teilnahme an wöchentlichen Referendar-Arbeitsgemeinschaften verpflichtet, um bei ihnen die Kenntnisse in den wesentlichen Gebieten des öffentlichen Rechts zu vertiefen und ihnen die systematischen Zusammenhänge nahezubringen und das Verständnis für verwaltungspolitische Probleme zu fördern.

In Nordrhein-Westfalen wird die Justizausbildungsordnung für die britische Zone mehrfach abgeändert. Am 1. Juli 1956 tritt das Gesetz über die juristischen Staatsprüfungen und den juristischen Vorbereitungsdienst vom 9. April 1956[24] in Kraft. Es wird ergänzt durch die Durchführungsverordnung vom 2. Juli 1956[25].

Hierdurch wird die einheitliche Ausbildung der Justiz und Verwaltungsreferendare beibehalten. Die Referendare können je nach ihren Interessen wählen, ob sie den Weg zu einer Ausbildung mit Schwerpunkt in der Verwaltung oder in der Justiz wählen.

Für alle Referendare entfallen von dem Vorbereitungsdienst von insgesamt 3½ Jahren 30 Monate auf den Dienst bei Gerichten, der Staatsanwaltschaft, Notaren und Rechtsanwälten und mindestens 6 Monate auf die Ausbildung bei Verwaltungsbehörden, Körperschaften oder Anstalten des öffentlichen Rechts. Die verbleibenden 6 Monate sind als Wahlstation ausgebildet. Die Referendare, die an Fragen des öffentlichen Rechts und an der Verwaltung besonders interessiert sind, können bei der Schwerpunktbildung bis zu 12 Monaten in der Verwaltung und 6 Monaten bei einem Verwaltungsgericht beschäftigt werden[26]. Während der Wahlstation kann von den anderen Referendaren kein Antrag auf Überweisung zum Regierungspräsidenten oder zu einer Kreis-, Amts- oder Gemeindeverwaltung gestellt werden; vielmehr ist an Überweisung an die allgemeine und besondere Verwaltungsgerichtsbarkeit, die Finanz-, Arbeits- und Sozialverwaltung, an Industrie- und Handelskammern und an Unternehmen der gewerblichen Wirtschaft als Ausbildungsstationen gedacht. Wird kein Antrag auf Überweisung in die sog. freie Station gestellt, dann verlängert sich die Ausbildung beim großen Amtsgericht und beim Rechtsanwalt und Notar entsprechend, so daß ein eindeutiges Schwergewicht der Ausbildung im justiziellen Bereich liegt[27].

Die Referendare, die den Antrag auf längere Ausbildung in der Verwaltung stellen, werden zunächst auf 3 Monate bei einem Regierungspräsidenten, anschließend 6 Monate bei einer Kommunalverwaltung und

---

[24] GuVBl., S. 131.
[25] GuVBl., S. 169.
[26] § 23 des Gesetzes von 1956.
[27] § 16 der Durchführungsverordnung von 1956.

dann weitere 3 Monate bei einer für die *theoretische* und *praktische* Ausbildung geeigneten Stelle beschäftigt. Sodann werden sie auf die Dauer von 6 Monaten einem Landesverwaltungsgericht zugewiesen. Als Äquivalent wird die Ausbildung beim Rechtsanwalt und Notar und beim Oberlandesgericht entsprechend gekürzt und auf eine Tätigkeit beim großen Amtsgericht verzichtet[28].

Mit der Justizausbildungsverfügung vom 15. Oktober 1957[29] schließt sich Schleswig-Holstein, wo ebenfalls noch die Justizausbildungsordnung für den Bereich der britischen Zone galt, mit geringfügigen Abweichungen der nordrhein-westfälischen Regelung an. Die Wahlstation beträgt nur 4 Monate[30]. Für die Referendare, die die „verlängerte Verwaltungsausbildung" wählen und hierdurch die Möglichkeit erhalten, 6 Monate in der Stadt-, Kreis- oder Gemeindeverwaltung tätig zu sein, 6 Monate bei einem Verwaltungsgericht ausgebildet zu werden und 4 Monate in einer von ihnen gewählten „freien Verwaltungsstation" zu verbringen, fällt ebenfalls das große Amtsgericht weg, und die Ausbildung bei der Staatsanwaltschaft und der Strafkammer des Landgerichts wird entsprechend gekürzt[31].

### *d) Hessen*

In Hessen werden die Vorschriften der Justizausbildungsordnung von 1934 entsprechend angewandt, bis mit dem Gesetz über die Befähigung zum Richteramt und zum höheren Verwaltungsdienst vom 23. März 1948[32] entsprechendes Landesrecht neu geschaffen wird. Dieses Gesetz beschränkt sich darauf, die Grundlinien festzulegen. Hinsichtlich der Errichtung der Prüfungsämter, der Zusammensetzung der Prüfungsausschüsse, des Prüfungsverfahrens sowie der Dauer und Einteilung des Vorbereitungsdienstes wird der Minister der Justiz ermächtigt, die zur Ausführung erforderlichen Anordnungen zu treffen. Nach der juristischen Ausbildungsordnung vom 27. November 1957[33] entfallen von dem Vorbereitungsdienst von mindestens 3½ Jahren 10 Monate auf die Ausbildung in der Verwaltung. Sie ist bei einer Stadtverwaltung, einem Landratsamt, einer Bezirksregierung, einem Landeswohlfahrtsverband oder einem Verwaltungsgericht durchzuführen. An Stelle der Ausbildung bei einem Verwaltungsgericht kann der Referendar auch die Ausbildung bei einem Sozialgericht oder dem Landessozialgericht wählen[34].

---

[28] § 18 der Durchführungsverordnung von 1956.

[29] Schleswig-Holsteinische Anzeigen v. 15. Oktober 1957, Teil A, Nr. 10.

[30] Ziffer 12 der Justizausbildungsverfügung.

[31] Ziffer 13 der Justizausbildungsverfügung.

[32] Gesetz über die Befähigung zum Richteramt und höheren Verwaltungsdienst (GuVOBl., S. 69).

[33] GuVOBl., S. 161.

[34] § 26 der Juristischen Ausbildungsordnung von 1957.

### e) *Rheinland-Pfalz*

In den einzelnen Regierungsbezirken des Landes werden nach dem Zusammenbruch die bereits im Dienst befindlichen Referendare weiter ausgebildet. Dabei werden die Bestimmungen der Reichsjustizausbildungsordnung entsprechend angewandt, so daß lediglich eine Einführung in die Verwaltung angestrebt und das Schwergewicht der Ausbildung in den justiziellen Bereich gelegt wird. Entsprechend wird in der durch Landesverfügung des Ministers der Justiz vom 15. September 1948[35] erlassenen Justizausbildungsordnung ein Zeitraum von 6 Monaten für die Ausbildung in der Verwaltung vorgesehen.

Nachdem so der Vorbereitungsdienst eindeutig auf die Laufbahn des Richters, Staats- und Rechtsanwalts zugeschnitten ist, wird 1947[36] in den 3 Ländern der französischen Besatzungszone eine „staatliche Akademie für Verwaltungswissenschaften" mit dem Sitz in Speyer eingerichtet. Für Bewerber mit abgeschlossenem juristischen Studium — in geringem Umfang werden auch Diplom-Volkswirte und besonders qualifizierte Beamte des gehobenen Dienstes aufgenommen — besteht auf diese Weise die Möglichkeit, die Befähigung zum höheren Verwaltungsdienst durch eine für alle Bewerber gleiche große Staatsprüfung zu erwerben. Dieser geht ein Studium von 4 Semestern an der Akademie in Speyer voraus, welches nach 2 Semestern unterbrochen wird, um dem Regierungsreferendar auf die Dauer eines Jahres die Möglichkeit zur Ausbildung an einem Landratsamt zu geben. Darüber hinaus werden jeweils die Semesterferien zur Ausbildung in der Praxis benutzt. Der Versuch, auf diese Weise zu einer umfassenden Sonderausbildung für den höheren Verwaltungsdienst zu kommen, hat keinen Bestand, nachdem die Mehrzahl der Landesregierungen der ehemals französischen Zone die sog. Einheitsausbildung einführt. Durch Gesetz des Landes Rheinland-Pfalz vom 30. August 1950[37] wird die „Hochschule für Verwaltungswissenschaften Speyer" als Rechtsnachfolgerin der „Akademie" errichtet. Nach der aufgrund des Landesgesetzes über die juristische Ausbildung vom 27. Januar 1957[38] ergangenen Justizausbildungsordnung vom 14. März 1957[39] ist für die Ausbildung in der Verwaltung ein Zeitraum von 12 Monaten vorgesehen. Hierbei wird angestrebt, daß jeder Referendar einen gründlichen Einblick in die Arbeitsweise der Verwaltung und

---

[35] Sonderveröffentlichung des Justizblattes.

[36] Verfügung Nr. 194 der Französischen Militärregierung vom 11. Januar 1947.

[37] GuVOBl., S. 265.

[38] Landesgesetz über die juristische Ausbildung v. 27. Januar 1957 (GuVOBl., S. 31).

[39] GuVOBl.

eine Vertiefung der aus dem Studium gewonnenen öffentlich-rechtlichen Kenntnisse erwirbt. Er soll die Mittelinstanz der staatlichen Verwaltung (Bezirksregierung) und die gemeindliche Selbstverwaltung kennenlernen. Hierfür ist eine Mindestzeit von 6 Monaten vorgesehen. Alle rheinland-pfälzischen Referendare nehmen darüber hinaus auf die Dauer eines Semesters an Vorlesungen, Seminaren, Übungen und Arbeitsgemeinschaften der Hochschule für Verwaltungswissenschaften Speyer teil[40]. Auf besonderen Antrag können Referendare die Verwaltungsausbildung von 12 Monaten dadurch verlängern, daß sie den Antrag stellen, auf 3 Monate bei einem Gericht der Verwaltungs-, Arbeits-, Sozial- oder Finanzgerichtsbarkeit ausgebildet zu werden. Als Folge wird die Ausbildung beim großen Amtsgericht auf 3 Monate und beim Oberlandesgericht auf 4 Monate verkürzt[41].

Alle deutschen Bundesländer einschließlich Berlin ordnen z. Z. auf Antrag eine Anzahl von Referendaren zum Studium an die Hochschule für Verwaltungswissenschaften in Speyer ab. Diese Förderung soll im Rahmen der zur Verfügung stehenden Plätze nur den befähigten und an der Verwaltung besonders interessierten Referendaren zugute kommen. Auch werden von den Ländern, in denen ein Ausbildungsweg mit Schwerpunktbildung in der Verwaltung besteht, alle Referendare, die diesen Weg gewählt haben, zum Studium nach Speyer abgeordnet.

### *f) Berlin*

In Groß-Berlin werden bis zum Inkrafttreten der Ausbildungs- und Prüfungsordnung vom 31. Mai 1947[42] keine juristischen Prüfungen abgenommen. Die Ausbildungsordnung für Juristen (JAO) vom 24. Januar 1953[43] sieht eine Ausbildung bei Verwaltungsbehörden, Körperschaften oder Anstalten des öffentlichen Rechts oder in einer dem Ausbildungszweck sonst dienenden Weise von insgesamt 9 Monaten vor. 3 weitere Monate sind zur Ausbildung bei einem Verwaltungsgericht vorgesehen. Ausdrücklich wird betont, daß während der Ausbildung bei den Verwaltungsbehörden der Referendar die Arbeitsweise der Verwaltung kennenlernen und nicht als Justitiar verwendet werden soll[44]. Regelmäßig entfallen von der 9monatigen Verwaltungsausbildung 5 Monate auf die Kommunalverwaltung und 4 Monate auf die staatliche Hoheitsverwaltung. Während der Verwaltungsausbildung sind die Referendare einer besonderen Verwaltungsarbeitsgemeinschaft zugewiesen[45].

---

[40] § 19 Abs. 1, Ziff. 2 Justizausbildungsordnung.

[41] § 19 Abs. 2 der Justizausbildungsordnung.

[42] VOBl., S. 185.

[43] GuVOBl., S. 77.

[44] § 40 Justizausbildungsordnung von 1953.

[45] § 46 der Justizausbildungsordnung von 1946.

### *g) Saarland*

Nach der z. Z. in Saarland geltenden Ausbildungsordnung für den höheren Justiz- und Verwaltungsdienst vom 16. Dezember 1949 (nicht veröffentlicht) mit Änderung vom 13. April 1956 (ebenfalls nicht veröffentlicht) haben die Referendare die Wahl zwischen einer Verwaltungsausbildung von 6 und 12 Monaten. Wird der letzte Weg gewählt, dann wird die Ausbildung bei der Staatsanwaltschaft um einen Monat, beim Rechtsanwalt um 2 Monate, beim großen Amtsgericht um einen Monat und beim Oberlandesgericht um 2 Monate gekürzt. Auf Antrag können die Referendare, die von der Möglichkeit der verlängerten Verwaltungsausbildung Gebrauch gemacht haben, bei der großen Staatsprüfung eine Hausarbeit mit einem Thema aus dem öffentlichen Recht erhalten.

## 3. Das Ausbildungs- und Prüfungswesen in den Ländern der Bundesrepublik als Anknüpfungspunkt für eine Neuregelung

Wenn erst etwa 10 Jahre nach dem Zusammenbruch damit begonnen wird, eine Neuordnung der juristischen Ausbildung zu diskutieren, so wiederholt sich eine Erscheinung, welche in fast allen Epochen der Geschichte des deutschen Ausbildungs- und Prüfungswesens festzustellen ist. Den Vorschriften über das Ausbildungs- und Prüfungswesen liegt eine gewisse statische Kraft inne. Sie verhindert es, daß eine geänderte Verwaltungssituation sich unmittelbar in einer Neuordnung niederschlägt.

Ein Anknüpfen an die Regelung des Jahres 1933 ist deshalb ein falscher Ausgangspunkt, weil die meisten Staaten der Weimarer Republik, in denen vorher je eine Sonderausbildung für den Justizdienst und den höheren Verwaltungsdienst bestand, sich seinerzeit in einem Übergangsstadium befanden. Dieses spiegelt einen Schwerpunkt der justiziellen Ausbildung wider, der mit den vitalen Interessen der Verwaltung nicht in Einklang zu bringen ist. So ist es zu verstehen, daß heute anstelle des in sich verständlichen Gegensatzes zwischen der echten Einheitsausbildung einerseits und dem System der Sonderausbildungen andererseits die Alternative justizielle Ausbildung und echte Einheitsausbildung in den Vordergrund tritt. Dies ist ein schlechter Ausgangspunkt, weil nur in dem einen Fall die Belange der Verwaltung hinreichend berücksichtigt werden. Die Verwaltung hat somit keine Wahl zwischen zwei technischen Möglichkeiten, bei denen für einen ordentlichen Nachwuchs für den höheren Verwaltungsdienst gesorgt wird.

Es sei daran erinnert, daß in Preußen mehrfach und im Reich nach Erlaß des Reichsbeamtengesetzes der Versuch gemacht wird, von der in Preußen bewährten Ausbildung für den höheren Verwaltungsdienst abzugehen, Versuche, die jeweils am Widerstand der Justizressorts scheitern, weil diese von ihrer Forderung nicht abgehen wollen, daß der Assessor unmittelbar nach dem Examen vollwertig in der Justiz eingesetzt werden müsse.

Für die Bedenklichkeit dieser Auffassung spricht die Entwicklung in den deutschen Ländern nach 1945. Dort wo eine „unechte" Einheitsausbildung zunächst besteht, begnügen sich diese nicht damit, daß im Assessorexamen die Befähigung für den höheren Justiz- und Verwaltungsdienst verliehen wird, sondern überall wird das zunächst bestehende Übergewicht der justiziellen Ausbildung zugunsten einer Verlängerung der Ausbildung in der Verwaltung abgeändert. Zudem wird noch in einigen Ländern die Möglichkeit einer praktischen Ausbildung, bei der ein Schwerpunkt bei der Verwaltungsausbildung liegt, geschaffen. Diese eröffnet den an einer späteren Tätigkeit in der Justiz interessierten Referendaren einen Weg, durch den die Ausbildung in der justiziellen Arbeitsweise nur durch eine 6monatige Einführung in die Verwaltung, die bei einer kommunalen Verwaltung erfolgt, unterbrochen wird.

Wenn so die Referendare in dem Schwerpunkt, den sie bei der Ausbildung gewählt haben, unmittelbar eingesetzt werden können, so ist dennoch nicht zu verkennen, daß bei dieser Schwerpunktausbildung das Assessorexamen nach der einen oder anderen Seite hin abqualifiziert wird. Eine gewisse Schwerpunktbildung wird sich auch in Zukunft als praktikabel erweisen. Sie darf, um die vorerwähnte negative Wirkung nicht zu erzielen, nicht so weit gehen wie das heutige System der Schwerpunktausbildungen in den norddeutschen Ländern. Zudem wäre es verfehlt, wenn ein großer Teil der Referendare nur einen Einblick in die Verwaltung erhalten würde, ohne diese richtig kennenzulernen. Dem Verwaltungsbild des sozialen Rechtsstaats, in dem die sozialgestaltenden Funktionen der Verwaltung immer umfassender und deutlicher werden und andererseits der Rechtsschutz des einzelnen immer stärker ausgebaut wird, hat dazu geführt, daß sich Justiz und Verwaltung stärker als in früheren Epochen angenähert haben. Dies ist ein wichtiges Argument für die Einführung einer echten Einheitsausbildung.

Argumente für eine Verkürzung der bisherigen Ausbildung in der Verwaltung und für eine stärkere Hervorhebung des justiziellen Elements finden in der Entwicklungstendenz keine Stütze. Nur so ist es verständlich, daß die vorerwähnten Ziele aus den vorhandenen Mängeln der Verwaltungsausbildung hergeleitet werden. Diese bestehen in der Tat, es wäre jedoch verfehlt, ihren Gründen nicht nachzugehen und sie für unüberwindbar zu halten.

Während bei der Verwaltungsausbildung in Preußen und im Reich seit 1937 die Bemühungen um eine geordnete Ausbildung, begünstigt durch die geringe Zahl von auszubildenden Referendaren, bei wenigen Regierungen intensiviert werden, zwingt die Lösung einer echten Einheitsausbildung dazu, in weitem Umfang die innere Verwaltung, die Verwaltungsgerichtbarkeit und Sonderverwaltungen — diese evtl. als Wahlstationen bei einer Ausbildung mit Schwerpunktbildung in der Verwaltung — heranzuziehen. Hierbei werden Referendare an Regierungen überwiesen, bei denen keine jahrzehntelange Erfahrung in der Ausbildung von Regierungsreferendaren besteht. Es ist schließlich verständlich, daß sich aus der Zeit nach 1945, wo die Ausbildung darauf abgestellt war, lediglich einen Einblick in die Verwaltung zu geben, Gewohnheiten entwickelt haben, die einer geordneten Ausbildung entgegenstehen. Beispielsweise ist daran zu denken, daß auch heute noch bei größeren Verwaltungsbehörden die Verwaltungsstation so stark aufgegliedert wird, daß die Referendare praktisch durch alle Abteilungen „durchgeschleust" werden, ohne daß eine wirkliche Beschäftigung mit Verwaltungsproblemen stattfindet. Oder es wird dort, wo ähnlich der Berliner Ausbildungsordnung kein entsprechendes Verbot besteht, der Referendar beim Justitiariat beschäftigt. Dort kann er die Verwaltung nur vom kranken, atypischen Fall her kennenlernen. Schließlich führt eine informatorische Beschäftigung leicht dazu, daß man es dem Referendar überläßt, sich selbst umzusehen.

Diese Mängel sind abzustellen. Allerdings bedarf es hierzu nicht nur der Bemühungen der Verwaltungsbehörden, sondern es gilt auch, das Interesse des Referendars an der Verwaltungsausbildung zu aktivieren. Solange dieser davon ausgehen kann, daß bei der großen Staatsprüfung ein erhebliches Übergewicht bei den justiziellen Fächern liegt, wird er notwendigerweise die Verwaltungsstation weniger ernst nehmen als die Stationen, in denen ihm die Grundlage für eine typisch justizielle Fallbehandlung geboten wird. Deshalb wird, ohne daß eine Parität — was nicht völlige Gleichordnung heißt — zwischen dem justiziellen Prüfungsstoff und dem aus dem Bereich „Staat und Verwaltung" und in der Zusammensetzung der Prüfungskommission besteht, die praktische Ausbildung in der Verwaltung nie einen Stand erreichen, der mit dem der Justiz zu vergleichen ist. So soll die historische Betrachtung mit dem Hinweis auf das wichtigste bei einer Neuordnung zu beachtende Problem, dem Verhältnis von Studium und Vorbereitungsdienst zum Stoff und der Gestaltung der Prüfung, abgeschlossen werden.

*Zweiter Hauptteil*

# Die Ausbildung der höheren Verwaltungsbeamten im Ausland

## I. Die Problematik einer vergleichenden Untersuchung für die geplante Neuordnung der juristischen Ausbildung

Der Versuch, die Reformdiskussion in Deutschland durch Erkenntnisse aus ausländischen Ausbildungs- und Prüfungssystemen zu beleben, stößt in mehrfacher Hinsicht auf Schwierigkeiten. Zunächst ist festzuhalten, daß die Beamtenkategorien im Ausland eine Gleichstellung mit der Laufbahn des höheren Verwaltungsdienstes in Deutschland nicht unmittelbar gestatten. Um überhaupt zu einer einheitlichen Betrachtungsweise zu kommen, scheint es deshalb angebracht, die Untersuchung auf die öffentlichen Bediensteten zu erstrecken, die über eine akademische Vorbildung verfügen oder zumindest grundsätzlich verfügen müssen. Aus der Parallele zum höheren Verwaltungsdienst in Deutschland ergibt sich die Folge, daß alle Beamten, deren Universitätsvorbildung nicht auf die Erfüllung allgemeiner Verwaltungsaufgaben zugeschnitten, sondern mehr technischer Natur ist, wie das Beispielsweise bei Medizinern, Bautechnikern und höheren Forstbeamten der Fall ist, für die Untersuchung nur dann heranzuziehen sind, wenn ihr Fachstudium durch eine auf die Belange der Verwaltung zugeschnittene Ausbildung ergänzt wird. Auch dann, wenn im Ausland die Spezialisierung so weit geht, daß diesen Berufsgruppen grundsätzlich auch Verwaltungsfunktionen übertragen werden, kann auf Hinweise nicht verzichtet werden.

Nachdem die Entwicklung des Ausbildungs- und Prüfungswesens in Deutschland als das Ergebnis eines historischen Prozesses, bei dem wichtige Impulse von der verfassungsrechtlichen Stellung der Verwaltung und der Gestaltung des öffentlichen Dienstes ausgehen, gesehen wurde, liegt es auf der Hand, bei der Betrachtung von Vergleichstatbeständen des Auslandes entsprechende Fakten in die Betrachtung mit einzubeziehen. Unter diesem Gesichtspunkt ist es möglich, gewisse Staatengruppen, die eine gemeinsame Grundhaltung erkennen lassen, zusammenzufassen und sodann Erkenntnisse für die Verwaltungsbildung in Deutschland zu gewinnen.

Hierbei erscheint es zweckmäßig, eine erste Gruppe zu bilden, die aus Österreich und der Schweiz besteht. Eine weitgehend entsprechende Auffassung vom Rechtsstaat bildet die gemeinsame Klammer zwischen diesen Staaten. Für eine weitere Gruppenbildung bieten sich die romanischen Staaten Kontinentaleuropas an, bei denen in Anlehnung an die französische Verwaltungstradition gemeinsame Grundlinien zu erkennen sind, die jedoch in jüngster Zeit einzelne Staaten nicht hindern, eigene Wege zu gehen. Schließlich sollen die Ausbildungssysteme in England und in den Vereinigten Staaten in einer letzten Gruppe untersucht werden, obwohl trotz eines gemeinsamen Rechtssystems nicht unerhebliche Differenzen in der Gestaltung des Ausbildungs- und Prüfungswesens bestehen.

Trotz der beachtlichen Unterschiede, die die ausländischen Systeme aufgrund traditioneller und verfassungsrechtlicher Faktoren aufweisen, erscheint ein Rechtsvergleich für eine Neuordnung des deutschen Ausbildungs- und Prüfungswesens wichtiger und erfolgversprechender denn je. Die in allen Staaten vorhandene Entwicklung zur Industriegesellschaft hat zu erheblichen Annäherungen in Art und Umfang der Verwaltungsaufgaben und im Verwaltungsstil bei deren Erfüllung geführt. Insbesondere wird der technischen Seite des Ausbildungs- und Prüfungssystems besondere Beachtung zu schenken sein, wenn man berücksichtigt, daß in qualitativer Hinsicht in Deutschland einiges im argen liegt, während im Ausland mit teilweise erheblich kürzeren Vorbereitungszeiten beachtliche Erfolge erzielt werden.

## II. Das Ausbildungs- und Prüfungswesen in Österreich und der Schweiz

Die enge kulturelle, wirtschaftliche Verbindung Österreichs und der Schweiz zu Deutschland läßt vermuten, daß in beiden Staaten eine gewisse Parallele zu der Entwicklung in Deutschland besteht. Das trifft allenfalls für Österreich zu, jedoch führen in der Schweiz die Verwirklichung der Idee der unmittelbaren Demokratie und die überschaubaren räumlichen Verhältnisse zu einer Lösung, die eigenständig und kaum mit den Verhältnissen in anderen kontinental-europäischen Staaten zu vergleichen ist.

### 1. Österreich

Ähnlich wie in den deutschen Staaten ist in Österreich die Entwicklung vom Ständestaat über den Absolutismus zur konstitutionellen Staatsform zu erkennen. Auch in dem Übergang zur demokratischen Staatsform, die ihre Ausgestaltung in der Verfassung von 1920 erfährt, wird eine Parallele zu Deutschland deutlich[1].

### *a) Rechtsstaatsidee und die Institution des Berufsbeamtentums als gestaltende Elemente*

Ein nachhaltiger Einfluß auf die Gestaltung des Ausbildungs- und Prüfungswesens in Österreich geht von der Verfassung[2] aus. Dies gilt in erster Linie für die Institution des Berufsbeamtentums, wenn in Art. 20 des Bundesverfassungsgesetzes bestimmt ist, daß die öffentlichen Angelegenheiten grundsätzlich auf Berufsbeamte, die auf Lebenszeit angestellt sind, übertragen werden[3]. Gleichzeitig ist auf die positive Umschreibung des Rechtsstaatsbegriffs durch Art. 18 Abs. 2 des Bundesverfassungsgesetzes zu verweisen, wonach die staatliche Verwaltung nur aufgrund der Gesetze erfolgen darf[4]. Das führt dazu, daß die Tätigkeit der Verwaltungsbehörden inhaltlich bestimmt und ein gesetzlich geregeltes Verwaltungsverfahren vorhanden sein muß, in dessen Rahmen die Verwaltungsbehörden zu entscheiden haben. Berufsbeamtentum und diese Auffassung vom Rechtsstaat garantieren eine gewisse Kontinuität der Verwaltung und verhindern, daß ernste Schäden für den Staat und für den einzelnen Staatsbürger auftreten. Demgegenüber wird ein gewisser Nachteil, der darin besteht, daß die Verwaltung kostspielig, schwerfällig und wenig auf Wirtschaftlichkeit bedacht ist und die Folge hiervon, eine beachtliche Vermehrung des Bestandes an Verwaltungsbeamten, in Kauf genommen[5]. Sie erklärt auch, daß die Ausbildung für den höheren Verwaltungsdienst weitgehend gesetzlich geregelt ist.

### *b) Das rechts- und staatswissenschaftliche Studium als Grundlage für die Ausbildung des nichttechnischen höheren Verwaltungsdienstes*

Als Konsequenz von Rechtsstaatsidee und Berufsbeamtentum werden die Dienstposten des höheren nichttechnischen Verwaltungsdienstes[6] mit

---

[1] Vgl. hierzu Stolz, Grundriß der österreichischen Verfassungs- und Verwaltungsgeschichte, 1951; Werunski, Österreichische Reichs- und Rechtsgeschichte, 1912/31; Hellbling, Österreichische Verfassungs- und Verwaltungsgeschichte, Wien 1956.

[2] Bundesverfassungsgerichtsgesetz vom 1. Okt. 1920 in der Fassung von 1929. Wegen der späteren Novellen vgl. Adamovich/Spanner, Handbuch des österreichischen Verfassungsrechts, 5. Aufl. Wien 1957, S. 89 ff.

[3] Vgl. hierzu Adamovich/Spanner, a. a. O., S. 250 ff.

[4] Vgl. hierzu Adamovich/Spanner, a. a. O., S. 114 ff.; Ermacora, Der Verfassungsrechtliche Gesetzesvorbehalt (Diskussionsgrundlage), DÖV 1960, S. 561 ff.

[5] Hierzu gibt Heiterer-Schaller, Die gegenwärtige Lage der Verwaltung in Österreich, VerwArch. Bd. 48, S. 324 ff. einen anschaulichen Überblick.

[6] Nach dem Gehaltsüberleitungsgesetz v. 12. Dez. 1946 werden die Bundesbeamten der allgemeinen Verwaltung in 5 Verwendungsgruppen eingeteilt, an deren Spitze der höhere Dienst (Gruppe A) steht. Für die Gehaltsbemessung

Bewerbern besetzt, die über ein abgeschlossenes rechts- und staatswissenschaftliches Studium verfügen. Dieses dauert 8 Semester und findet nach einem verbindlichen Studienplan statt. Es ist in 3 Abschnitte gegliedert[7]. Der sog. rechtshistorische Abschnitt von 2 Semestern dient der Einführung in die Grundbegriffe des Staates, des Rechts und der Wirtschaft unter besonderer Berücksichtigung der historischen Grundlagen. Mit dem sich anschließenden judiziellen Studienabschnitt kann erst dann begonnen werden, wenn die Staatsprüfung nach dem ersten Studienabschnitt bestanden ist. Diese umfaßt: Römisches Recht, Kirchenrecht, Deutsche Rechtsgeschichte, Österreichische Verfassungs- und Verwaltungsgeschichte. In dem zweiten Studienabschnitt von 3 Semestern wird das Studium in Vorlesungen und Übungen auf Zivil- und Strafrecht unter Einschluß des Verfahrensrechtes und der Kriminologie beschränkt. Österreichisches Privatrecht, Handels- und Wechselrecht, Zivilprozeßrecht, Strafrecht, Strafverfahrensrecht und Kriminologie sind die Fächer der zweiten Teilprüfung. Ebenfalls 3 Semester dauert der staatswissenschaftliche oder politische Studienabschnitt, der ausschließlich den Bereichen Staat, Verwaltung und Wirtschaft gewidmet ist. Vorlesungs- und Prüfungsfächer dieses Abschnitts sind: Staatslehre und österreichisches Verfassungsrecht, Verwaltungslehre und Verwaltungsrecht, Verwaltungsverfahren und Verwaltungsgerichtsbarkeit, Völkerrecht, Volkswirtschaftslehre und Volkswirtschaftspolitik, Finanzwissenschaft, Finanzrecht und Statistik. Daneben hat der Student Rechtsphilosophie und neuere Geschichte zu hören. Diese Fächer werden bei den Hauptfächern mit berücksichtigt. Das juristische Studium wird regelmäßig mit der Erlangung des juristischen Doktorgrades abgeschlossen. Voraussetzung hierfür ist das Bestehen von drei Rigorosen. Das erste Rigorosum findet nach der judiziellen Staatsprüfung statt. Das zweite und dritte Rigorosum (sog. Romanum) schließt sich an die dritte Staatsprüfung an. Lediglich für den Beruf des Rechtsanwalts ist der Dr. iur. Voraussetzung. Die tatsächliche Situation in Österreich ist die, daß, von wenigen Ausnahmen abgesehen, alle Richter und höheren Verwaltungsbeamten promoviert haben.

### *c) Die praktische Vorbildung auf den Beruf*

Wenn der Vorbildung für den Beruf des Richters, Rechtsanwalts und höheren Verwaltungsbeamten ein einheitliches Studium dient, das die

---

bestehen 6 Dienstpostengruppen, in denen ein Vorrücken nach Gehaltsstufen stattfindet. Wegen der Regelung des Dienstrechts im einzelnen sei auf Adamovich, Handbuch des österreichischen Verwaltungsrechts, Wien 1953/54 Bd. I, S. 194 ff. verwiesen.

[7] Der Studienplan ist der synoptischen Darstellung des „Husserl-Gutachtens" (Die Ausbildung der deutschen Juristen — Darstellung, Kritik und Reform, Tübingen 1960) S. 43 ff. entnommen.

Belange der Justiz und der Verwaltung gleichermaßen berücksichtigt, könnte man erwarten, daß sich ein entsprechend gestalteter Vorbereitungsdienst anschließt. Dies ist nicht der Fall, vielmehr setzt unmittelbar im Anschluß an das Studium eine Spezialisierung auf den späteren Beruf ein. Eine praktische Einführungszeit ist bei allen juristischen Berufen vorgesehen. Sie ist jedoch unterschiedlich gestaltet. Während sowohl die Anwalts- als auch die Richteramtsprüfung erst nach einem mehrjährigen praktischen Vorbereitungsdienst absolviert werden kann[8], werden die zur Anstellung auf Lebenszeit erforderlichen Prüfungen in der Verwaltung, die unter dem Oberbegriff Definitivum zusammengefaßt sind, normalerweise nach einjähriger zufriedenstellender Praxis in dem betreffenden Dienstzweig abgelegt[9, 10].

Daß eine Spezialisierung, die unmittelbar nach dem Studium einsetzt, die Gefahr eines zum Ressortpartikularismus ausgeprägten Ressortdenkens einschließt, ist in Österreich erkannt. Der Gedanke einer Verwaltungsakademie für höhere Verwaltungsbeamte wird deshalb weniger unter dem Aspekt einer Vervollkommnung der Spezialausbildung als vielmehr als ein Mittel angesehen, die Spezialisierung im Rahmen des Möglichen aufzulockern[11].

## 2. Die Schweiz

Der Grundsatz der Gesetzmäßigkeit der Verwaltung erhält nach herrschender Lehre und Praxis in der Schweiz eine Deutung, die dem Art. 18 der österreichischen Verfassung entspricht[12]. Er wird durch eine weitgehende Kontrolle der Verwaltung, durch die Verfassungsgerichtsbarkeit, verwirklicht, die in dem kleinen räumlichen Bereich die Funktionen der Verwaltungsgerichtsbarkeit wahrnimmt. Bei der starken gesetz-

---

8 „Husserl-Gutachten", a. a. O., S. 50.

9 Heiterer-Schaller, a. a. O., S. 337.

10 Durch das Gesetz zur Wiederherstellung des österreichischen Beamtentums (BeamtenÜG) v. 28. August 1945 sind die vor 1938 in Österreich geltenden Vorschriften wieder in Kraft gesetzt worden. So auch die Verordnung der Bundesregierung v. 18. März 1927 betreffend die Festsetzung von Erfordernissen für die Erlangung von Dienstposten der allgemeinen inneren Verwaltung. In dieser VO ist für die Verwendungsgruppe des höheren Dienstes bestimmt, daß die Bewerber über ein abgeschlossenes Hochschulstudium verfügen müssen. Hierbei wird das Studium der Rechts- und Staatswissenschaften beispielsweise für die folgenden Dienstzweige vorgeschrieben: Rechtskundiger Verwaltungsdienst bei Behörden, Ämtern und Anstalten des Bundes, sog. politischer oder rechtskundiger Dienst bei Polizeibehörden, höherer Finanzdienst, Finanzprokuratordienst, höherer nichttechnischer Verwaltungsdienst der Post und Bahn, höherer auswärtiger Dienst.

11 Heiterer-Schaller, a. a. O., S. 337.

12 Grundlegend: Giacometti, Allgemeine Lehren des rechtsstaatlichen Verwaltungsrechts Bd. I, Zürich 1960.

lichen Bindung der Verwaltung ist es verständlich, daß zahlreiche leitende Dienstposten in der Verwaltung von Juristen ausgefüllt werden. Daneben sind höhere Beamte mit wirtschaftswissenschaftlicher Vorbildung anzutreffen[13].

### *a) Die allgemeinen Grundlagen der schweizerischen Verwaltung und das Recht des öffentlichen Dienstes*

Im Gegensatz zu anderen kontinentaleuropäischen Staaten verzichtet die Schweiz auf ein Berufsbeamtentum, ja sie steht ihm sogar ablehnend gegenüber[14]. Diese für einen modernen Staat atypische Entwicklung hat ihre Ursache in der unmittelbaren Demokratie, die an der besonderen Bedeutung, die das Referendum im schweizerischen Verfassungssystem in allen drei Stufen des staatlichen Gefüges, in der Gemeinde, dem Kanton und der Eidgenossenschaft, erlangt hat, zu erkennen ist[15]. Der Gedanke des genossenschaftlichen Zusammenwirkens ist in den Gemeinden, die sich in der Schweiz eine außergewöhnliche Selbständigkeit erhalten konnten, so stark entwickelt, daß durch die Bürgerversammlung und den Gemeinderat weitgehend die unmittelbare Verwaltungsdemokratie verwirklicht ist. Trotz des fast uneingeschränkt bestehenden Grundsatzes der unmittelbaren Rechtsetzungs- und Verwaltungsdemokratie[16] kann in dem vom Volk gewählten Regierungsrat (Kantonsregierung), dem Nationalrat (Regierung der Eidgenossenschaft) und zumindest in größeren Gemeinden nicht auf eine Mitwirkung von besonders geschulten Fachkräften verzichtet werden. In besonderem Maße gilt das für die eidgenössische Verwaltung, der in immer stärkerem Maße Verwaltungsaufgaben, die sich aus der Entwicklung der Schweiz zum Verteilungs- und Leistungsstaat ergeben, zuwachsen[17].

Damit das unpolitische fachliche Element in der Verwaltung nicht ein Schwergewicht gegenüber der politischen Exekutive und dem Parlament erhält, ist der Beamte auf Zeit als Gegensatz zum Beamten auf Lebenszeit Träger des öffentlichen Dienstes. Mit dem Bundesgesetz über das Dienstverhältnis der Bundesbeamten vom 30. Juli 1927 erhalten die Rechtsverhältnisse der Beamten der Eidgenossenschaft erstmals einen festen Rahmen. Die Regelung ist weitgehend auch von den Kantonen und

---

[13] Le Statut Fonctionaire Suisse, Vorlage zum Kongreß des Internationalen Instituts für Verwaltungswissenschaft 1933 in Wien (maschinengeschrieben), S. 42.

[14] Imboden, Die gegenwärtige Lage der Verwaltung in der Schweiz, VerwArch. Bd. 48 S. 340, 341.

[15] Der öffentliche Dienst in der Schweiz (Reisebericht), herausgegeben von der Deutschen Gesellschaft für Personalwesen e. V., Nürnberg 1952, S. 7.

[16] Imboden, a. a. O., S. 341, 344.

[17] Imboden, a. a. O., S. 343.

den Gemeinden, die wegen ihrer Größe auf die Mitwirkung von Beamten an der Verwaltung angewiesen sind, übernommen[18].

### b) *Beamtenrecht und Ausbildungs- und Prüfungssystem*

Mit der Institution des Beamten auf Zeit[19] erhält das Beamtenrecht eine Ausgestaltung, die auf das Ausbildungsproblem nicht ohne Einfluß ist.

Für den Bundesdienst wird alljährlich vom Bundesrat mit Genehmigung der Bundesversammlung ein Verzeichnis der Dienstposten aufgestellt, die in die verschiedenen Besoldungsgruppen unterteilt sind[20]. Grundsätzlich kann jeder schweizer Bürger als Beamter „gewählt" werden, jedoch kann die Wahl von bestimmten Ausbildungsvoraussetzungen, z. B. einem abgeschlossenen juristischen Hochschulstudium, abhängig gemacht werden. Dies kommt in der öffentlichen Ausschreibung, die grundsätzlich vor der Besetzung aller Dienstposten zu erfolgen hat, zum Ausdruck[21]. Die Amtsdauer der Beamten beträgt regelmäßig drei Jahre. Bei erstmaliger „Wahl" wird normalerweise eine Probezeit von sechs Monaten oder einem Jahr vereinbart. Nach Ablauf der Amtszeit ist „Wiederwahl", d. h. erneute Bestellung für den Zeitraum von normalerweise drei Jahren, möglich. Die Mitteilung an den Beamten, daß Bedenken gegen seine Wiederwahl bestehen, ist ein anfechtbarer Verwaltungsakt[22]. Die Rechtstellung der Beamten unterscheidet sich von den Angestellten *des öffentlichen* Dienstes nur dadurch, daß diese während der Amtsdauer nur aus disziplinarrechtlichen Gründen entlassen werden können, während für jene das Arbeitsrecht anzuwenden ist.

Die zeitliche Begrenzung des Beamtenverhältnisses und die Ausschreibung der Dienstposten läßt einen Vorbereitungsdienst, der auf die Tätigkeit des Richters oder des Verwaltungsbeamten mit akademischer Vorbildung zugeschnitten ist, nicht zu. Auch auf eine Einarbeitung nach der Einstellung muß weitgehend verzichtet werden. Der öffentliche Dienst muß so auf Kräfte zurückgreifen, die nach Abschluß des Studiums — dieses differiert stark an den einzelnen Universitäten der Schweiz — praktische Erfahrung im freien Beruf und in der Privatwirtschaft gesammelt haben[23]. Das bedeutet, daß die Gehälter im öffentlichen Dienst den

---

[18] Reisebericht S. 8.

[19] Nach dem Bundesbeamtengesetz „Wahlbeamte". (Wahlbeamte nach unserer Terminologie sind beispielsweise Richter und Lehrer).

[20] Art. I des Beamtengesetzes.

[21] Reisebericht S. 9. Beispiele für Ausschreibungen sind als Anlage 5 des Reiseberichts abgedruckt.

[22] Reisebericht S. 9.

[23] Reisebericht S. 10.

Verdienstmöglichkeiten in der Privatwirtschaft entsprechen müssen, eine Forderung, die deshalb schwer zu realisieren ist, weil jede Besoldungsneuregelung der Form des Gesetzes bedarf.

Obwohl in dem kleinen räumlichen Bereich der Schweiz die persönlichen Qualitäten leichter erfaßbar sind, als dies in größeren Staaten möglich ist, begegnet die gegenwärtige Regelung nicht unerheblicher Kritik. Die juristische Universitätsausbildung wird angesichts der Vermehrung und Differenzierung der Funktionen des modernen Verwaltungsstaates nicht mehr als ausreichend angesehen[24]. Die Forderung nach einem geordneten Vorbereitungsdienst ist schon hinsichtlich des auswärtigen Dienstes der Schweiz verwirklicht[25]. Er dauert im Anschluß an ein juristisches, ausnahmsweise auch wirtschaftswissenschaftliches Studium, von regelmäßig fünf Jahren zwei Jahre und dient neben einer Einführung in die praktische Verwaltung der Vertiefung der Kenntnisse auf folgenden Gebieten: politische und kulturelle Fragen, schweizerische Verfassungsrecht, Völkerrecht, Volkswirtschaftslehre und Geschichte der schweizerischen Neutralität. Auf Angehörige des öffentlichen Dienstes, die sich nach längerer Tätigkeit im Ausland um freie Dienstposten der obersten Besoldungsgruppen bewerben, wird gerne zurückgegriffen. Der Gedanke, daß die Erkenntnisse der Universitätsausbildung durch eine besondere Verwaltungsausbildung zu vertiefen sind, scheint trotz des Hinweises auf die Ausbildung des auswärtigen Dienstes wenig Aussicht auf Erfolg zu haben, weil befürchtet wird, daß ein Vorbereitungsdienst der erste Schritt auf dem Weg zur Einrichtung des Berufsbeamtentums sein könnte[26].

### 3. Die Systeme in Österreich und der Schweiz und die geplante Neuordnung in Deutschland

Stellt man die Frage, inwieweit für die Reformdiskussion in Deutschland Erkenntnisse aus der Regelung in den beiden zuvor behandelten Ländern hergeleitet werden können, so wird klar, daß dies in erster Linie für das Studium gelten muß.

Beiden Ländern ist gemeinsam, daß sie ein erhebliches Gewicht auf die juristische Vorbildung der höheren Verwaltungsbeamten legen. Wenn auch in Deutschland bestritten ist, ob der Rechtsstaat die Bindung der Verwaltung an das Gesetz oder an Gesetz und Recht bedeutet, so wird dennoch deutlich, daß beide Auffassungen von der Rechtsstaatsidee eine juristische Vorbildung des höheren Verwaltungsbeamten fordern. Wie das Beispiel der Schweiz zeigt, lassen es die Funktionen des modernen

---

[24] Imboden, a. a. O., S. 351.

[25] Morstein Marx, Einführung in die Bürokratie, Neuwied 1959, S. 143.

[26] Imboden, a. a. O., S. 351.

Verwaltungsstaates trotz der strengen rechtsstaatlichen Ausrichtung nicht zu, ausschließlich Juristen auf die höheren Dienstposten der Verwaltung zu berufen. Wenn deshalb in der Schweiz in einem gewissen Umfang Wirtschafts- und Sozialwissenschaftler in leitende Stellungen „gewählt" werden, dann handelt es sich hierbei um eine Kompromißlösung. Zwar tauchen im modernen Leistungsstaat in erhöhtem Umfang wirtschaftliche und soziale Fragen auf. Sind in der Verwaltung jedoch justiziell ausgebildete Juristen und Wirtschafts- und Sozialwissenschaftler nebeneinander tätig, dann muß jeweils zwischen deren oft widerstreitenden Auffassungen, die nicht zuletzt auf der andersgearteten Ausbildung beruhen, ein Ausgleich gesucht werden. Dieser ist dann nicht garantiert, wenn in einer Fachverwaltung nach der einen oder anderen Seite hin ein Schwergewicht besteht.

Die Studienordnung Österreichs legt den Belangen der Justiz und der Verwaltung gleiches Gewicht bei. Im staatswissenschaftlichen Studienabschnitt werden die Studenten mit wirtschaftswissenschaftlichen, sozial- und wirtschaftspolitischen Fragen, mit den Verwaltungsaufgaben und der Gestaltungs- und Koordinierungsfunktion der modernen Verwaltung auf wissenschaftlicher Grundlage vertraut gemacht. Der einzelne höhere Verwaltungsbeamte kann nur dann Entscheidungen treffen, wenn er die auftauchenden Fragen in ihrer wirtschaftlichen, sozialen und rechtlichen Tragweite durchdacht hat. Es hat den Anschein, daß die Gliederung des Studiums in einen justiziellen und verwaltungswissenschaftlichen Teil besonders geeignet sei, die Belange der Justiz *und* der Verwaltung zu berücksichtigen. Als notwendige Konsequenz müssen dann jedoch auch Teilprüfungen nach den einzelnen Abschnitten durchgeführt werden. Soll der Wechsel des Studienorts, der dem Studenten die Möglichkeit gibt, bei einer größeren Zahl von Hochschullehrern die Grundlagen für den späteren Beruf zu erhalten, nicht ausgeschlossen sein, dann ließe sich eine dem Vorbild Österreichs entsprechende Regelung des Studiums nur dann durchführen, wenn ein einheitlicher Studienplan für die gesamte Bundesrepublik aufgestellt würde. Diese Konsequenz vereinbart sich nicht mit dem geltenden Hochschulrecht. Gegen den an sich vernünftigen Weg der Teilung des Studiums in einen justiziellen und staatswissenschaftlichen Teil spricht auch der Umstand, daß die Praxis der Teilprüfung zu einer erheblichen Belastung des Prüfungsgremiums — gleichgültig, ob es sich hierbei um eine staatliche Institution oder um eine Einrichtung der Fakultät handelt — führt, wenn die Prüfung nicht zu einer Formsache werden soll. Zur Zeit dürften jedenfalls nur an wenigen Hochschulen in Deutschland die entsprechenden Voraussetzungen gegeben sein. Gleiches gilt für die staatlichen Prüfungsämter.

Die vorgenannten Gründe sprechen auch dagegen, eine Zwischenprüfung im Anschluß an ein juristisches Grundstudium vorzunehmen. Dennoch wäre zu überlegen, ob der Vorlesungsplan an den einzelnen Universitäten nicht so gestaltet werden könnte, daß den Studenten die Möglichkeit eines wohlverstandenen Grundstudiums offensteht. Auf diese Weise könnten die Abiturienten, die von der Schulbildung her so gut wie keine Vorbereitung für das juristische und staatswissenschaftliche Studium mitbringen, von der historischen und philosophischen Denkungsweise in das Rechtsdenken eingeführt werden, ohne unmittelbar mit Fachproblemen belastet werden zu müssen.

Neben einer entsprechenden Übernahme der Einrichtung des Grundstudiums in Deutschland bleibt als ein wichtiges Ergebnis der Untersuchung des österreichischen Studiensystems festzuhalten, daß die Belange der Verwaltung nur dann hinreichend berücksichtigt werden können, wenn die justiziellen, vor allem die zivilistischen Fächer gekürzt werden.

Zur Lösung der Frage, ob in Deutschland das das Studium abschließende Examen eine Universitätsabschluß- oder staatliche Eingangsprüfung sein soll, kann die Regelung in der Schweiz deshalb nicht herangezogen werden, weil es keinen Vorbereitungsdienst gibt. Die in Österreich übliche praktische Vorbereitung ist lediglich darauf abgestellt, den neu eingestellten Beamten mit der Praxis der Verwaltung, in deren Dienst er nach dem Definitivum auf Lebenszeit angestellt wird, vertraut zu machen. Eine Eingangsprüfung müßte deshalb ebenfalls schon weitgehend fachlich spezialisiert sein. Dies wäre mit der Anlage des Studiums in Österreich nicht zu vereinbaren. Deshalb sind die Teilprüfungen als Universitätsprüfungen ausgestaltet.

Da in der Schweiz kein Berufsbeamtentum besteht und deshalb ein Vorbereitungsdienst im Anschluß an das Studium unbekannt ist, können insoweit keine Schlüsse für eine Regelung in Deutschland hergeleitet werden. An der Teilung zwischen Universitätsausbildung und praktischer Vorbereitung muß festgehalten werden. Die Reformtendenzen, der Erfolg der Beamten des Schweizer Auswärtigen Dienstes in der nationalen Verwaltung und der Umstand, daß von den übrigen Bewerbern um leitende Dienstposten verlangt wird, daß sie Kenntnisse im praktischen Beruf gesammelt haben, macht deutlich, daß eine juristische Ausbildung nur dann als abgeschlossen betrachtet werden kann, wenn die wissenschaftlichen Erkenntnisse in ihrer praktischen Bedeutung sichtbar gemacht werden.

Die in Österreich übliche Einführungszeit von einem Jahr von der Einstellung bis zum sogenannten Definitivum erscheint als praktische Einführung sehr kurz, selbst wenn man berücksichtigt, daß durch das Studium eine breite Grundlage für die Tätigkeit in der Verwaltung geschaffen wird. Diese Einbarbeitungszeit soll grundsätzlich nur einen

Überblick über Aufgaben, Organisation und Arbeitsweise der Fachverwaltung, für deren Dienst der geprüfte Rechtskandidat eingestellt ist, geben. Das Definitivum dient so in erster Linie dazu festzustellen, ob es dem Probebeamten gelungen ist, seine wissenschaftliche Vorbildung den Erfordernissen der Praxis anzupassen. So ist in Österreich nicht nur ein einheitlicher Vorbereitungsdienst für den Beruf des Richters und höheren Verwaltungsbeamten unbekannt, sondern selbst die praktische Einführung in die einzelnen Fachverwaltungen ist stark spezialisiert. Dies ist bedenklich, weil Verwaltungsressorts kein Eigenleben führen, sondern nur durch ständige Koordination die Verwaltungsaufgaben in zweckmäßiger und rechtlicher einwandfreier Hinsicht erfüllt werden sollten. Den Beamten, die unmittelbar im Anschluß an das Studium in den Denkkategorien eines bestimmten Ressorts aufwachsen, dürfte im Regelfall ein Einfühlen in die Besonderheiten anderer Verwaltungen und ein Gesamtüberblick schwerfallen.

## III. Die romanischen Staaten Westeuropas

Den romanischen Staaten Westeuropas, Frankreich, Italien, Spanien und Belgien, ist eine Auffassung vom Staatsdienst und von der Stellung der Verwaltung im Staat eigen, die deutlich eine gemeinsame Tendenz erkennen läßt. Sie ist daraus verständlich, daß Frankreich gegenüber seinen Nachbarstaaten eine Vorrangstellung erhalten hat, weil es im Zeitalter des Absolutismus schon über eine stark ausgebaute und durchorganisierte Verwaltung verfügt. Die Französische Revolution hat weder zur Folge, daß der zentralstaatliche Aufbau abgeändert wird, noch steht sie auf Dauer dem Berufsbeamtentum feindlich gegenüber. Im Gegenteil trägt sie dadurch, daß sie mit Nachdruck das Ziel verfolgt, eine Abkehr von der Ämterbesetzung nach Stand und Herkommen zu erreichen, dazu bei, daß der Staatsdienst allen Bevölkerungskreisen offensteht. Das macht diesen populär und gibt ihm dadurch eine breite Basis. Dieser Gesichtspunkt in Verbindung mit dem Gleichheitsgrundsatz führt dazu, daß ein weitgehend verobjektiviertes Prüfungssystem geschaffen wird.

In der Napoleonischen Zeit finden die französischen Vorstellungen in den Nachbarländern Frankreichs einen Niederschlag, so daß auch heute noch deren besondere Charakteristika, beispielsweise die Trennung von Universitätsabschlußprüfung und staatlicher Eingangsprüfung — diese vollzieht sich regelmäßig nach dem Concours-System, bei dem ein Wettbewerb aller gegen alle stattfindet — und die Aufgliederung des Staatsdienstes in die verschiedenen Beamtencorps weitgehend erhalten geblieben sind. Dennoch ist nicht zu verkennen, daß in den letzten Jahren in den einzelnen Staaten selbständige Reformen durchgeführt wurden. Diese Tatsachen lassen es angebracht erscheinen, die Verhältnisse in

Frankreich besonders eingehend zu schildern und bei den anderen romanischen Staaten Westeuropas das Schwergewicht auf Besonderheiten und Abweichungen gegenüber dem Ausbildungs- und Prüfungssystem in Frankreich zu legen.

## 1. Frankreich

### *a) Überblick über die Grundlagen der französischen Verwaltung unter besonderer Berücksichtigung des öffentlichen Dienstes*

Frankreich gibt ein markantes Beispiel dafür, in welchem Umfang traditionelle Faktoren den öffentlichen Dienst beeinflussen; ohne eine Rückschau auf die Vergangenheit wäre die Ausgestaltung des Rechts des öffentlichen Dienstes und des Ausbildungs- und Prüfungswesens nur schwer zu erfassen[1].

Dem absoluten Staat des Ancien Régime gelingt es nicht nur, den Einfluß der Stände weitgehend auszuschalten, er führt gleichzeitig zur Stärkung der Zentralgewalt[2]. Die für die damalige Zeit großflächige Verwaltungseinheit kann nur durch eine hierarchische Verwaltungsgliederung erfaßt werden. Der Aufbau eines Verwaltungsapparates ist die notwendige Konsequenz. Jedoch wird streng darauf geachtet, daß diese Machtinstrument fest in den Händen des Monarchen liegt. Deshalb müssen die königlichen Kommissare, die die Provinzen verwalten, jederzeit abberufen werden können. Bei der Ämterbesetzung muß neben der fachlichen Qualifikation in erster Linie das persönliche Vertrauen des Monarchen maßgebend sein.

Obwohl während der Französischen Revolution insbesondere bei den Girondisten föderalistische Ideen vorhanden sind, setzen sich die zentralstaatlichen Tendenzen[3] durch. Sie erfahren durch Napoleon mit der Einteilung des Staatsgebietes in die Verwaltungsbezirke der Departements, Kreise und Gemeinden nicht nur eine Perfektion, sondern auch eine dauernde Ausgestaltung. Ein großer Umbruch erfolgt in der Auffassung vom öffentlichen Dienst in der Napoleonischen Zeit. Auch insoweit werden Grundsätze geschaffen, die bis heute Gemeingut aller französischen Verfassungen geblieben sind[4]. In Art. 6 der Erklärung der Menschenrechte von 1789 wird der Gleichheitsgrundsatz mit der Institu-

---

[1] Vgl. hierzu Janot, Beamtentum und Staat im heutigen Frankreich, AöR Bd. 81, S. 423; Langrod, Einige Hauptprobleme der französischen Verwaltung der Gegenwart, VerwArch. Bd. 48, S. 191; Gregoire, La fonction publique, 1954; de Laubadère, Traité de droit administratif, 1958.

[2] Der öffentliche Dienst in Frankreich (Reisebericht), herausgegeben von der Deutschen Gesellschaft für Personalwesen e. V., Nürnberg 1952, S. 7.

[3] Robson, The Civil Service in Britain and France, New York 1956, S. 161.

[4] Morstein, Marx, a. a. O., S. 144.

tion des öffentlichen Dienstes in Verbindung gebracht. Das Recht auf Beschäftigung im öffentlichen Dienst wird nur von den Fähigkeiten und der Eignung des einzelnen Bewerbers abhängig gemacht.

Die fachliche Eignung setzt eine Vorbereitung auf den öffentlichen Dienst voraus, welche auf eine bestimmte Fachrichtung zugeschnitten ist. Es gelingt den Fachverwaltungen, die Eingangsprüfung in den Griff zu bekommen. Deren Beamte bilden abgeschlossene „Corps". Der zentralstaatliche Aufbau macht er erforderlich, die Beamten in ganz Frankreich versetzen zu können. So entsteht der Beruf des Staatsdienstes, der lebenszeitlichen Tätigkeit für den Staat. Diesem ist der Beamte unabhängig vom jeweiligen Verfassungssystem oder der Regierungszusammensetzung verbunden[5]. Für die das Berufsbeamtentum in Frankreich kennzeichnende Neutralität ist neben der Entwicklung in den letzten Jahrzehnten die zweite Hälfte des neunzehnten Jahrhunderts ein markantes Beispiel.

Die auf die Besetzung der öffentlichen Ämter bezogene Ausgestaltung des Gleichheitsgrundsatzes kann keinen Unterschied machen, auf welche Weise die bei der Zulassung um ein Amt nachzuweisende fachliche Eignung erlangt ist. Deshalb kann zwar für bestimmte Beamtengruppen eine akademische Vorbildung verlangt werden. Hat ein Beamter ohne Universitätsvorbildung im Dienst Kenntnisse gesammelt, die ihn fachlich mit dem akademisch vorgebildeten Bewerber auf eine Stufe stellen, dann muß zwischen beiden eine echte Konkurrenz stattfinden können[6].

Schließlich hat der zentralstaatliche Aufbau zur Folge, daß auch die Eingangsprüfungen zentral durchgeführt werden. Dies und die meist große Zahl von Bewerbern bedingen ein weitgehend schriftliches Verfahren. Dieses gestattet es, die Prüfungen anonym zu gestalten. Mit der Einrichtung eines Platzziffernsystems, aufbauend auf einer weitreichenden Notenskala und der für Frankreich bezeichnenden Prüfungsmethode des „Concours"-Systems, bei dem jeder mit jedem konkurriert, wird die Prüfungspraxis abgerundet. Sie hat sich ausgehend von den Beamteneignungsprüfungen auf andere Staatsprüfungen übertragen, und im Zentralabitur (baccalauréat) tritt der spätere Student diesem Prüfungsmodus erstmals gegenüber.

---

[5] Janot, a. a. O., S. 431.

[6] Diese Konsequenz kommt bei der Zulassung zur École Nationale d'Administration, die auch Bewerbern ohne abgeschlossenes Hochschulstudium offensteht, zum Ausdruck.

### *b) Überblick über das geltende Beamtenrecht in Frankreich*

Mit dem Beamtengesetz vom 19. Oktober 1946 — es wurde 1959 neu gefaßt — werden die früher durch die Rechtsprechung des Staatsrats entwickelten Grundsätze des Beamtenrechts kodifiziert[7].

Das Gesetz gliedert die Laufbahnen des öffentlichen Dienstes in die Kategorien A, B, C und D in absteigender Folge. Diese Kategorien dienen gleichzeitig der Klassifizierung der Verwaltungsfunktionen und der Bestimmung des durchschnittlichen Anstellungsniveaus[8].

Die Beamten der Kategorie A, deren Tätigkeit als schöpferische und leitende umschrieben wird, haben beispielsweise die Verwaltungsangelegenheiten mit der allgemeinen Regierungspolitik zu koordinieren, Gesetzes- und Verordnungsvorlagen und ministerielle Beschlüsse vorzubereiten. Deshalb wird von den Bewerbern gefordert, daß sie über eine umfassende Allgemeinbildung und über die besonderen Kenntnisse, die in der betreffenden Fachverwaltung erforderlich sind, verfügen[9]. Als ausreichende Berufsvorbildung wird grundsätzlich nur ein abgeschlossenes Hochschulstudium anerkannt. Besonders qualifizierte Beamte der Kategorie B können jedoch durch erfolgreiche Teilnahme an einem Concours in die Kategorie A aufsteigen. Dies wird in der Praxis so gehandhabt, daß die einzelnen Verwaltungen jeweils zwei Wettbewerbsprüfungen, eine für Bewerber mit abgeschlossenem Hochschulstudium und eine für Aufstiegsbeamte durchführen, die zwar in der Themenstellung variieren, grundsätzlich jedoch von gleichen Anforderungen ausgehen. Um die Gleichstellung der Aufstiegsbeamten mit den Bewerbern mit abgeschlossenem Hochschulstudium zu erreichen, erhalten die einer niederen Laufbahn angehörenden Beamten die Möglichkeit, sich innerhalb der Behörde oder durch eine Art Fernstudium auf den Concours vorzubereiten[10]. Das setzt voraus, daß ihre Fähigkeiten weit über dem Durchschnitt liegen, wie überhaupt nur die Beamten, die aufgrund ihrer bisherigen Leistungen eine Chance haben, den Concours zu bestehen, sich der neben dem Beruf bestehenden zusätzlichen Belastung der Vorbereitung auf diese Prüfung zu unterwerfen pflegen.

Die Kandidaten, die aufgrund einer Wettbewerbsprüfung in die Laufbahn A einer bestimmten Verwaltungsbehörde aufgenommen werden, haben praktische Stagen innerhalb der Verwaltungsbehörde abzuleisten, um sich mit den Fachfragen vertraut zu machen. Der Besitz des juri-

---

[7] Reisebericht, a. a. O., S. 10. Das Beamtengesetz ist als Anlage 1 abgedruckt.

[8] Art. 24 des Beamtengesetzes.

[9] Kap. II der Instruktion Nr. 1 zum Beamtengesetz.

[10] Kap. II der Instruktion Nr. 1 zum Beamtengesetz.

stischen Lizenziaten- oder Doktorgrades führt regelmäßig dazu, daß die praktische Ausbildungszeit verkürzt wird[11].

*c) Der Studiengang des Nachwuchses für die Kategorie A*

Ein Akademikermonopol für den Eintritt in die Kategorie A, die mit dem höheren Verwaltungsdienst in Deutschland in etwa zu vergleichen ist, gibt es — wie bereits geschildert — in Frankreich nicht. Aber soweit Bewerber mit abgeschlossener Hochschulbildung eingestellt werden, ist keineswegs ein juristisches Studium vorgeschrieben. Dennoch entspricht es französischer Tradition, daß die Bewerber um die leitenden Ämter in der Verwaltung überwiegend eine juristische Vorbildung haben. Ausgenommen hiervon sind höhere Beamte typischer Fachverwaltungen, beispielsweise der Medizinal- oder der öffentlichen Bauverwaltung.

Ein eingehender Überblick über das juristische Studium erscheint ferner deshalb angebracht, weil in den Jahren 1948—1956 eine umfassende Studienreform in Frankreich stattgefunden hat, die zu einer Umwandlung der „faculté de droit" in eine „staatswissenschaftliche Fakultät" führte[12]. Einheitliche Maßstäbe an allen staatswissenschaftlichen Fakultäten französischer Universitäten werden dadurch garantiert, daß ähnlich wie in Österreich ein verbindlicher Lehrplan besteht und darüber hinaus der Inhalt der Lehrveranstaltungen in den Grundzügen festgelegt ist. Merkmale der jüngsten Studienreform in Frankreich sind die Einführung einer juristischen Kurzausbildung, die Aufteilung des Vollstudiums in eine gemeinsame Grundausbildung und eine Oberstufe mit weitgehender Spezialisierung im Hinblick auf die spätere Berufstätigkeit und die Einrichtung eines wissenschaftlichen Fortbildungsstudiums[13].

Der nichtakademischen juristischen Kurzausbildung, die mit der „capacité en droit" abschließt, liegt der Gedanke zugrunde, daß für bestimmte juristische Berufe — beispielsweise avoués, Notare und Versicherungsangestellte — kein Vollstudium erforderlich ist. Daneben eröffnet die Abschlußprüfung, die nach zwei Studienjahren abgelegt wird, den Zugang zum akademischen Vollstudium, wenn der Bewerber vorher keine Reifeprüfung abgelegt hat[14].

Das Grund- oder Vollstudium (études de base)[15] zerfällt in eine Unterstufe (premier cycle) von zwei Studienjahren und eine Oberstufe (second

---

[11] Aubin, Der juristische Hochschulunterricht in Frankreich und seine Reform, Tübingen 1958, S. 103.
[12] Aubin, a. a. O., S. 46 ff.
[13] Die Darstellung beruht auf Aubin, a. a. O.
[14] Aubin, a. a. O., S. 181 ff.
[15] Vgl. die schematische Übersicht über die Studiengänge an den französischen Rechtsfakultäten bei Aubin, a. a. O., S. 64.

cycle) von zwei weiteren Studienjahren. In der Unterstufe besteht für alle Studenten der Rechtsfakultät ein einheitliches Studienprogramm, mit dem ein gemeinsamer Grundstock von allgemeinjuristischen, politischen und ökonomischen Elementarkenntnissen vermittelt werden soll. Es umfaßt im ersten Jahr folgende Fächer: Rechts- und Sozialgeschichte, Justizinstitutionen und Zivilrecht, Verfassungsrecht und politische Institutionen, Volkswirtschaftslehre, Institutionen des öffentlichen Finanzwesens und internationale Institutionen. Daneben hat der Student an je einer Übung aus einem Fachgebiet, welches über zwei Semester gelesen wird, teilzunehmen. Diese kann durch zwei Übungen, die sich an einsemestrige Vorlesungen anschließen, ersetzt werden. Das erste Studienjahr schließt mit einer schriftlichen und mündlichen Jahresprüfung ab. Während die mündliche Prüfung den gesamten Studienstoff umfaßt, kann der Student das Prüfungsfach der beiden Klausuren der schriftlichen Prüfung selbst auswählen. Wird die Prüfung nicht bestanden, dann ist das Studienjahr zu wiederholen, eine Regelung, die für alle Prüfungen, die am Ende der Studienjahre stattfinden, gilt.

Der Vorlesungsstoff des zweiten Studienjahres der Unterstufe umfaßt ebenfalls wieder eine zweisemestrige Vorlesung über Rechts- und Sozialgeschichte, daneben bürgerliches Recht, allgemeines Verwaltungsrecht, Volkswirtschaftslehre und -politik, Strafrecht und Kriminologie. Die Abschlußprüfung entspricht der nach dem ersten Studienjahr. Eine der beiden Klausuren ist dem bürgerlichen Recht, die andere entweder dem Verwaltungsrecht oder der Volkswirtschaftslehre zu entnehmen. Entsprechend wird der Kreis der Pflichtübung während des Studienjahres bestimmt. Wer die Prüfung besteht, erwirbt den Grad eines „bachelier en droit".

Im Anschluß an die Unterstufe teilt sich das Grundstudium in mehrere Studienzweige. Der Student hat die Wahl zwischen einer privatrechtlichen (mit Einschluß des Strafrechts), öffentlich-rechtlichen und politisch-wirtschaftswissenschaftlichen Fachrichtung.

Der privatrechtliche Studienzweig ist weitgehend von öffentlichem Recht und wirtschaftswissenschaftlichen Fächern frei. Lediglich im dritten Studienjahr kann der Student zwischen römischen bzw. altfranzösischem Recht und Konjunkturlehre wählen. Im vierten Studienjahr hat er eine zweisemestrige oder zwei einsemestrige Ergänzungsvorlesungen aus dem öffentlich-rechtlichen, politischen oder wirtschaftswissenschaftlichen Studienzweig zu hören. Aus dem Kreis der möglichen Ergänzungsvorlesungen sind die folgenden zu nennen: „die Grundrechte", „die großen politischen Probleme der Gegenwart", öffentliche Finanzwirtschaft, Betriebswirtschaftslehre, Wirtschaftsgeographie und Buchführungswesen.

Demgegenüber weist der öffentlich-rechtliche Studienzweig mehr Fächer auf, die zivilistischer Natur sind. Diese sind allerdings deutlich auf die spätere Tätigkeit des höheren Verwaltungsbeamten zugeschnitten.

Im ersten Jahr der Oberstufe hat der Student, der die öffentlich-rechtliche Fachrichtung gewählt hat, Handelsrecht, Zivilprozeßrecht, Sozialversicherungsrecht, Steuerlehre und Steuertechnik, Völkerrecht, Konjunkturlehre, Methoden der Politikwissenschaften und eine Vorlesung über die Geschichte der politischen Doktrinen zu hören. Als Wahlvorlesungen stehen Strafprozeßrecht oder eine Vorlesung mit dem Thema: „Das politische Leben der Gegenwart in Frankreich“ zur Verfügung. Übungs- und Prüfungsstoff ist das Handelsrecht. Als Fächer für zwei weitere Übungen und zugleich Prüfungsstoff stehen Sozialversicherungsrecht, Steuerlehre und Steuertechnik und die Methode der Politikwissenschaften und die Geschichte der politischen Doktrinen zur Wahl.

Das vierte und letzte Studienjahr umfaßt Vorlesungen über besonderes Verwaltungsrecht, die Grundrechte, Kolonialrecht, öffentliche Finanzwirtschaft und als Wahlfächer entweder internationales Privatrecht oder eine Vortragsreihe über die „Großen politischen Probleme der Gegenwart“. Stoff der Pflichtübungen und der Klausuren ist das besondere Verwaltungsrecht. Eine weitere Übung mit Klausur kann aus den Fächern „die Grundrechte“, Kolonialrecht, öffentliche Finanzwirtschaft und internationales Privatrecht gewählt werden. Mit der Abschlußprüfung des vierten Studienjahres, die sich in ihrer Ausgestaltung nicht von den vorhergehenden Jahresprüfungen unterscheidet, erwirbt der Student den akademischen Grad eines „licencié en droit“. Diese Abschlußprüfung wird normalerweise von den Bewerbern, die unmittelbar in die Laufbahn A der öffentlichen Verwaltung eintreten, vorausgesetzt.

Der „licencié en droit“ hat die Möglichkeit, nach dem Grundstudium an einem sogenannten Fortbildungsstudium (études supérieures) teilzunehmen, einem eigenen, in sich abgeschlossenen Studiengang, der normalerweise mit dem Erwerb des Doktorgrades abschließt[16]. Während die Grundausbildung vorwiegend der Vorbereitung auf den Beruf auf fachlich wissenschaftlicher Grundlage dient, liegt die Bedeutung des Fortbildungsstudiums bei der theoretischen Vertiefung und der Einführung in das wissenschaftliche Denken und Forschen. Der Erwerb des Doktorgrades einer Rechtsfakultät ist in Frankreich zwar nur für die Laufbahn des juristischen oder wirtschaftswissenschaftlichen Hochschullehrers erforderlich, dennoch machen etwa 30 vH der Lizentiaten von der Möglichkeit des Fortbildungsstudiums Gebrauch. Etwa ein Drittel hiervon erwirbt den Doktorgrad.

---

[16] Aubin, a. a. O., S. 164 ff.

Beim Fortbildungsstudium tritt an die Stelle des Versuchs enzyklopädischer Vollständigkeit das Erfassen der Probleme anhand von ausgewählten Einzelbeispielen. Dies hat zur Folge, daß die Fakultäten in der Gestaltung des Stoffes freier sein müssen. Im Gegensatz zu dem für deutsche Verhältnisse sehr schulmäßigen Grundstudium wird bei dem fakultativen Studienabschnitt mehr Gewicht auf das Selbststudium gelegt.

Seit den Reformen der fünfziger Jahre besteht das Fortbildungsstudium aus den drei Fachrichtungen Rechtswissenschaft, Wirtschaftswissenschaft und Politikwissenschaft. Zur Erlangung des Doktorgrades wird vorausgesetzt, daß der Student mindestens zwei verschiedene „Diplome über Fortbildungsstudien" (diplômes d'études supérieures) erworben hat, die im römischen Recht, der Rechtsgeschichte, dem Privatrecht (mit Einschluß des Strafrechts), dem öffentlichen Recht, der Volkswirtschaftslehre, Wirtschaftstheorie und Politikwissenschaft abgelegt werden können. Für den juristischen Doktorgrad können alle Diplome mit Ausnahme des Diploms über Politikwissenschaften herangezogen werden, während die Diplome für den wirtschaftswissenschaftlichen und politikwissenschaftlichen Doktorgrad fachlich begrenzt sind.

Da die Dissertation (thèse de doctorat) streng daraufhin überprüft wird, ob es sich um einen selbständigen Beitrag zur Förderung wissenschaftlicher Erkenntnisse handelt und sie nach der Annahme durch die Fakultät verteidigt werden muß, reicht die für das Fortbildungsstudium vorgesehene Zeit von zwei Jahren normalerweise nicht aus, um dieses mit der Promotion abzuschließen.

### *d) Die Ausbildung von Führungskräften für die Verwaltung an der Ecole Nationale d'Administration*[17]

Der Gedanke, eine besondere Verwaltungselite heranzubilden, wird in Frankreich erstmals im Anschluß an den deutsch-französischen Krieg im Jahre 1872 verwirklicht. Die neuerrichtete „Ecole libre des Sciences Politiques" („Science-Po") wird zur Ausbildungsstätte für hochqualifizierte Verwaltungsbeamte, die regelmäßig der damals tragenden Schicht des Großbürgertums entstammen, zumal die Studiengebühren dieser privaten Anstalt sehr hoch sind. Demgegenüber wird bei der Gründung der staatlichen Ecole Nationale d'Administration (ENA) im Jahre 1945 das Ziel verfolgt, allen Begabten den Zugang zu eröffnen[18]. Deshalb wird zunächst je die Hälfte der freien Plätze auf Bewerber mit abgeschlosse-

[17] Die Darstellung folgt i. W. Quaritsch, Eine Schule der Verwaltung: L'École Nationale d'Administration, VerwArch. Bd. 52, S. 127 ff.

[18] Zum Problem der „Demokratisierung der Verwaltung" vgl. Langrod, a. a. O., S. 203.

nem Hochschulstudium und auf besonders qualifizierte Beamte aufgeteilt. Das seit 1958 bestehende Verhältnis von 40 zu 20 trägt der Tatsache Rechnung, daß nicht nur die Zahl der Bewerber aus dem öffentlichen Dienst geringer wird, sondern auch deren Leistungen in der Aufnahmeprüfung so wenig zu überzeugen vermochten, daß eine Gleichstellung mit den sogenannten Hochschulbewerbern nicht aufrechterhalten werden konnte[19].

Die für Frankreich so typische Auffassung, daß ein ausgeklügeltes Prüfungssystem in der Lage sei, die Besten herauszufinden[20], hat nachhaltig die Aufnahmeprüfung für die ENA beeinflußt. Hierbei dient die Zulassungsprüfung (épreuve d'admissibilité) dazu, aus der großen Zahl der Bewerber aufgrund schriftlicher Leistungen die besten herauszufinden. Bei der eigentlichen Aufnahmeprüfung (épreuve d'admission) werden von den Zugelassenen etwa die Hälfte ausgesondert. Die mündliche Prüfung ist in erster Linie darauf abgestellt, den Charakter und die persönlichen Fähigkeiten des Prüflings zu beurteilen.

Die Zulassungsprüfung ist für Bewerber mit abgeschlossenem Hochschulstudium (concours étudiant) — Höchstalter 26 Jahre — und für planmäßige Beamte, die mit Erfolg zwei Jahre an einer französischen Hochschule studierten und wenigstens vier Jahre im öffentlichen Dienst stehen, gleich. Bei den letztgenannten beträgt das Höchstalter 27 Jahre. Der zweite Prüfungswettbewerb (concours fonctionaire) steht den Beamten, Angestellten und Arbeitern offen, die mindestens fünf Jahre im öffentlichen Dienst tätig waren und nicht älter als 30 Jahre sind. Die erheblichen Anforderungen, die auch in der Beamtenprüfung gestellt werden, machen es erforderlich, den Beamtenbewerbern die Möglichkeit einer besonderen Vorbereitung zu eröffnen. Dies geschieht in der Weise, daß den Bewerbern der Kategorie A ein bezahlter Urlaub von vier Monaten gewährt wird. Die Angehörigen unterer Kategorien können Urlaub bis zu zwei Jahren erhalten. Es versteht sich, daß diese Möglichkeit nur den Bediensteten eingeräumt wird, die in einer Ausscheidungsprüfung ihre überdurchschnittlichen Fähigkeiten unter Beweis gestellt haben[21].

Die extern abzulegende Zulassungsprüfung[22] besteht für Bewerber beider Gruppen aus einer sechsstündigen Klausur, deren Thema dem Gegenstand: „Die allgemeine Entwicklung der Ideen und der politischen, wirtschaftlichen und sozialen Tatsachen seit dem achzehnten Jahrhundert" entnommen ist. Die zweite (vierstündige) Klausur betrifft eine Aufgabe aus dem Themenkreis: „Politische Institutionen der wich-

[19] Quaritsch, a. a. O., S. 232, 233.
[20] Reisebericht, S. 11.
[21] Quaritsch, a. a. O., S. 232.
[22] Quaritsch, a. a. O., S. 236 ff.

tigsten Staaten der Gegenwart", oder sie ist dem französischen Verwaltungsrecht entnommen. Bei der Beamtenprüfung werden die Themen der zweiten Klausur unter der Überschrift: „Verfassungsinstitutionen und Verwaltungsrecht" enger gefaßt. Eine dritte, ebenfalls vierstündige Klausur ist Themen der Wirtschaftspolitik gewidmet. Hochschulbewerber haben darüber hinaus einen fremdsprachigen Text ins Französische zu übersetzen. Bewerber beider Gruppen können ihre Prüfungsleistungen dadurch verbessern, daß sie sich in den Fächern, in denen sie über Spezialkenntnisse verfügen, einer schriftlichen und mündlichen Prüfung unterziehen.

Die mündliche[23] Aufnahmeprüfung[24] beginnt mit einem Referat über ein allgemeines Thema („culture générale") in der Studentenprüfung und über ein Thema aus der Verwaltungspraxis oder dem Verwaltungsrecht in der Beamtenprüfung. Alle Kandidaten werden darüber hinaus in Wirtschafts- und Sozialfragen, Finanzwissenschaft und entweder in „internationalen Institutionen" oder in Wirtschafts- und Antropogeographie geprüft. Nicht nur bei der Aufnahmeprüfung, sondern auch während der Ausbildung an der ENA wird ein beachtliches Gewicht auf die körperliche Leistungsfähigkeit und Ertüchtigung der Kandidaten gelegt.

Das Studium an der ENA ist gratis. Soweit die Absolventen bereits dem öffentlichen Dienst angehören, behalten sie ihren beamtenrechtlichen Status und ihre Bezüge bei. Die aufgrund der Studentenprüfung aufgenommenen Absolventen erhalten eine Rechtsstellung, die mit der eines Beamten auf Probe in Deutschland zu vergleichen ist, und einen Unterhaltszuschuß, der etwa doppelt so hoch wie der eines Referendars ist.

Die Ausbildung dauert insgesamt 28 Monate und ist in drei Abschnitte gegliedert: die praktische Ausbildung in einer Departements-Verwaltung (elf Monate), die theoretische Ausbildung an der ENA (fünfzehn Monate) und eine zweimonatige Tätigkeit in einem Privatunternehmen. Durch diese wird die theoretische Ausbildung nach zehneinhalb Monaten unterbrochen.

Der erste Ausbildungsabschnitt[25] führt den jungen Mann an eine Präfektur in Frankreich — früher mit Vorliebe in die überseeischen Gebiete. Dort wird er dem Präfekten als dem Behördenleiter der Verwaltungsinstanz mit dem größten und wichtigsten Bevölkerungskontakt unmittelbar beigeordnet. Er lernt hierdurch die koordinierenden und entschei-

---

[23] Vor der Reform von 1958 war auch diese Prüfung schriftlich.

[24] Quaritsch, a. a. O., S. 239 ff.

[25] Quaritsch, a. a. O., S. 243 ff.

denden Funktionen der Verwaltung aus der Sicht des leitenden Verwaltungsbeamten kennen. Während des praktischen Ausbildungsabschnitts hat der „stagiaire“ eine schriftliche Arbeit über einen Gegenstand eigener Verwaltungserfahrung anzufertigen. Hierbei wird besonderer Wert darauf gelegt, daß aus den tatsächlichen Verhältnissen in dem betreffenden Department, mit dem der Probebeamte vertraut gemacht wird, allgemeine Grundsätze für die Verwaltung hergleitet werden. Während der praktischen Ausbildung sorgen der „directeur des stages“ und dessen Stellvertreter an Ort und Stelle für die persönliche Betreuung der Kandidaten und dafür, daß sich die Ausbildung entsprechend den Zielen der ENA vollzieht.

Während der theoretischen Ausbildung liegt das *Schwergewicht* bei Arbeitsgemeinschaften[26]. Vorlesungen sind von untergeordneter Bedeutung. Die Themen sind verwaltungspraktischer Natur. Beispielsweise finden Lehrveranstaltungen über Themen wie „das Geld“, „das staatliche Haushaltswesen“, „die Entwicklungshilfe“ und „die französische Industrie“ statt. Es ist üblich, daß in jeder Sitzung der Arbeitsgemeinschaft ein bis zwei Referate bzw. Referat und Korreferat von den Teilnehmern gehalten werden. Hierbei wird ein zweifacher Zweck verfolgt. Der Referent soll selbständig arbeiten und die Fähigkeit erlernen, über ein schwieriges Thema kurz, verständlich und überzeugend zu berichten. Da die Themen dem Lehrplan entsprechen und von größtmöglicher Aktualität sind, ermöglichen sie gleichzeitig den anderen Mitgliedern der Arbeitsgemeinschaft, durch den Vortrag und die anschließende Diskussion mit dem behandelten Stoff vertraut zu werden. Die Arbeitsgemeinschaftsleiter, regelmäßig hochqualifizierte, verdiente Beamte in den höchsten Staatsstellen, beschränken sich im wesentlichen darauf, die Referate zu ergänzen und die Diskussion zu leiten und gleichzeitig zu befruchten. Wenn während des theoretischen Unterrichts an der ENA sehr viel Gewicht auf Sprachstudien gelegt wird, dann hat das seinen Grund einmal darin, daß sich aus den Absolventen der ENA leitende Beamte des auswärtigen Dienstes rekrutieren. Zudem werden Spitzenpositionen in den supranationalen Einrichtungen vorwiegend mit Absolventen der ENA besetzt.

Die zweimonatige privatwirtschaftliche Ausbildung[27] (stage d'entreprise), die in einem Industriebetrieb, einem Handelsunternehmen, einer Bank oder einer landwirtschaftlichen Organisation abzuleisten ist, dient dazu, den vorwiegend in der administrativen hoheitlichen Denkungsweise geschulten Absolventen die in der Privatwirtschaft geltenden Anschauungen näherzubringen. Dies geschieht, um dem späteren leitenden Ver-

---

[26] Quaritsch, a. a. O., S. 246 ff.

[27] Quaritsch, a. a. O., S. 250.

waltungsbeamten das Rüstzeug für eine praktische Verwaltungstätigkeit zu geben. Diese muß bei der stärker werdenden Verzahnung von Staat und Wirtschaft deren Eigenart kennen und berücksichtigen.

Während der zweiten Hälfte des theoretischen Studiums, welches sich an die Wirtschaftsstation anschließt[28], wird ein noch stärkeres Gewicht auf Gruppenarbeit gelegt. Insoweit ist eine gewisse Parallele zu dem wissenschaftlichen Fortbildungsstudium an der Universität nicht zu verkennen[29]. Die Beschäftigung mit speziellen Fragen wird intensiviert. Bei der Auseinandersetzung mit aktuellen Vorgängen der Verwaltung wird versucht, den Absolventen allgemeine Grundsätze des Verwalwaltungshandelns zu vermitteln, bei denen die optimale Lösung der Verwaltungsprobleme sowohl rechtsstaatliche Grundsätze als auch Zweckmäßigkeitserwägungen beachtet.

Am Ende der Ausbildung[30] werden die Absolventen klassifiziert, wobei die bei der Einstellungsprüfung erteilten Noten, die Ergebnisse der Übungen und Arbeitsgemeinschaften und die Beurteilung während der praktischen Ausbildung ebenso berücksichtigt werden, wie die während der Ausbildungszeit angefertigten schriftlichen Arbeiten. Die ersten fünfzehn oder zwanzig führenden Bewerber werden vom Staatsrat, vom Rechnungshof, von der Finanzinspektion, vom Auswärtigen Dienst und in die Präfekturlaufbahn übernommen, wo ihnen, die etwa in der Stellung eines Regierungsdirektors eintreten, neben einer interessanten und selbstverantwortlichen Tätigkeit beste Fortkommensmöglichkeiten offenstehen. Kandidaten, die schlechter abgeschnitten haben, treten normalerweise in die Ministeriallaufbahn der verschiedensten Ministerien ein. Bei diesen bestehen wegen der verschieden gestalteten Beförderungsmöglichkeiten und des Prestiges in der öffentlichen Verwaltung Rangunterschiede. In der Rangskala stehen Finanz- und Innenministerium an der Spitze.

## 2. Italien

### *a) Die allgemeinen Grundlagen des Beamtenrechts und der höhere Verwaltungsdienst*

Die für den italienischen Staat typische zentralstaatliche Tendenz[31] hat zwar dadurch, daß durch die Verfassung von 1948 eine periphere

[28] Quaritsch, a. a. O., S. 251.

[29] Vgl. S. 103, 104 oben.

[30] Quaritsch, a. a. O., S. 228, 229.

[31] Vgl. Benvenuti, Die gegenwärtige Lage der Verwaltung und der Stand der verwaltungswissenschaftlichen Forschung in Italien, VerwArch. Bd. 48, S. 233 ff.

Verwaltung in den Provinzen, Gemeinden und den sogenannten Regionen eingeführt wurde, denen öffentliche Fürsorge, Berufsausbildung, Städte- und Straßenbau, Förderung von Land-, Forstwirtschaft und Fremdenverkehr — um nur einige Beispiele zu nennen — obliegen, zu einer gewissen Dezentralisierung geführt. Diese darf jedoch nicht überbewertet werden, zumal die peripheren Verwaltungen unter der fachlichen Kontrolle der Zentralinstanz stehen[32]. In Italien bestehen ähnlich wie in Frankreich „Beamtencorps". Dies hat zur Folge, daß die einzelnen Ministerien selbständig Eingangsprüfungen durchführen, um die freiwerdenden Stellen zu besetzen[33].

Durch das Beamtengesetz von 1957 wird die in den einzelnen Ministerien vorher bestehende Unklarheit in der Rangordnung der Beamten dadurch beseitigt, daß die Beamten in vier Gruppen aufgeteilt werden: A, B, C und subalterner Dienst[34]. Die Kategorie A betrifft die leitenden Beamten, die nach der im Gesetz gegebenen Definition mit den wichtigsten Verwaltungs- und technischen Funktionen betraut sind oder denen die Leitung von zentralen und örtlichen Büros obliegt. Sie werden wiederum in drei Klassen unterteilt, in denen sie nach Leistung und Dienstalter aufsteigen. Die Kategorie A, in die nur Bewerber mit abgeschlossenem Hochschulstudium aufgenommen werden, ist mit dem höheren Verwaltungsdienst in Deutschland zu vergleichen.

Die schon im Beamtengesetz von 1923 enthaltene Bestimmung, daß der Zugang zu den öffentlichen Ämtern „in concorso", d. h. durch eine dem französischen System entsprechende Prüfung, erfolgt, bei der alle Bewerber miteinander in Wettbewerb treten, ist in Art. 97 der Verfassung von 1948 zum Verfassungsgrundsatz erhoben[35].

### *b) Die Einstellungsprüfungen und die Ausbildung nach Eintritt in die Verwaltung*

Die Fachrichtung der Kandidaten, die sich für eine Einstellung in die Kategorie A bewerben, wird durch die einzelnen Ministerien, die die Aufnahmeprüfung durchführen, bestimmt[36]. Die in Italien ähnlich wie in den anderen romanischen Staaten verbreitete Auffassung, daß das juristische Studium das klassische Studium für die Beschäftigung im Staatsdienst sei, hat zur Folge, daß die höheren Beamten der inneren

---

[32] Benvenuti, a. a. O., S. 237.

[33] Luther, Studium und Richterlaufbahn in Italien, JZ 1956, S. 84.

[34] Roehrsen, El régimen y la formation de los funcionarios publicos en Italia, in Coloquio internacional sobre formacion de funcionarios, Madrid 1960, S. 143 ff.

[35] Roehrsen, a. a. O., S. 144.

[36] Roehrsen, a. a. O., S. 147.

und Finanzverwaltung fast ausschließlich Juristen sind. Auch in zahlreichen Fachverwaltungen ist der Anteil der Juristen sehr groß. Dieses Studium wird jedoch im Gegensatz zu der heutigen Situation in Frankreich in einem so starken Maße als Bildungsstudium aufgefaßt, daß es nicht möglich ist, nach der Universitätsabschlußprüfung unmittelbar an einer Wettbewerbsprüfung teilzunehmen. Vielmehr ist es erforderlich, daß sich die Bewerber mindestens ein Jahr lang auf diese Prüfung vorbereiten[37]. Durch ein schriftliches Verfahren, eine differenzierte Notenskala und ein Platzziffernsystem wird versucht, die bestqualifizierten Kandidaten aus einer großen Zahl von Bewerbern auf die ausgeschriebenen Stellen zu berufen. Sie werden probeweise eingestellt und in den verschiedenen Abteilungen des Ministeriums beschäftigt, um die einzelnen Tätigkeitsbereiche kennenzulernen. Bewähren sie sich, dann werden sie nach einigen Jahren zu Beamten auf Lebenszeit ernannt und steigen im weiteren Verlauf ihrer Laufbahn nach Leistung und Dienstalter auf.

Dieses System ist starker Kritik ausgesetzt[38]. Deshalb ist in Art. 150 des Beamtengesetzes von 1957 die Errichtung einer Hochschule der öffentlichen Verwaltung durch das Präsidium des Ministerrates vorgesehen. Dort sollen in erster Linie Kurse für die Probebeamten des höheren Dienstes zur Vorbereitung und Ausbildung abgehalten werden. Gleichzeitig sollen dort höhere Beamte an Informations- und Fortbildungskursen teilnehmen und die höheren Beamten, die Leitungsfunktionen wahrnehmen oder hierfür vorgesehen sind, für diese besonders geschult werden. Geplant ist, daß diese Institution mit den Universitäten mit wissenschaftlichen und kulturellen Instituten, mit den Ministerien, den öffentlichen Betrieben und Privatbetrieben in öffentlicher Hand zusammenarbeitet[39].

Wenn diese Hochschule, durch die erreicht werden soll, daß die höheren Beamten nicht mehr ausschließlich in den Denkkategorien ihres Ressorts verhaftet sind, bisher nicht errichtet wurde, so hat das seine Gründe in erster Linie in dem Widerstand einzelner Ministerien, die eine Vermittlung von Kenntnissen in ihrem Spezialbereich für wichtiger ansehen als eine postuniversitäre Fortbildung auf wissenschaftlicher Grundlage[40]. Andere Ministerien zeigen sich den Reformtendenzen gegenüber aufgeschlossen und bieten schon jetzt gewissermaßen als Übergangslösung den neu eingestellten Beamten die Möglichkeit zu postuniversitären

---

[37] Luther, a. a. O., S. 85; Roehrsen, a. a. O., S. 146.

[38] Benvenuti, Insufficienza dell'atuale organizzazione degli studi universitari al fine della preparazione dei publici funcionari, in: L'organizzazione tecnica della Pubblica Amministrazione, 1954, S. 201.

[39] Roehrsen, a. a. O., S. 148.

[40] Roehrsen, a. a. O., S. 149.

Studien, indem sie sie zu Kursen, die an einzelnen italienischen Universitäten in den Verwaltungswissenschaften durchgeführt werden, abordnen.

### *c) Das verwaltungswissenschaftliche Studium an der Universität Bologna*

Von den Kursen, die an italienischen Universitäten durchgeführt werden, hat die „Scuola di perfezionamento in scienze amministrative" in Bologna[41], die nach dem letzten Krieg eingerichtet wurde, besondere Bedeutung erlangt. Diese neuerstandene Einrichtung wird durch die Universität Bologna, insbesondere durch die juristische Fakultät, durch verschiedene Ministerien und durch die University of California in Berkeley unterstützt. An den postuniversitären Kursen, die ein Jahr dauern, nehmen fünfzig bis sechzig Studenten teil, meist abgeordnete Beamte des höheren Dienstes. Der Lehrplan gliedert sich in juristische Vorlesungen, wirtschafts-, finanzwissenschaftliche und verwaltungswissenschaftliche Lehrveranstaltungen. Die juristischen Disziplinen, die durch Universitätsprofessoren und Verwaltungspraktiker besonderer Qualifikation vorgetragen werden, unterscheiden sich von den Lehrveranstaltungen der Universitäten dadurch, daß sie zwar wissenschaftlicher Natur sind, jedoch in engster Beziehung zur Verwaltungspraxis stehen. Ebenso werden Wirtschafts- und Finanzwissenschaften aus der Sicht der Verwaltung behandelt. Die Besonderheit der staatlichen und halbstaatlichen Gesellschaften in Italien und die Abgrenzung zu der privatwirtschaftlichen Betrachtungsweise machten nicht unerhebliche Schwierigkeiten. Bei den verwaltungswissenschaftlichen Veranstaltungen im engeren Sinne ist eine starke Anlehnung an die Public Administration der Vereinigten Staaten zu verzeichnen. In diesen Lehrveranstaltungen werden beispielsweise Verwaltungstechnik, Organisations- und Methodenlehre, Politische Wissenschaften und die Problematik der menschlichen Beziehungen innerhalb der Verwaltung und in ihrer Beziehung zum Publikum („human and public relations") behandelt. Auch in der technischen Gestaltung des Unterrichts geht man in Bologna neue Wege. Das ist dadurch möglich, weil einer relativ kleinen Zahl von Hörern ein recht großer Lehrkörper gegenübersteht. Überwiegend wird die sogenannte Fall-Methode angewandt, und die Hörer werden in Arbeitsgemeinschaften, deren Zahl bis zu zwanzig Mitglieder beträgt, zusammengefaßt. In diesen werden Fälle aus der Verwaltungspraxis, die wissenschaftlich interessant sind, zur Diskussion gestellt. Hierbei sind die Teilnehmer der Arbeitsgemeinschaft in Gruppen aufgeteilt, die den zu diskutierenden Fall jeweils unter besonderen Gesichtspunkten, z. B.

---

[41] Vgl. Joetze, Das „Bologna Center" — ein neuer Typ einer europäischen Ausbildungsstätte, DVBl. 1959, S. 116.

sozialen, hygienischen, polizeilichen oder vom Standpunkt des Betroffenen aus, zu betrachten haben.

### 3. Spanien

#### *a) Die Grundlagen des höheren Verwaltungsdienstes und die Verwaltungsreform*

In Spanien[42] werden zur Zeit umfassende Reformen[43] auf dem Gebiet des Beamtenrechts durchgeführt, wobei die Probleme der Ausbildung schon teilweise vorweggenommen sind.

Ein modernes, mit dem anderer europäischer Staaten zu vergleichendes Berufsbeamtentum entsteht erst in der Mitte des vergangenen Jahrhunderts durch das 1852 von Bravo Murillo geschaffene Beamtengesetz[44]. Dieses führt als Eingangsprüfung für den öffentlichen Dienst mit der „Opposition" (oposición) ein Prüfungsverfahren ein, welches sich von dem französischen Vorbild insoweit unterscheidet, als es neben dem Ergebnis der Wettbewerbsprüfung auch die sonstige Qualifikation bewertet. Bei den Kandidaten, die sich um eine Planstelle (presupuesto) bewerben[45], die ein abgeschlossenes Hochschulstudium voraussetzt, wird das Ergebnis der Universitätsabschlußprüfung neben dem der Wettbewerbsprüfung berücksichtigt. Nachteilig wirkt sich aus, daß das Beamtengesetz von 1852 nur Rahmenvorschriften enthält und vorsieht, daß die weitere Ausgestaltung der Dienstverhältnisse den einzelnen Ministerien vorbehalten bleibt. Diese haben dadurch die Möglichkeit, das Einstellungsverfahren und die Prüfungen nach ihren speziellen Bedürfnissen auszugestalten[46]. Hierdurch entwickeln sich innerhalb der einzelnen Fachverwaltungen „Beamtencorps" (cuerpos), in denen verschiedene Grundsätze für die Klassifizierung gelten. Deren Ausbildung ist ausschließlich auf die Bedürfnisse der Fachverwaltung zugeschnitten[47]. Beamtenkategorien können hierdurch nicht entstehen. Sie werden in Verbindung mit dem alsbald zu verabschiedenden Beamtengesetz lebhaft diskutiert. Es soll vor allem dazu dienen, die Unübersichtlichkeit der Dienstposten abzuschaffen.

---

[42] Einen kurzgefaßten Überblick gibt Garrido Falla, Die gegenwärtige Lage der Verwaltung und der Stand der verwaltungswissenschaftlichen Forschung in Spanien, VerwArch. Bd. 48, S. 248 ff.

[43] Umfassender Überblick in: La Reforma Administrativa, Madrid 1960.

[44] Jordana de Pozas, Formacion y perfeccionamiento de los funcionarios publicos en Espana, in Coloquio, a. a. O., S. 129 ff.

[45] Ein mit anderen europäischen Staaten vergleichbarer „höherer Verwaltungsdienst" besteht zur Zeit noch nicht. Vgl. Garrido Falla, a. a. O., S. 250.

[46] Jordana de Pozas, a. a. O., S. 134.

[47] 185 verschiedene ‚cuerpos'. Vgl. Los Cuerpos de Funcionarios en el Administration publica Espagnola, Madrid 1960.

Die Bemühungen der Verwaltungsreform, die seit 1950 in Spanien betrieben wird, gehen zunächst dahin, zu einer Vereinfachung des Verwaltungsverfahrens und der Arbeitsmethoden der Verwaltung zu kommen. Sie sehen auch allgemein eine Modernisierung des öffentlichen Dienstes vor. Ein gewisser Abschluß wird 1957 mit dem Erlaß des Ley de Régimen Juridico de la Administracion del Estado vom 26. Juli 1957 erreicht, in dem der Staatskanzlei (Presidencia del Gobierno) durch Art. 13 Ziff. 8 dieses Gesetzes die Kompetenz erteilt wird, die Auswahl, Ausbildung und Fortbildung der Beamten zu ordnen. Dies gilt nur, soweit es sich um Beamte der allgemeinen Verwaltung handelt. Beamte von Sonderverwaltungen, die über eigene Ausbildungseinrichtungen mit anerkannt hohem Stand und großer Tradition verfügen[48], werden hierdurch nicht erfaßt.

### *b) Die zentrale Einstellung und Ausbildung höherer nichttechnischer Verwaltungsbeamten*

In Ausführung des vorgenannten Gesetzes wird durch Erlaß der Staatskanzlei vom 22. September 1958 das Zentrum für die Aus- und Fortbildung der Beamten (Centro de Formación y Perfeccionamiento de Funcionarios) geschaffen[49], welches sich seit 1960 in dem Gebäude der wiederaufgebauten alten Madrider Universität in Alcalá de Henares bei Madrid befindet. Diese Einrichtung ist der Staatskanzlei eingegliedert, jedoch weitgehend selbständig (organismo autonomo), ohne den rechtlichen Status einer Hochschule zu haben. Sie nimmt 1958 ihre Arbeit auf und widmet sich zunächst fast ausschließlich der Fortbildung der bereits im öffentlichen Dienst stehenden Beamten, einmal um Erfahrungen hinsichtlich der Organisation und der Gestaltung der Lehrveranstaltungen zu sammeln, in zweiter Hinsicht, um einer möglichst großen Zahl von aktiven Verwaltungsbeamten, angefangen vom leitenden Ministerialbeamten bis zu den Beamten, die nach unseren Begriffen etwa dem gehobenen Dienst angehören, eine wissenschaftliche Fortbildung zukommen zu lassen und sie mit den Zielen der Verwaltungsreform vertraut zu machen[50].

Seit 1960 werden in Alcalá Einstellungsprüfungen für Beamte mit abgeschlossener Universitätsausbildung durchgeführt[51]. Sie sind für den allgemeinen Verwaltungsdienst vorgesehen und verfügen normaler-

---

[48] Beispielsweise die Diplomatenschule (Escuela Diplomatica) und die Schule für das Gesundheitswesen (Escuela Nationale de Sánidad).

[49] De la Oliva, El Centro de Formación y de Perfeccionamento de Funcionarios, in Coloquio, a. a. O., S. 212.

[50] De la Oliva, a. a. O., S. 218.

[51] De la Oliva, a. a. O., S. 224 ff.

weise über ein abgeschlossenes juristisches Studium. In geringer Zahl werden auch Kandidaten, die Politik- und Wirtschaftswissenschaften studiert und eine Universitätsabschlußprüfung abgelegt haben (licenciados en ciencias politicas y económicas) eingestellt. Der Aufbau des Studiums weist eine starke Parallele zu den Verhältnissen in Frankreich auf; es ist jedoch weniger auf die Berufsvorbildung zugeschnitten, sondern ähnlich wie in Italien stärker als Bildungsstudium ausgestaltet.

Die Einstellungsprüfung wird in drei Stufen durchgeführt, wobei der Kandidat jeweils von der weiteren Prüfung ausgeschlossen ist, wenn er in einem Prüfungsabschnitt versagt.

Der erste Prüfungsabschnitt besteht in der Übersetzung eines englischen oder französischen Textes ins Spanische. Die Kandidaten können die Sprache, in der sie geprüft werden wollen, wählen. Der zu übersetzende Text wird ausgelost. Die Fremdsprachenprüfung wird damit begründet, daß die immer stärker werdende internationale Verflechtung es notwendig mache, über jüngere höhere Beamte des Verwaltungsdienstes zu verfügen, die sich mit ausländischen Sprachen beschäftigen. Gleichzeitig ist hierin eine Gegenreaktion gegen das frühere System der jeweils auf die einzelnen Fachverwaltungen zugeschnittenen Einstellungsprüfungen zu erkennen. Bei den Kandidaten, die sich über Fachfragen hinaus für fremde Sprachen interessieren, unterstellt man eine gute Allgemeinbildung[52].

Im zweiten Prüfungsabschnitt[53] ist eine Klausur über ein Fachthema aus dem Verwaltungsrecht oder der Verwaltungspraxis anzufertigen. Der Rahmen der Themen ist weit gespannt, auch die politische und Sozialgeschichte, das Zeitgeschehen, Vorgänge der Innen- und Außenpolitik und Probleme der Wirtschaft werden als Themen herangezogen. Sie sind so gewählt, daß sie regelmäßig nicht vorbereitet werden können. Sie sind jedoch von einem Kandidaten mit guter Allgemeinbildung und mit einem klaren Blick für sachliche Zusammenhänge zu bearbeiten. In dem zweiten Prüfungsabschnitt soll unter Beweis gestellt werden, daß der Kandidat sich klar und prägnant ausdrücken kann und in der gegebenen Zeit von vier Stunden in der Lage ist, die wichtigsten Punkte einer Einzelfrage herauszuarbeiten.

Der dritte Abschnitt[54] der Prüfung ist mündlich. Auch insoweit geht man einen neuen Weg, weil bisher die Einstellungsprüfungen dem französischen Vorbild entsprechend grundsätzlich schriftlich abgehalten wurden. An die Kandidaten werden Kurzreferate verteilt, die dem Themenkreis des zweiten Prüfungsabschnitts entnommen sind. In den ersten

---

[52] De la Oliva, a. a. O., S. 225.

[53] De la Oliva, a. a. O., S. 226.

[54] De la Oliva, a. a. O., S. 226.

fünfzehn Minuten der für jeden Kandidaten etwa eine Stunde dauernden Prüfung hat dieser das Kurzreferat vorzutragen, dessen Ergebnis im einzelnen mit den Mitgliedern der Prüfungskommission diskutiert wird. Regelmäßig wird hierbei der Kandidat durch Fragestellung auf neue Gesichtspunkte hingewiesen, um seine Flexibilität und die Fähigkeit, sich mit neu auftauchenden Fragen zu befassen, zu prüfen. Im dritten Prüfungsabschnitt wird ein besonderes Gewicht darauf gelegt, ob der Kandidat seine Meinung in der Öffentlichkeit vertreten kann.

Die Kandidaten, die die Aufnahmeprüfung mit Erfolg abgelegt haben, werden zunächst auf Zeit in die Verwaltung eingestellt. Sie erhalten während des sich anschließenden Vorbereitungslehrgangs in Alcalá und der dann folgenden praktischen Einführung die vollen Dienstbezüge. Sind sie während der Probezeit den gestellten Anforderungen nicht gewachsen, können sie jederzeit entlassen werden.

Während des dreieinhalbmonatigen Vorbereitungskurses am Zentrum beginnt das Lehrprogramm[55] für alle Teilnehmer zunächst einheitlich. Da der Unterricht grundsätzlich in der Form der Arbeitsgemeinschaft stattfindet, werden die Kandidaten in Gruppen aufgeteilt. Hierbei wird die Zahl von zwanzig Teilnehmern als optimal angesehen. Die Leiter der Arbeitsgemeinschaften sind bekannte Universitätsprofessoren und leitende Verwaltungsbeamte, die jeweils von Fall zu Fall zu den Kursen herangezogen werden. Neben dem Direktor des Zentrums und dem Studien- und Forschungsleiter sind einige fachlich und wissenschaftlich hochqualifizierte höhere Beamte, die ständig am Zentrum tätig sind, als Arbeitsgemeinschaftsleiter (instructores) eingesetzt. In den Arbeitsgemeinschaften tragen die Dozenten jeweils in der ersten Hälfte oder in den ersten beiden Dritteln der Unterrichtszeit ihre Auffassung vor. In der verbleibenden Zeit haben die Hörer Gelegenheit, die Probleme zu diskutieren. Der für alle Kandidaten verbindliche Einführungskurs umfaßt soziale, wirtschaftliche und Verwaltungsprobleme. Hierbei stehen Fragen wie die der Verwaltungsplanung, der Organisationslehre, der Personalverwaltung, der Technik der innerdienstlichen Weisung, der innerdienstlichen Beziehungen in der Verwaltungsbehörde und der Beziehungen der Behörde zum Publikum, die Verbesserung der Arbeitsmethoden in der Verwaltung unter besonderer Berücksichtigung des Kostenfaktors und das Verwaltungsverfahren im Vordergrund. In der zweiten Hälfte der theoretischen Ausbildung werden die Kandidaten in besondere Arbeitsgemeinschaften — je nach den Ministerien, für deren Dienst sie vorgesehen sind — aufgeteilt. In den fast ausschließlich durch Praktiker aus den entsprechenden Fachverwaltungen geleiteten Arbeitsgemeinschaften sollen sie Organisation, Tätigkeit und die Grundlagen der

[55] De la Oliva, a. a. O., S. 221.

Verwaltungspolitik des betreffenden Ministeriums, dessen Verbindungen und Zusammenarbeit mit anderen Dienststellen und die gegenwärtigen Reformtendenzen kennenlernen. Auch hier haben die Kandidaten die Möglichkeit, die aufgeworfenen Probleme zu diskutieren. Bei den Fachfragen setzt dies eine gründliche private Vorbereitung voraus.

In den letzten zweieinhalb Monaten der insgesamt sechsmonatigen Ausbildung werden die Probebeamten den einzelnen Ministerien zur Einführung überwiesen. Die Gestaltung des Einführungsabschnitts liegt in den Händen des Zentrums; von dort aus wird im einzelnen bestimmt, wo und in welcher Reihenfolge der praktische Ausbildungsabschnitt abgeleistet wird. Normalerweise werden die Kandidaten jeweils vierzehn Tage in den einzelnen Abteilungen informatorisch beschäftigt. Für die Dienstposten, in die die Kandidaten nach abgeschlossener Probebeschäftigung als Lebenszeitbeamte eingewiesen werden, bedarf es noch einer weiteren Einarbeitung. Sie wird durch den jeweiligen Abteilungsleiter durchgeführt.

### *c) Die Auswahl und Fortbildung von Führungskräften*

Als Ergebnis der Verwaltungsreform hat sich in Spanien der Gedanke durchgesetzt, daß für den Zugang zu den leitenden Stellen in der Verwaltung — soweit es sich nicht um politische Beamte handelt — das Anciennitätsprinzip nicht mehr ausreicht und durch das Leistungsprinzip ersetzt werden muß. In der allgemeinen inneren Verwaltung tritt nämlich der Mangel an Führungskräften besonders deshalb stark in Erscheinung, weil die Zivilgouverneure[56] und Oberbürgermeister politische Beamte sind und der Unterstützung eines Fachbeamten, der die mit einem Oberkreis- oder Oberstadtdirektor zu vergleichende Stellung innehat, bedürfen. Für diese Dienstposten glaubt man ebenso wie für die der Sektionschefs (innerhalb der Ministerien) und der sogenannten Inspekteure der öffentlichen Dienste nicht auf jüngere, hochqualifizierte Kräfte verzichten zu können. Deshalb bestehen seit 1958 Ausbildungslehrgänge für Führungskräfte, nach deren erfolgreichem Abschluß der höhere Beamte den Titel eines „Diplomado“ erlangt, der ihn für die vorerwähnten leitenden Stellen prädestiniert.

Zu den Fortbildungskursen für Führungskräfte[57] werden nur die Beamten mit Universitätsvorbildung herangezogen, die in den bisherigen Prüfungen weit überdurchschnittliche Leistungen gezeigt haben. Daneben müssen sie sich in der Verwaltungspraxis mindestens fünf Jahre

[56] Die leitenden Beamten in den Provinzen, Verwaltungsbezirken, die mit großen Landkreisen zu vergleichen sind.

[57] Vgl. hierzu (López-Henares und Breuckmann) Ausbildung und Fortbildung der höheren Beamten in Spanien, ZBR 1961, S. 33.

besonders bewährt haben. Schließlich haben sie sich einer Kommission, welcher der Staatssekretär des Innenministeriums vorsteht, vorzustellen, um ähnlich wie im dritten Abschnitt der Einstellungsprüfung für den höheren Verwaltungsdienst ihre persönlichen Qualitäten zu beweisen.

Während der zweimonatigen Kurse, an denen jeweils höchstens zwanzig Kandidaten beteiligt sind, finden ähnlich wie bei den Vorbereitungskursen für neu eingestellte höhere Beamte Arbeitsgemeinschaften statt, bei denen weniger Grundlagen geschaffen, sondern die bereits vorhandenen wissenschaftlichen und praktischen Kenntnisse vertieft werden. Arbeitsgemeinschaften mit überwiegend juristischer Fragestellung finden beispielsweise über wesentliche Institutionen des spanischen Verfassungsrechts, Verwaltungsverfahrens- und Verwaltungsprozeßrechts statt. Das Schwergewicht liegt jedoch eindeutig bei nichtjuristischen Problemen. Die für eine leitende Tätigkeit im Staatsdienst vorgesehenen Beamten werden beispielsweise mit den Verwaltungsaufgaben in der Wohlfahrtspflege, den Sozialdiensten, der Gesundheitsverwaltung und der Ordnungsverwaltung vertraut gemacht. Sie lernen Probleme der Verwaltungsführung, der Personalplanung, der Qualifizierung der Arbeitsplätze und der Verwaltungskoordination kennen. Um der großen Bedeutung, die die wirtschaftlichen Faktoren im Rahmen des Gesellschaftslebens haben, gerecht zu werden, werden Arbeitsgemeinschaften mit Themen wie „das Volkseinkommen", „der nationale Investitionsplan" und „Probleme der wirtschaftlichen Struktur" abgehalten. Während des Kurses hat jeder höhere Beamte eine Arbeit anzufertigen, die am Ende des Kurses der Prüfungskommission vorgelegt wird. In allen Fällen handelt es sich um aktuelle Probleme, die bisher keine umfassende Würdigung in der Wissenschaft gefunden haben. Von den Teilnehmern wird verlangt, daß sie zu in der Praxis verwertbaren Reformvorschlägen kommen.

Die höheren Beamten, die während des Kurses den an sie gestellten Anforderungen entsprechen, werden zunächst in der Dienststelle, von der aus sie nach Alcalá abgeordnet wurden, weiterverwandt, bis sie nach einiger Zeit auf einen freiwerdenden leitenden Dienstposten versetzt werden.

### 4. Belgien

Obwohl sich Belgien früher sehr eng an das französische Vorbild anlehnte, werden auch hier seit Kriegsende Bestrebungen sichtbar, einen Vorbereitungsdienst mit Abschlußprüfung für die höheren Verwaltungsbeamten des nichttechnischen Dienstes zu schaffen.

### *a) Das Studium der Rechts- und Staatswissenschaften*

Die Beamten des allgemeinen höheren Verwaltungsdienstes sind normalerweise Juristen. Ähnlich wie in Frankreich ist in Belgien das Studium[58] nach Studienjahren gegliedert, an deren Ende jeweils eine Abschlußprüfung steht. Es ist mit fünf Jahren das längste aller behandelten Staaten. Von den fünf Jahren entfallen zwei Jahre auf ein Studium Generale, welches speziell auf Juristen zugeschnitten ist und mit der „candidature en philosophie et lettres" abschließt, der Zulassungsvoraussetzung für das sich anschließende dreijährige Fachstudium[59]. Das Studium Generale erstrebt neben der Vermittlung einer für den Beruf des Juristen erforderlichen Allgemeinbildung (Geschichte, Philosophie, Psychologie, Gesellschaftslehre usw.) die Einführung in die Grundlagen des geltenden Rechts unter besonderer Berücksichtigung des römischrechtlichen und germanisch-rechtlichen Ursprungs. Deshalb kann sich das eigentliche Studium überwiegend auf Fachvorlesungen beschränken. Es ist dadurch möglich, neben zivil-, strafrechtlichen und prozessualen Lehrveranstaltungen Staats- und Verwaltungsrecht, Volkswirtschaftslehre und Volkswirtschaftspolitik, Finanzwissenschaft, Finanzrecht und Verwaltungslehre zu berücksichtigen. Das Fachstudium endet nach dem dritten Studienjahr mit dem akademischen Grad des „docteur en droit".

### *b) Einstellung, Vorbereitungsdienst und Abschlußprüfung*

Juristen, die in den höheren Verwaltungsdienst eintreten wollen, müssen sich einem jährlich stattfindenden „Concours" unterziehen. Die etwa sechzig besten Kandidaten werden sodann in einen Vorbereitungsdienst übernommen, der durch königliche Verordnungen vom 16. Februar und 26. Juli 1951 mit dem Ziel einer Intensivierung und Verkürzung neugestaltet wurde[60].

Besonderes Merkmal der Neuordnung ist die Einrichtung einer Ausbildungskommission, die sich ständig aus dem Generaldirektor für das Ausbildungswesen und zwei Mitgliedern zusammensetzt, von denen das eine durch das Innenministerium als Angehöriger des öffentlichen Dienstes ernannt und das andere beispielsweise aus dem Bankwesen oder der Privatwirtschaft entnommen wird. Der Leiter des Ausbildungswesens (maître général des stages) steht im Rang eines Generaldirektors in der Verwaltung und wird durch den König auf die Dauer von fünf Jahren mit dieser Aufgabe betraut. Er ist unmittelbar dem Generalsekre-

---

[58] Vgl. hierzu „Husserl-Gutachten", S. 45 ff.

[59] „Husserl-Gutachten", S. 38, 39.

[60] Ein ausführlicher Überblick befindet sich in Heft 4/1961 der Revue Internationale des Sciences Administratives. Ihm folgt die Darstellung.

tär (zu vergleichen mit dem Staatssekretär) des Innenministeriums unterstellt. Daneben bestehen noch Ausbildungsdirektoren, die von den einzelnen Ministerien ernannt werden. Dem ständigen Sekretariat obliegt neben der Durchführung der Einstellungsprüfungen die Gestaltung des einjährigen Ausbildungsdienstes, der in drei Abteilungen zerfällt.

Zunächst werden die neu eingestellten Beamten auf die Dauer von drei Monaten einem Ausbildungslehrgang überwiesen, um sie mit Problemen der Verwaltung unter besonderer Berücksichtigung der Verwaltungslehre und der Verwaltungspolitik vertraut zu machen. Sodann schließt sich eine praktische Tätigkeit von sieben Monaten in dem Ministerium an, für dessen Dienst sie eingestellt sind. Zwei Monate werden sie sodann einem anderen Ministerium überwiesen. Während der praktischen Tätigkeit werden die Probebeamten durch die Ausbildungsdirektoren der einzelnen Ministerien in Form von Arbeitsgemeinschaften unterrichtet. Hinsichtlich der Lehrplangestaltung stehen die Besonderheiten des jeweiligen Ministeriums im Vordergrund.

Am Ende der einjährigen Ausbildung haben die Kandidaten eine Prüfung vor der Ausbildungskommission abzulegen. Bei der Qualifikation des Kandidaten werden die Leistungen während des Vorbereitungsdienstes je zur Hälfte berücksichtigt. Eine besondere Einarbeitungszeit nach der Anstellung auf Lebenszeit ist nicht üblich.

In jüngster Zeit werden in Belgien Fortbildungskurse für die Beamten, die sich bereits im Dienst befinden, durchgeführt. Sie sind darauf abgestellt, ihnen in bezug auf die Fachverwaltung, in der sie tätig sind, neue wissenschaftliche Erkenntnisse zu vermitteln. Andererseits soll die Wissenschaft durch Diskussionsbeiträge aus der Praxis Anregungen erhalten.

### 5. Das Ausbildungs- und Prüfungswesen in den romanischen Staaten Westeuropas und die geplante Neuregelung in Deutschland

Allen romanischen Staaten Westeuropas ist eine Einheitsausbildung für den Beruf des Richters und höheren Verwaltungsbeamten zumindest nach Abschluß des Studiums unbekannt. Jede sich an das Studium anschließende Einführung in den Beruf ist ausschließlich auf die spätere Tätigkeit zugeschnitten, wobei sogar regelmäßig die spezifischen Belange von Sonderverwaltungen im Vordergrund stehen. Dennoch wäre es verfehlt, hieraus Argumente für eine Trennung zwischen der Ausbildung des Richters und des höheren Verwaltungsbeamten in Deutschland herleiten zu wollen. In Staaten mit zentralstaatlichem Aufbau ist die Spezialisierung auf die Verwaltung als die Lösung anzusehen, die den umfassenden Ausbildungserfolg zu verzeichnen hat[61]. Dies wurde schon bei dem geschichtlichen Überblick klargestellt. Hier wurde aber auch die Feststellung getroffen, daß der gegenwärtige föderalistische Aufbau der Bundesrepublik die echte Einheitsausbildung als die zweckmäßigere Regelung erscheinen läßt.

Wenn sich so aus einem Vergleich mit dem Ausland keine Antwort auf die Frage, ob die zukünftige Juristenausbildung der Vorbereitung auf alle juristischen Berufe dienen soll, finden läßt, so bieten doch die Regelungen in den vorher behandelten Staaten vielfältige Anregungen für eine Neuorientierung. Das gilt für die Gestaltung des Studiums und der Prüfungen und die praktische Vorbereitung im Anschluß an das Hochschulstudium, und insbesondere muß die Frage behandelt werden, ob in Deutschland entsprechend dem französischen und dem spanischen Vorbild eine Sonderausbildung für höhere Verwaltungsbeamte in leitender Stellung eingeführt werden sollte.

### *a) Studium und Abschlußprüfung*

Während in Deutschland ein beachtliches Dilemma darin besteht, daß unmittelbar im Anschluß an die Hochschulreife der Student der Rechts- und Staatswissenschaften mit einem Fachstudium beginnt, für das die humanistisch, neusprachlich oder naturwissenschaftlich orientierte höhere Schulbildung keine Grundlagen schafft, versucht man im Ausland gewissermaßen eine Überbrückung.

Hierbei kann weniger die juristische Kurzausbildung in Frankreich, die mit der „capacité en droit" abschließt und einen Ersatz für die Hochschulreife bildet, als Vergleich herangezogen werden. Eine derartige Lösung ist allenfalls dort vertretbar, wo das Studium — wie beispielsweise in Frankreich — stark unter dem Gesichtspunkt der Berufsvorbildung betrieben wird. Dem traditionell wissenschaftlichen Charakter des Studiums in Deutschland würde dieser Weg widersprechen, zumal durch den sogenannten zweiten Bildungsweg die Möglichkeit geschaffen ist, die Reifeprüfung nachzuholen. Demgegenüber steht das Beispiel Belgiens, wo mit dem Studium Generale eine breite Grundlage für das sich anschließende Fachstudium gelegt wird. Diese Lösung hat allerdings den Nachteil, daß das Studium fünf Jahre dauert, eine Konsequenz, die dadurch abgemildert wird, daß in Belgien wie in den anderen romanischen Staaten die Reifeprüfung mit siebzehn, allenfalls mit achtzehn Jahren abgelegt wird. Da die höhere Schule kaum in der Lage sein dürfte, in größerem Umfang Grundlagen für das rechts- und staatswissenschaftliche Studium zu schaffen, und es erst recht nicht angeht, die

---

[61] Vgl. S. 73 oben.

Vermittlung eines Einblicks dem Geschick des jeweiligen Amtsrichters oder höheren Verwaltungsbeamten, der sich in der betreffenden Stadt für Einführungskurse bereit erklärt, zu überlassen, ist ein juristisches Grundstudium unumgänglich. Es kann den Studenten von der historischen und philosophischen Denkungsweise, die ihm von der höheren Schule her liegt, in das Rechtsdenken einführen, ohne ihn unmittelbar mit Fachproblemen zu belasten. Hierbei ist das Beispiel Belgiens eher zu verwerten als das Frankreichs, weil dort während des Grundstudiums schon fachliche Grundlagen erarbeitet werden. Ohne diese könnte die sich anschließende Spezialisierung in Frankreich nicht vollzogen werden.

Eine gewisse Diskrepanz besteht in den romanischen Staaten insoweit, als teilweise — es sei auf Spanien und Italien verwiesen — bei dem juristischen Studium das Bildungsstudium und nicht die Vorbereitung auf den Beruf im Vordergrund steht. Dies hat den Nachteil, daß die eigentliche Vorbereitung auf den Beruf und die staatlichen Eingangsprüfungen, bei denen der Kandidat unter Beweis stellen soll, daß er die für eine praktische Tätigkeit erforderlichen Kenntnisse hat, auseinanderfallen. Für Deutschland ist daran festzuhalten, daß das Humboldtsche Bildungsideal mit der Verselbständigung der Fakultäten und mit der immer stärkeren stofflichen Belastung des Studiums weitgehend illusorisch geworden ist. Der größte Teil der Studenten betrachtet das Studium nicht als Vorbildung für den späteren Beruf, sondern in erster Linie blickt er auf die das Studium abschließende Prüfung. Es wird deshalb oft noch einseitiger betrieben als eine auf bestimmte Berufsvorstellungen zugeschnittene Universitätsausbildung. Unter diesem Aspekt ist der mit der Studienreform in Frankreich beschrittene Weg der Trennung von Fachstudium und wissenschaftlichem Fortbildungsstudium beachtlich. Es erhebt sich jedoch ernsthaft die Frage, ob eine derart umfassende Reform, die so weit geht, daß nicht nur der Lehrplan der juristischen Fakultät, sondern auch der wesentliche Inhalt der Vorlesungen vorgeschrieben ist, in einem anderen Land als Frankreich, wo auch die Kulturverwaltung diese für das französische Staatswesen typischen zentralstaatlichen Züge aufweist, durchführbar wäre. Bei der Lehrplangestaltung der einzelnen Fakultäten in Deutschland, deren Grundlagen zumindest in einer zu erlassenden bundeseinheitlichen Ausbildungsordnung festzulegen wären, stellt sich somit die schwierige Aufgabe, unter Aufrechterhaltung gewissermaßen der Restbestände des wissenschaftlichen Studiums gleichzeitig die Bedeutung der Universitätsausbildung für den zukünftigen Beruf nicht zu übersehen. Es sollte freilich auch im Hinblick auf die französische Lösung überlegt werden, ob es nicht zweckmäßiger wäre, einzelne Studenten, die zu wissenschaftlicher Arbeit bereit und an ihr interessiert sind, im Anschluß an das Studium und möglicherweise, nachdem sie einen Einblick in die Praxis der juristischen Berufe bekommen haben, durch ein postuniversitäres Studium zu fördern. Hier wäre Platz für eine wohlverstandene Unterstützung der Entwicklung überdurchschnittlicher Begabungen.

Die Einrichtung und Ausgestaltung der staatlichen Eingangsprüfungen in den romanischen Staaten Westeuropas zeigt, daß die Universitätsabschlußprüfung den Bedürfnissen der Praxis nicht genügt. So ist es verständlich, daß sich in Deutschland historisch der Übergang von der Universitätsabschlußprüfung zur Staatsprüfung vollzogen hat[62]. Wenn in den bisher behandelten Staaten neben die Universitätsabschlußprüfung, oder besser gesagt, die abgeschlossene Reihe der jährlichen Teilprüfungen, eine staatliche Wettbewerbsprüfung tritt, dann ist dies vor allem aus dem „Concours"-System verständlich. Die Wettbewerbsprüfung dient dazu, die freien Stellen in der Verwaltung zu besetzen, wobei man davon ausgeht, daß ihre praktische Ausgestaltung, die Anonymität, die weitreichende Notenskala, der Wettbewerb aller gegen alle und das Platzziffernsystem in der Lage seien, die Besten zu bestimmen.

An diese Wettbewerbsprüfung schließt sich dann regelmäßig kein Vorbereitungsdienst, in dem die wissenschaftlichen Erkenntnisse der Universitätsausbildung durch eine Tätigkeit in der Praxis vertieft werden soll, an. Vielmehr erfolgt eine Spezialisierung auf die spätere Tätigkeit, und soweit überhaupt nochmals eine Prüfung erfolgt — dies trifft lediglich für Belgien zu —, dient sie in einem wesentlichen Umfang dazu, die Ergebnisse der Vorbereitungszeit zusammenzufassen.

In Deutschland spricht für die Regelung, an das Ende des Studiums eine Staatsprüfung treten zu lassen, der Umstand, daß durch diese die Fähigkeit des Rechtskandidaten, im Vorbereitungsdienst das Ziel der großen Staatsprüfung zu erreichen, am ehesten unter Beweis gestellt werden kann. Diejenigen, die dafür eintreten, die bisherige erste Staatsprüfung durch eine Universitätsabschlußprüfung zu ersetzen, betonen, daß die Prüfung den erfolgreichen Abschluß des Studiums und die Fähigkeit zu wissenschaftlicher Arbeit beweisen solle. Diesem Argument könnte jedoch auch dadurch Rechnung getragen werden, daß die Mehrzahl der Prüfer aus Professoren, Privatdozenten und Lehrbeauftragten der Fakultäten besteht. Zudem hätte das Prüfungsamt für den höheren Justiz- und Verwaltungsdienst die Möglichkeit, die Prüfung räumlich in der Universität durchzuführen. Für die juristische Fakultät wäre diese Lösung, die gewissermaßen die Elemente der Universitätsabschlußprüfung mit der Eingangsprüfung für den Vorbereitungsdienst verbindet, zudem noch deshalb von Vorteil, weil sie nicht mit der technischen Bewältigung der Prüfungsgeschäfte belastet wäre.

---

[62] Vgl. S. 23 oben.

Der Vorschlag einer Universitätsabschlußprüfung muß[63] jedoch ernsthaft auf Ablehnung stoßen. Nur die staatlichen Prüfungsämter sind in der Lage, die für die Verwaltung unabdingbare Forderung durchzusetzen, daß deren Interessen neben denen der Justiz hinreichend berücksichtigt werden. Dies gilt nicht nur für die große Staatsprüfung und den Vorbereitungsdienst, sondern auch für das Studium und die erste Prüfung. Bei einer Universitätsabschlußprüfung ist der Prüfungsstoff stark von der jeweiligen Zusammensetzung der Fakultät abhängig, zumal der Präsident des Prüfungsamtes nicht darauf achten kann, ob Haupt- und Nebenfächern entsprechendes Gewicht zukommt.

### *b) Vorbereitungsdienst und große Staatsprüfung*

Interessant ist eine in allen romanischen Staaten Westeuropas festzustellende Entwicklungstendenz, die erkennen läßt, daß eine allzu starke Spezialisierung während der praktischen Vorbereitung im öffentlichen Dienst Nachteile hat. Hier liegen die Gründe dafür, daß der praktischen Einführung in den höheren Verwaltungsdienst in Spanien eine dreieinhalbmonatige theoretische Ausbildung, die nur in geringem Umfang auf die spätere spezialisierte Tätigkeit in einer Fachverwaltung zugeschnitten ist, vorangeht, und daß in Belgien sogar während der praktischen Ausbildung die Fachverwaltungen gewechselt werden; schließlich hat die in Italien zu schaffende Hochschule für die Verwaltung zum Ziel, die Ausbildung für den höheren Verwaltungsdienst auf eine breite Grundlage zu stellen und dadurch dem Ressortpartikularismus zwischen den Sonderverwaltungen im Interesse einer echten Verwaltungskoordination entgegenzuwirken.

In Frankreich besteht ein eigenartiges Gefälle zwischen dem normalen höheren Verwaltungsdienst, bei dem bisher streng an der Spezialisierung im Rahmen des betreffenden „Corps" festgehalten wird, und den an der Ecole Nationale d'Administration ausgebildeten leitenden Verwaltungsbeamten. Diesen wird möglicherweise bewußt im Gegensatz zu den Beamten der Kategorie A eine umfassende Grundlage theoretischer und praktischer Natur gegeben. Trägt man so im Ausland in mehr oder weniger starkem Maße der Verzahnung der einzelnen Sonderverwaltungen Rechnung, so kann hieraus indirekt wiederum ein Argument für die echte Einheitsausbildung in Deutschland hergeleitet werden: Zwar kann von einer Koordination zwischen Justiz und Verwaltung nicht die Rede sein, dennoch ist eine engere Verbindung von Justiz und Verwaltung in der Verwirklichung der Idee des sozialen Rechtsstaats zu erkennen, die einen Einblick in die Theorie und Praxis beider Bereiche, sowohl für den künftigen Richter als auch für den künftigen höheren Verwaltungsbeamten als wünschenswert erscheinen läßt.

[63] „Husserl-Gutachten", S. 325 ff.

Die Ausgestaltung der Einführungszeit im Ausland zeigt schließlich, daß auch während derselben auf eine verwaltungstheoretische Ausbildung, die allerdings auf die praktische Verwaltung zugeschnitten sein muß, nicht verzichtet werden kann. Auch der Vergleich mit dem Ausland führt somit zu der Forderung nach einem postuniversitären verwaltungswissenschaftlichen Studium, welches auch durch eine Ausbildung an „Schulen für den höheren Verwaltungsdienst" ersetzt werden kann. In beiden Fällen hat sich die Fall-Methode und die Unterweisung in kleinen Arbeitsgruppen als zweckmäßig erwiesen. Schließlich zeigt die Entwicklung in den verschiedenen Ländern, daß sich eine qualitative Verbesserung des Vorbereitungsdienstes dadurch erreichen läßt, daß die Einführung in die Verwaltungspraxis durch einzelne oder durch eine Kommission von Beamten oder durch die „Schule für den höheren Verwaltungsdienst" überwacht und zentral geleitet wird. Dem beachtlichen personellen Aufwand entspricht eine Intensivierung und damit Verkürzung der Einführungszeit.

Für die große Staatsprüfung in Deutschland, die, wie oben dargelegt wurde, mit den Wettbewerbsprüfungen im Ausland gewisse Parallelen aufweist, ist auf eine in Frankreich (hinsichtlich des Prüfungsverfahrens an der ENA), in Spanien und Belgien vorhandene Reformtendenz hinzuweisen, mit der das Ziel angestrebt wird, die spezifischen persönlichen Qualitäten, die für eine Tätigkeit in der Verwaltung erforderlich sind, stärker herauszustellen. Insbesondere bei der Prüfungspraxis in Spanien und Frankreich ist zu erkennen, daß es für die Tätigkeit in der Verwaltung in beachtlichem Umfang darauf ankommt, logisch, konstruktiv und zweckmäßig denken zu können, und daß persönliche Qualitäten wie Aufgeschlossenheit, Schwung und Ausdauer, Anpassungsfähigkeit und Zielstrebigkeit, vorhanden sein müssen. Sie können bei schriftlichen Arbeiten, deren Themen so gewählt sind, daß sie nicht vorbereitet werden können, sondern eine gute Allgemeinbildung und einen klaren Blick für das tägliche Leben voraussetzen, ebenso unter Beweis gestellt werden wie durch eine mündliche Prüfung, die durch ein Kurzreferat eingeleitet wird. Deshalb wird in Zukunft insbesondere der mündliche Teil der Prüfungen in verstärktem Maße heranzuziehen sein, um die besonderen Qualitäten des Kandidaten für die Verwaltung festzustellen.

### *c) Die Problematik einer Sonderausbildung für höhere Verwaltungsbeamte in leitender Stellung*

Wenn Frankreich einer gewissen Tradition folgend, in jüngster Zeit auch Spanien, dazu übergegangen sind, eine Sonderausbildung für höhere Verwaltungsbeamte in leitender Stellung einzuführen, so tragen sie damit der Tatsache Rechnung, daß jede leitende Tätigkeit in der Verwaltung, der Wirtschaft und im freien Beruf zu einer erheblichen

Arbeitsbelastung führt, die vor allem jüngere Kräfte tragen können, ohne Gesundheitsschäden zu erleiden. Die Lösung hat weiterhin den Vorteil, daß sie jüngere weit überdurchschnittlich qualifizierte Kräfte, begünstigt durch das Leistungsprinzip, in relativ kurzer Zeit zu einer Stellung gelangen läßt, die sich, was die Verantwortung betrifft, mit der eines leitenden Herrn in der Industrie oder eines qualifizierten Anwalts vergleichen läßt. Das Besoldungsgefälle, das heute noch zwischen Staatsdienst und Privatwirtschaft besteht, würde erheblich abgeschwächt. Hierdurch wird verhindert, daß überdurchschnittlich begabte jüngere Beamte entweder von der Industrie abgeworben werden oder, in ihren Erwartungen enttäuscht, nicht mehr zu höchstem persönlichen Einsatz bereit sind. Als weiteres Argument für eine derartige Sonderausbildung kann angeführt werden, daß das Auwahlsystem weitgehend politische Gesichtspunkte bei der Besetzung leitender Verwaltungsposten, die nicht politischen Beamten vorbehalten sind, eliminiert.

Die Tatsache, daß in den kommenden zehn Jahren der überwiegende Teil der leitenden Verwaltungsbeamten in Deutschland die Altersgrenze erreicht und in den Ruhestand tritt[64], läßt die Frage gerechtfertigt erscheinen, ob man nicht in Anlehnung an die Vorbilder des Auslandes eine entsprechende Regelung einführen solle. So wäre die Möglichkeit zu diskutieren, ob man einer kleineren Zahl von qualifizierten Kräften eine eingehende verwaltungstheoretische Schulung zukommen lassen solle, die ihnen den Blick für die großen Zusammenhänge in der Verwaltungspraxis eröffnen könnte. Die theoretische Schulung wäre dadurch zu ergänzen, daß während der Sonderausbildung ein Einblick in die Praxis eines leitenden Verwaltungsbeamten vermittelt würde, was am zweckmäßigsten dadurch erreicht werden könnte, daß nach Abschluß der theoretischen Ausbildung eine mehrmonatige Tätigkeit als persönlicher Referent oder Assistent eines Behörden- oder Abteilungsleiters in einem Ministerium erfolgen würde. Hierbei könnte der Verwaltungszweig, dem der betreffende Beamte angehört und dem er zweckmäßigerweise nach der Sonderausbildung erhalten bleibt, berücksichtigt werden. Insoweit ist auf die Präfekturausbildung der Absolventen der ENA zu verweisen. Bei der Auswahl sollte man ähnlich wie in Spanien das Ergebnis der beiden Staatsprüfungen, die bisherigen Leistungen in der Verwaltungspraxis und der besonderen Eingangsprüfung berücksichtigen.

Da nach dem traditionellen deutschen Laufbahnsystem Beförderungen nach dem Dienstalter und den persönlichen Fähigkeiten erfolgen, spricht für die Einführung einer Sonderlaufbahn für Führungskräfte, daß die

[64] Nach einer Auskunft des Bundesrechnungshofs sind in etwa zwei bis vier Jahren fast alle „B-Stellen“ im Bundesdienst neu zu besetzen.

persönlichen Qualitäten und Leistungen im Laufbahnsystem allzu leicht durch politische oder persönliche Überlegungen ersetzt werden können. Diese Möglichkeit besteht in abgeschwächter Form auch dann, wenn die Leistungen in der Verwaltungspraxis mitbestimmend dafür sind, daß ein höherer Verwaltungsbeamter zu einer Zulassungsprüfung für die Sonderlaufbahn geladen wird. Zudem erscheint es auch schwierig, in der Aufnahmeprüfung politische Gesichtspunkte zu eliminieren. Bedenklich könnte es deshalb sein, möglicherweise vorhandene Mängel in der Personalpolitik dadurch zu heilen, daß eine unserer Verwaltungstradition nicht entsprechende Sonderlaufbahn eingeführt würde. Eine Aufteilung des höheren Dienstes in zwei Gruppen hätte schließlich zur Folge, daß diejenigen Beamten, die nicht in die Gruppe der leitenden Verwaltungsbeamten aufgenommen sind, zu einem frühen Zeitpunkt voraussehen könnten, daß ihre Beförderungsmöglichkeiten weitgehend beschränkt sind. Mangelndes Interesse an den Dienstgeschäften könnte hiervon die Folge sein, zumal auch ein noch so objektives Prüfungsverfahren als ungerecht empfunden werden könnte.

Wenn man die Einführung einer Sonderlaufbahn für leitende höhere Verwaltungsbeamte in Deutschland ernsthaft diskutiert, dann muß man mit Nachdruck darauf hinweisen, daß sich diese auf der Grundlage eines weitgehend zentralstaatlichen Verwaltungssystems in Frankreich und Spanien entwickelt hat. Diese Sonderausbildung hätte sich in Deutschland nicht nur auf die Beamten des Bundes und der Länder, sondern auch auf die der verschiedensten öffentlich-rechtlichen Körperschaften zu erstrecken. Diese hätten andererseits ein legitimes Interesse daran, an dem Auslese- und Prüfungsverfahren beteiligt zu sein, eine Forderung, die kaum verwirklicht werden könnte. Zwar bietet sich der Gedanke einer Gemeinschaftseinrichtung von Bund, Ländern und öffentlich-rechtlichen Körperschaften an. Diese müßte, um funktionsfähig zu sein, so viel Selbständigkeit besitzen, daß die zuvor erwähnten legitimen Interessen der Verwaltung nicht hinreichend berücksichtigt wären.

Wenn so nicht unbeachtliche Bedenken gegen eine *institutionalisierte* Sonderlaufbahn für Führungskräfte hergeleitet werden können, so schließt das nicht aus, daß besonders qualifizierten jüngeren Kräften im Rahmen des Laufbahnsystems eine erheblich schnellere Beförderung als dem Durchschnitt zuteil werden sollte. Hiermit würde der bei der Begründung der Sonderausbildung so wichtige Gesichtspunkt, daß Spitzenkräfte stärker an die Verwaltung gebunden werden müssen, berücksichtigt, und die Verwaltung käme ihrerseits in die Lage, leitende Dienstposten mit Beamten zu besetzen, die die erforderliche Vitalität haben und, da gleichzeitig neben den Leistungen auch die Zeitdauer der Verwaltungspraxis bei den Beförderungen zu berücksichtigen ist, über eine hinreichende Erfahrung verfügen. Auf besondere Fortbildungskurse oder -seminare für diese Beamten könnte nicht verzichtet werden. Derartige Veranstaltungen hätten zunächst der Fortbildung in den juristischen Disziplinen der Verwaltung, im Verwaltungs- und Staatsrecht, im Verwaltungsprozeß- und Organisationsrecht, im Recht des öffentlichen Dienstes usw. zu erfolgen. Ein besonderes Gewicht müßte auf die nichtjuristischen Probleme der Verwaltungslehre und der Verwaltungspolitik gelegt werden. Hierbei wären insbesondere Fragen der Verwaltungsleitung und Verwaltungsorganisation, der Verwaltungsaufgaben und deren Rangordnung, Probleme des Personalwesens und der menschlichen Beziehungen innerhalb der Verwaltungsbehörden und im Verhältnis der Verwaltungsbehörden zum Publikum zu behandeln. Ein besonderes Gewicht müßte darauf gelegt werden, daß die für Leitungsfunktionen vorgesehenen Beamten mit nationalen und supranationalen Problemen der Wirtschaft und den sozialen, kulturellen und politischen Tendenzen im In- und Ausland vertraut gemacht würden.

Die theoretische Ausbildung müßte sich — und insoweit ist auf die ENA, das Zentrum in Alcalá und die Einrichtung in Bologna zu verweisen — nicht unwesentlich von den klassischen Ausbildungsmethoden an wissenschaftlichen Hochschulen unterscheiden. Sie dürfte nicht nur wissenschaftlich fundiert sein, weil die Kandidaten vorher schon in der Praxis gestanden haben und in erster Linie interessiert sind, Verwaltungsprobleme zu diskutieren, die tatsächlich aktuell sind. Diese können den Teilnehmern nicht schulmäßig vorgestellt werden. Sie selbst sind an der Ausarbeitung zu beteiligen. Hinsichtlich der Vorbereitung in der Praxis — auf diese kann ebensowenig verzichtet werden — kann auf das Beispiel der ENA verwiesen werden, in der die Erkenntnis verwirklicht ist, daß ein jüngerer Beamter am ehesten dann in die Rolle eines Behördenchefs hineinwachsen kann, wenn er als persönlicher Referent oder als Assistent einen umfassenden Einblick in die spezifischen Überlegungen eines Behördenleiters erhalten hat.

So sind die Beispiele des Auslandes in beachtlichem Umfang geeignet, Anregungen für eine Fortbildung im Anschluß an die abgeschlossene juristische Ausbildung zu geben, ohne daß die Institution der Sonderlaufbahn für höhere Verwaltungsbeamte in leitender Stellung übernommen zu werden braucht.

## IV. Die anglo-amerikanischen Staaten

Die Zugehörigkeit Englands und der Vereinigten Staaten zu einem Rechtskreis hat dazu geführt, daß auch hinsichtlich des Verwaltungsrechts, einem noch jungen und stark in der Entwicklung stehenden

Rechtsgebiet, enge Verbindungen vorhanden sind[1]. Wäre der Einfluß der Juristen in der Verwaltung mit den Verhältnissen in Kontinentaleuropa zu vergleichen, so müßte das Ausbildungs- und Prüfungswesen gemeinsame Grundzüge aufweisen. Tatsächlich bestehen jedoch in den beiden Staaten als Folge eines historischen und politischen Prozesses beachtliche Unterschiede in der Auffassung des öffentlichen Dienstes. Typisch ist für die anglo-amerikanischen Staaten, daß das juristische Element während der Ausbildung nur eine untergeordnete Rolle im Vergleich zu den zuvor behandelten Ländern spielt.

Die anglo-amerikanischen Staaten sind deshalb besonders geeignet, Impulse für eine Reform der Ausbildung für den höheren Verwaltungsdienst zu geben, weil in beiden Staaten die Abkehr von persönlichen und politischen Gesichtspunkten bei der Einstellung dem Streben nach einer Auslese nach fachlicher und charakterlicher Eignung Platz gemacht hat[2] und beachtliche Anstrenungen gemacht werden, eine von der Verwaltungspraxis her orientierte Ausbildung durchzuführen. Daß hierbei — ausgehend von einer in etwa gleichen Zielsetzung — verschiedene Wege gegangen werden, macht den Vergleich noch interessanter.

## 1. England

### *a) Die Grundlagen des öffentlichen Dienstes*

Wenn die These, daß die Institution des öffentlichen Dienstes in erheblichem Umfang durch die politische, gesellschaftliche und wirtschaftliche Geschichte geprägt ist, eines weiteren Beweises bedarf, dann bietet England ein markantes Beispiel[3].

Im Gegensatz zu den kontinentaleuropäischen Staaten kann sich in England bis zum 19. Jahrhundert eine starke, von einem Berufsbeamtentum getragene Verwaltung nicht entwickeln. Bemühungen der Tudors, die Verwaltung nach französischem Vorbild zu reformieren, scheitern am Hochadel, dessen Macht sich mehr und mehr in das House of Commons verlagert, und der von dort aus seine Kräfte gegen das Königshaus konzentriert[4]. Die jeweils im House of Commons herrschende Partei führt durch den aus ihren Parlamentsmitgliedern gewählten Premier

---

[1] Vgl. Schwartz, An Introduction to American Administrative Law, New York 1958 (Ein Rechtsvergleich mit England).

[2] Kern, Politik und öffentlicher Dienst in USA und England, DÖV 1961, S. 496 ff.

[3] Einen kurzgefaßten Überblick über die geschichtliche Entwicklung gibt Kern, a. a. O.; vgl. auch Bridges, Portrait of a Profession, The Civil Service Tradition, Cambridge 1953.

[4] Bruck, Das Ausbildungsproblem des britischen Beamten in Verwaltung und Wirtschaft, Jena 1928, S. 67.

und die Minister die Regierungsgeschäfte. Soweit die Kabinettsmitglieder auf die Unterstützung von Mitarbeitern angewiesen sind, werden deren Stellen von der Parlamentsmehrheit eingerichtet und vergeben. Die Durchführung liegt in Händen des First Lord of the Treasury, der ebenfalls dem Adel angehört. In dem auf diese Weise stehenden Patronage-System besteht der im Parlament herrschende Adel darauf, daß die zu besetzenden Stellen mit seinen Angehörigen oder mit ihm ergebenen Bürgerlichen besetzt werden[5].

Die Schaffung eines modernen Berufsbeamtentums steht in engster Verbindung mit der wirtschaftlichen und sozialen Umschichtung, die zu Beginn des 19. Jahrhunderts in England einsetzt. Früher als auf dem europäischen Kontinent entwickelt sich in dieser Zeit in England ein mächtiger Handel und eine kräftige Industrie, die immer stärker und eindringlicher die Forderung nach einem ungehemmten Freihandel und nach Abbau jeglicher Staatswirtschaft erhebt. Die Parlamentsreform von 1832 gibt den Kräften des neuen Bürgertums, welches sich weitgehend aus Handel und Industrie zusammensetzt, die Möglichkeit, entsprechend ihrer sozialen Bedeutung im Parlament vertreten zu sein[6]. Hierdurch wird das Übergewicht des Adels im Parlament beseitigt. Die neue Mehrheit vertritt die Auffassung, daß der Umschwung vom Merkantilismus zum Liberalismus in einer Neuordnung des öffentlichen Dienstes zum Ausdruck kommen müsse. Nicht mehr Herkunft, sondern Fähigkeiten sollen für die Aufnahme in den Staatsdienst entscheidend sein. Diese sollen durch ein unabhängiges Gremium in Form des Konkurrenzexamens (open competition) festgestellt werden. Diese Pläne werden erst in die Praxis umgesetzt, als um die Jahrhundertwende bei einer parlamentarischen Untersuchung erhebliche Mißstände bei der Personalauslese der Ostindischen Kompagnie festgestellt werden. Auf Initiative Lord Maccaulay's wird dort 1853 ein neuer Einstellungsmodus eingeführt[7]. Nur noch Bewerber, die zwischen achtzehn und einundzwanzig Jahre alt sind, werden in den höheren Kolonialdienst eingestellt, wenn sie erfolgreich ein Wettbewerbsexamen abgelegt haben, das sich sehr eng an die Ausbildung an den klassischen Universitäten Oxford und Cambridge anlehnt. Dort wird mehr Wert darauf gelegt, daß der Kandidat in Einzelgebieten des sehr breit angelegten Bildungsstudiums über fundierte Kenntnisse verfügt, als daß ein mehr oberflächliches Vielwissen erreicht wird. Nach dem Examen findet eine zweijährige Probe- und Einführungszeit statt, in der die jungen Leute von erfahrenen Kolonialbeamten auf ihre zukünftigen Aufgaben vorbereitet werden.

---

[5] Bruck, a. a. O., S. 68.

[6] Bruck, a. a. O., S. 76.

[7] Bruck, a. a. O., S. 80, 81.

In engster Verbindung zu den Arbeiten von Maccaulay stehen die Bemühungen einer Kommission, die im Anschluß an den Krim-Krieg die Verhältnisse des Verwaltungsdienstes in England zu untersuchen hat. Der von Trevelyan und Northcote gemeinsam verfaßte Schlußbericht führt 1855 dazu, daß das Einstellungssystem der Ostindischen Kompagnie generell auf den Staatsdienst übertragen wird[8]. Die Prüfung erfolgt vor der sogenannten Civil Service Commission, einer von Parlament und Verwaltung unabhängigen Prüfungsbehörde. Sie erhält 1869 ein besonderes Gewicht dadurch, daß nur die von ihr geprüften Kandidaten Anspruch auf Pension haben. 1870 wird jede andere Möglichkeit der Einstellung ausgeschlossen. Ähnlich wie beim Kolonialdienst ist der Prüfungsstoff für den höheren Verwaltungsdienst eng an den Lehrplan der beiden großen Universitäten, die die Erziehung zum „gentleman" als ihre wesentliche Aufgabe ansehen, angelehnt[9].

Wenn heute, nachdem insbesondere die neu entstandenen Universitäten in erster Linie auf eine Berufsausbildung abstellen, an diesem System festgehalten wird, dann hat das neben den im Beamtenrecht so überaus wichtigen traditionellen Faktoren auch andere Gründe.

Die Angehörigen der Administrative Class, der höchsten Kategorie der Verwaltungsbeamten, sollen bewußt keine Fachbildung erhalten, weil nach englichser Auffassung Verwaltungstätigkeit in erster Linie Eignungen voraussetzt, die unter den Begriff der Persönlichkeit fallen. Man denkt dabei z. B. an die Fähigkeit, logisch klar zu denken und zu schreiben, eine dezidierte Urteilsfähigkeit und die persönliche Gabe und Bereitschaft, reibungslos mit anderen zusammenzuarbeiten[10]. Diesem Ziel, einen Mann von Welt (gentleman) mit guter Allgemeinbildung, einem offenen, vorurteilslosen Charakter und einem ausgezeichnet durchtrainierten, scharfen Geist heranzubilden, kommt die klassische englische Universitätsausbildung dadurch in besonderem Maße entgegen, weil sie relativ wenige Fächer aus dem Bereich der „liberal arts", z. B. der Geschichte, der Philosophie und der Naturwissenschaften sehr fundiert behandelt, um dem Studenten die Möglichkeit zu geben, Einzelprobleme eingehend zu diskutieren.

Diese Auffassung ist für die kontinentaleuropäischen Verhältnisse ungewöhnlich, weil sie auf jede fachliche Vorbildung verzichtet. Sie ist nur verständlich aus der besonderen Stellung der Administrative Class.

---

[8] Kern, a. a. O., S. 500.

[9] Vgl. Morstein Marx, a. a. O., S. 138, 139; Laupold, Auswahl und Anstellung der Beamten in England, Leipzig, 1933, S. 10.

[10] Bruck, a. a. O., unter Bezugnahme auf Beveridge.

Diese umfaßt etwa 3000 Beamte[11], deren wesentliche Funktionen darin bestehen, die Minister zu beraten, Richtlinien für die allgemeine Politik festzulegen, Parlamentsvorlagen auszuarbeiten und die Tätigkeit der Ministerien untereinander zu koordinieren[12]. Insbesondere müssen die leitenden Verwaltungsbeamten dann ihren Fachminister unterstützen, wenn dieser auf Grund einer parlamentarischen Anfrage gezwungen wird, innerhalb kürzester Frist (normalerweise innerhalb von drei Tagen) den Abgeordneten eine erschöpfende Auskunft in einer Einzelfrage zu geben. Da das Interpellationsrecht in weitem Umfang den gerichtlichen Rechtsschutz gegenüber der Verwaltung ergänzt, kommt dem höheren Verwaltungsdienst insoweit eine besondere Bedeutung zu[13]. Bei der Bearbeitung von Interpellationen hat der höhere Verwaltungsbeamte zu entscheiden, ob und in welchem Umfang er zur Entscheidung von Einzelfragen Fachleute heranzuziehen hat. Der englische öffentliche Dienst verfügt nämlich über eine große Zahl von „professional civil servants", wissenschaftliche und technische Experten[14]. Als Beispiele sollen Medizinalbeamte, Techniker der verschiedensten Fachrichtungen, Nationalökonomen und Statistiker genannt werden. Daneben sind in beachtlichem Umfang Juristen in der Verwaltung tätig, die meist nach erfolgreicher Berufstätigkeit in der Anwaltschaft in den Staatsdienst berufen werden. Hinsichtlich ihres Prestiges haben sie eine den Angehörigen der Administrative Class entsprechende Rangstellung. Aber ähnlich wie die anderen Experten üben sie nur eine beratende und keine unmittelbar verwaltende Tätigkeit aus[15].

### *b) Die Einstellungsprüfungen für die Administrative Class*

Die freien Stellen der Administrative Class — etwa siebzig im Jahr — werden nach zwei verschiedenen Methoden besetzt.

Die Prüfungen nach der sogenannten Methode I gehen auf Empfehlungen des in der Zeit des Ersten Weltkrieges vom Schatzamt unter dem Vorsitz von Sir Stanley Leathes eingesetzten Untersuchungsausschusses

---

[11] Der öffentliche Dienst in Großbritannien (Reisebericht), herausgegeben von der Deutschen Gesellschaft für Personalwesen, Nürnberg 1952, S. 10; Chester, Die gegenwärtige Lage der Verwaltung, die Entwicklung der Beamtenausbildung und der Stand der Verwaltungswissenschaftlichen Forschung in Großbritannien, VerwArch. Bd. 48, S. 291 ff., 304 gibt die Zahl für 1957 mit 2750 an.

[12] El „Home Civil Service" del Reino Unido, su estructura y su perfeccionamiento, in Coloquio, a. a. O., S. 235 ff., S. 236; Morrison, Regierung und Parlament in England, München 1956, S. 400.

[13] Chester, a. a. O., S. 292, 293.

[14] Roach, Der deutsche öffentliche Dienst im westeuropäischen Rahmen, Frankfurt 1951, S. 53 ff.

[15] Friedrich, Beamtenauslese in den Vereinigten Staaten und Großbritannien, Marburg 1952.

zurück[16]. Nach dieser Methode werden etwa zwei Drittel bis drei Viertel der freien Stellen besetzt.

Diese Prüfung besteht aus drei Abschnitten[17, 18]. Der erste Teil umfaßt drei schriftliche Arbeiten in Aufsatzform über Themen allgemeiner Art[19]. Vorwiegend sind die Themen der Geschichte und dem aktuellen Zeitgeschehen entnommen. Für jede Arbeit können dem Kandidaten im Höchstfall hundert Punkte zugeteilt werden. In einem zweiten Teil der schriftlichen Prüfung steht es dem Kandidaten frei, sich aus siebzig bis achtzig Wahlfächern Themen zur schriftlichen Bearbeitung geben zu lassen. Der Kreis der Wahlfächer ist sehr weit gespannt. Er reicht vom römischen Recht über russische Literatur und Nationalökonomie bis zur Geologie. In den Prüfungsfächern, in denen die besonderen Interessengebiete der Kandidaten liegen, können bis zu siebenhundert der bis zu insgesamt dreizehnhundert möglichen Punkte erworben werden. Die noch verbleibenden sechshundert Punkte sind die Höchstpunktzahl für den mündlichen Teil der Prüfung, zu der nur die in der schriftlichen Prüfung erfolgreichen Teilnehmer zugelassen werden[20]. Er besteht aus dem sogenannten Interview vor den Mitgliedern des „Final Selection Board" der „Civil Service Commission". Die mündliche Prüfung soll der Feststellung von Persönlichkeitswerten und Charaktereigenschaften dienen. Das fünfzehn- bis zwanzigminutige Interview (pro Kandidat) ist deshalb von besonderem Wert, weil sehr eingehende Berichte der College- und Universitätslehrer über den einzelnen vorliegen[21].

Der Umstand, daß bei der Methode I die persönlichen und charakterlichen Eigenschaften des Kandidaten nur in geringem Umfang berücksichtigt werden, ist mit ein Grund dafür, daß nach dem Zweiten Weltkrieg die Methode II zusätzlich eingeführt wird. Eine derartige Reform wurde schon vor und zu Beginn des Zweiten Weltkrieges für erforderlich gehalten. Die Personalsituation des öffentlichen Dienstes nach 1945 gibt den Reformbestrebungen neue Impulse. Während des Krieges werden in England keine Einstellungsprüfungen durchgeführt und alle Ernennungen befristet vorgenommen. Prüfungen nach der klassischen Einstellungsmethode wären erst dann wieder möglich gewesen, nachdem der Universitätsjahrgang 1945 seine Studien unter normalen Bedingun-

---

16 Leathes Committee, 1916—1917, Cmd. 8657.

17 Report of his Majesty Civil Service Commission for the Period 1st January 1941 to 31th March 1949, 84. Report, London 1950, S. 7.

18 Nottage, La Formacion de Funcionarios en el Royal Institute of Public Administration de Londres, in Coloquio, S. 119 ff., 126.

19 Chester, a. a. O., S. 306.

20 Zum Punktesystem vgl. Finer, Theory and Practice of Modern Government, New York 1949, S. 780 ff.

21 Sog. „external evidence".

gen hätte durchführen können. Deshalb werden Prüfungen nach der Methode II in Anlehung an die Offiziersprüfungen, bei denen erstmals in England in gewissem Umfang Tests angewandt worden sind, durchgeführt[22].

Im Gegensatz zu der Methode I wird auf eine Universitätsabschlußprüfung verzichtet[23]. Um wenig qualifizierte Bewerber auszuschalten, muß dem Prüfungsverfahren eine Vorprüfung vorgeschaltet werden, die normalerweise dazu führt, daß ca. 60 Prozent der Bewerber ausscheiden. Sie ist ein schriftliches Examen, welches regelmäßig einmal im Jahr an verschiedenen Orten durchgeführt wird. Das „written qualifying examination" umfaßt je einen Aufsatz über ein allgemeines Thema aus dem Zeitgeschehen, eine arithmetische Aufgabe und ein Thema, das zur Feststellung des Intelligenzgrades des Prüflings dient. Die eigentliche Einstellungsprüfung dauert vier Tage und ist im wesentlichen mündlich[24].

Da der „Final Selection Board" der Civil Service Commission, der die Interviews bei der Methode I abnimmt, überlastet ist, wird innerhalb der Civil Service Commission mit dem „Civil Service Selection Board" (CISSB) ein neues Prüfungsgremium geschaffen. Es besteht aus zehn Prüfern, die jeweils in Dreiergruppen eine Zahl von sieben bis acht Kandidaten examinieren. Jede Dreiergruppe besteht hierbei aus einem Vorsitzenden — meist ein hochqualifizierter Beamter der Administrative Class —, einem Universitätsprofessor und einem Psychologen[25].

Bei der von der CISSB durchgeführten Einstellungsprüfung werden die von den Kandidaten eingereichten schriftlichen Unterlagen und die von der Prüfungskommission angeforderten Berichte seiner Lehrer und früheren Vorgesetzten begutachtet[26]. Nach diesem sogenannten „external evidence" schließt sich die eigentliche Prüfung an, bei der der Kandidat Intelligenz- und sogenannten Projektionstests unterzogen wird. Hierbei ist es Ziel der „intelligence tests", die Fähigkeit des Kandidaten, schwierige Tatbestände zu analysieren, korrekte Schlußfolgerungen zu ziehen und durch Vernunftsgründe zu überzeugen, festzustellen. Die „projections tests" sollen dazu dienen, besondere Interessen, die Geisteshaltung, das Temperament und die Charaktereigenschaften des Kandidaten offenzulegen[27].

---

[22] 84th CSC-Report, a. a. O., S. 7.

[23] Friedrich, a. a. O., S. 93.

[24] Memorandum by the Civil Service Commission in the Use of the Civil Service Selection Board (CISSB-Memo), London 1951, S. 4.

[25] CISSB-Memo, a. a. O., S. 6.

[26] CISSB-Memo, a. a. O., S. 10 ff.

[27] CISSB-Memo, a. a. O., S. 14 ff.

Ein besonderes Gewicht kommt bei der Bewertung der persönlichen Qualitäten des Kandidaten den Tests zu, bei denen er daraufhin überprüft wird, ob er in der Lage ist, Verwaltungsaufgaben höherer Art unter einem gewissen Zeitdruck zu lösen. Dabei kommt es wesentlich darauf an, die der Verwaltungsentscheidung zugrunde liegenden Tatsachen und die sie beeinflussenden Faktoren (z. B. die öffentliche Meinung) richtig einzuschätzen und abzuwägen. Diese „analogue exercises" werden durch eine Gruppendiskussion über ein allgemeines Thema eingeleitet. Sie soll dazu dienen, die Kandidaten miteinander vertraut zu machen. Sodann schließt sich eine teils schriftliche, teils mündliche Prüfung an, in der Verwaltungsaufgaben gewissermaßen im Modell zu lösen sind[28]. Sehr beliebt sind hierbei die sogenannten „Insel-Aufgaben". Den Kandidaten wird ein kurzgefaßter Überblick über die Verhältnisse auf einer gedachten Insel gegeben, die sie in der kurzen Zeit von etwa eineinhalb Stunden zu studieren haben. Sodann werden ihnen bestimmte einzelne Verwaltungsprobleme als Prüfungsfragen gestellt. Sie haben diese in Form eines Kurzreferats zu lösen. Jeder Bewerber hat einmal den Vorsitz in der Diskussionsgruppe zu übernehmen. Dadurch können die Kandidaten während der Prüfung zwei Fähigkeiten zeigen, die für einen höheren Verwaltungsbeamten gleichermaßen wichtig sind. Die Bewerber können unter Beweis stellen, daß sie in der Lage sind, fruchtbare Ideen zu entwickeln und diese mit den Vorstellungen anderer Gruppenmitglieder zu koordinieren. Weiterhin können sie demonstrieren, daß sie eine Gruppe leiten, sie in ihrer Arbeit anregen, die Diskussion in die richtige Bahn lenken und aus ihr Nutzen ziehen können[29].

Am Ende der Prüfung vor der CISSB steht das auch bei der Prüfung nach der Methode I übliche Interview. Bestimmte Richtlinien hinsichtlich der Einzelfragen sind ebensowenig vorhanden wie ein Punkteschlüssel. Um einen Beurteilungsmaßstab zu haben, ist man vielmehr dazu übergegangen, die persönlichen Anlagen zu ermitteln, die weit überdurchschnittliche Angehörige der Administrative Class auszeichnen. Bei dem sog. Interview soll festgestellt werden, ob der Kandidat sich klar und überzeugend ausdrücken kann, ob er den Mut hat, zu seiner Auffassung zu stehen, ohne unbeweglich und neuen Gedanken gegenüber unzugänglich zu sein, und ob es sich nach Alter und Stellung um eine Persönlichkeit von einem gewissen Format handelt, dessen Urteil von anderen respektiert wird und der Neigung zu verantwortungsvoller Tätigkeit und Zielstrebigkeit zeigt, ohne daß sein Ehrgeiz über die vernünftigen Anforderungen des öffentlichen Dienstes hinausgeht[30].

---

[28] CISSB-Memo, a. a. O., S. 16 ff.

[29] Friedrich, a. a. O. (unter Bezugnahme auf CISSB-Memo) S. 19 ff.

[30] CISSB-Memo, S. 21.

Im Anschluß an das gesamte durch den CISSB durchgeführte Prüfungsverfahren werden die besten Kandidaten ähnlich wie bei der Prüfung nach der Methode I einem Interview durch den „Final Selection Board“ der Civil Service Commission unterzogen, der endgültig die Entscheidung über die Einstellung zu treffen hat[31].

Freie Stellen für die Angehörigen der „professional group“[31a] werden ausgeschrieben. Die Prüfungen werden ebenfalls weitgehend nach dem Wettbewerbssystem durchgeführt. Im Gegensatz zu den Prüfungen für die Administrative Class wird hier ein besonderes Gewicht auf ein fundiertes Fachwissen und auf praktische Erfahrung in einem bestimmten Fachgebiet gelegt. Die Angehörigen des „Legal Service“, die Justitiare der Verwaltung, müssen als Rechtsanwälte in England zugelassen sein, drei bis vier Jahre praktiziert haben und zwischen 26 und 35 Jahren alt sein. Erscheint ein Bewerber auf Grund der von ihm eingereichten Unterlagen — naturgemäß kommt hier den Universitätsabschlußprüfungen und den Zeugnissen über die bisherige Tätigkeit ein besonderes Gewicht zu — geeignet, dann hat er sich einer Prüfung vor einem innerhalb der Civil Service Commission bestehenden Selection Board zu unterziehen, der in erster Linie die fachliche Eignung des Kandidaten überprüft, zudem aber auch zu ermitteln sucht, ob dieser auf Grund seiner persönlichen Qualitäten für eine Tätigkeit in der öffentlichen Verwaltung geeignet ist.

### c) *Ausbildung und Fortbildung der Angehörigen der Administrative Class*

Da die Angehörigen der Administrative Class im wesentlichen nach Intelligenz und allgemeiner Befähigung eingestellt werden, kommt der fachlichen Ausbildung nach der Einstellung besonderes Gewicht zu.

Die neu eingestellten Anwärter werden zunächst als „Assistant Principals“ für einen Zeitraum von zwei Jahren als Probebeamte beschäftigt. Da sie schon bei der Einstellung für den Dienst in einem bestimmten Ministerium vorgesehen werden, werden sie zunächst in speziellen Lehrgängen von drei Tagen bis einer Woche in die Verhältnisse des betreffenden Ministeriums eingeführt[32]. Hierbei sollen sie mit den Zuständigkeiten des Ministeriums, seinem Verhältnis zum Parlament und anderen Ministerien und Organisations- und Geschäftsverteilungsfragen vertraut gemacht werden. Es entspricht ständiger Übung, den „Assistant Principal“ einige Monate in der Personal- und Haushaltsabteilung des

[31] Friedrich, a. a. O., S. 100.
[31a] Vgl. S. 131 oben.
[32] Bailey, a. a. O., S. 242.

Ministeriums einzusetzen, weil eine informatorische Tätigkeit in diesen Abteilungen die beste Gewähr dafür bietet, Zuständigkeiten und Arbeitsmethode in der Praxis kennenzulernen. Nach einigen Monaten praktischer Ausbildung werden die jungen Beamten, gleichgültig, ob sie nach der Methode I oder II eingestellt wurden und in welchem Ministerium sie tätig sind, zu einem vom Schatzamt veranstalteten Lehrgang zusammengerufen[33]. An diesem nehmen auch Angehörige der „professional group", deren Tätigkeit einen genauen Einblick in typische Verwaltungsfragen verlangt, teil. Ziel der Kurse ist es, den Probebeamten Zuständigkeiten, Arbeitsweise und Besonderheiten aller Ministerien eingehend vor Augen zu führen. Dadurch und durch den bei dieser Gelegenheit entstehenden persönlichen Kontakt soll auch die spätere interministerielle Zusammenarbeit erleichtert werden. Angehörige der Administrative Class in den höchsten Rangstufen und Politiker, Staatssekretäre und Minister halten Referate über Fachfragen. Dem Nachwuchs wird hinreichend Gelegenheit zur Diskussion gegeben. Das Programm wird durch Vorträge von Persönlichkeiten aus dem kulturellen und wirtschaftlichen Leben aufgelockert. Daneben werden meist bis zu zwanzig Teilnehmer eines Kurses in Arbeitsgruppen aufgeteilt, in denen sie nach einem vom Schatzamt aufgestellten Plan aktuelle Verwaltungsprobleme zu besprechen haben. Hierbei ist jeweils ein mit der Materie besonders vertrauter leitender Beamter anwesend, der grundsätzlich jedoch nur dann in die Diskussion eingreift, wenn sie von falschen tatsächlichen Voraussetzungen ausgeht. Im übrigen wechseln sich in der Diskussionsleitung die einzelnen Probebeamten ab[34].

Während des weiteren Vorbereitungsdienstes in der Praxis werden die bei einem Ministerium ausgebildeten „Assistant Principals" regelmäßig zu gemeinsamen Gesprächen zusammengefaßt, die mit den Referendararbeitsgemeinschaften in Deutschland zu vergleichen sind. Bei der praktischen Ausbildung, sie sich an den theoretischen Vorbereitungskurs anschließt, werden sie in den einzelnen Abteilungen des Ministeriums eingesetzt, dergestalt, daß sie dem Abteilungsleiter unmittelbar zugeordnet werden, um die spezifische Denk- und Arbeitsweise der „Administrative Class" aus erster Hand kennenzulernen. Für kurze Zeitabschnitte bekleiden sie daneben auch die Funktionen von Angehörigen der „Executive Class" und „Clerical Class", um mit den Problemen des mittleren und gehobenen Verwaltungsdienstes vertraut zu werden. Nach Möglichkeit sollen sie auch in den Außenstellen der Ministerien eingesetzt werden, um Erfahrung in der bevölkerungsnahen Verwaltung zu sammeln[35].

---

[33] Bailey, a. a. O., S. 241.

[34] Bailey, a. a. O., S. 242.

[35] Bailey, a. a. O., S. 243.

Während früher die Anstellung nach der „probation period" in den Händen des Behördenvorstandes lag und als Formsache angesehen wurde, wird sie seit 1949 aufgrund eines Gutachtens durch eine besondere Prüfungskommission durchgeführt, dem „Central Probation Board". Er setzt sich aus dem Leiter der „Civil Service Commission" und drei „Heads of Departments", den ständigen leitenden Beamten eines Ministeriums, zusammen. Dieses Gremium prüft die Berichte über die Leistungen der „probationers" vor der Anstellung auf Lebenszeit und schlägt eine Verlängerung der Probezeit oder in Ausnahmefällen sogar die Entlassung vor, wenn die Leistungen nicht genügen[36].

Neben einer Reform des Prüfungswesens hat man in England nach dem Zweiten Weltkrieg der Fortbildung der Angehörigen der Administrative Class besondere Beachtung gewidmet. Zu den Kursen, die in dem 1946 gegründeten Administrative Staff College in Henley-on-Thames abgehalten werden und jeweils drei Monate dauern, werden neben Angehörigen der Lokalverwaltungen und der „professional group" ständig einige Angehörige der Administrative Class abgeordnet, um ihnen Gelegenheit zu geben, sich mit modernen Erkenntnissen der verwaltungswissenschaftlichen Forschung vertraut zu machen[37]. Unter dem Gesichtspunkt der Fortbildung ist auch die bei Angehörigen der Administrative Class typische Übung zu verstehen, nicht nur innerhalb eines Ministeriums in den verschiedensten Abteilungen tätig zu sein, sondern auch zuweilen von einem Ministerium in ein anderes überzuwechseln.

## 2. Die Vereinigten Staaten von Nordamerika

### *a) Die Grundlagen des öffentlichen Dienstes in den USA*

Viel später als in England wird in den Vereinigten Staaten der Versuch unternommen, ein Berufsbeamtentum aufzubauen[38]. Erst heute jedoch ist in einzelnen Verwaltungen, insbesondere in den Verwaltungen des Bundes das sogenannte Merit-System verwirklicht, dessen wesentliches Merkmal es ist, die in fachlicher und persönlicher Hinsicht am besten für die Dienstposten in der Verwaltung geeigneten Personen unabhängig von politischen Prämissen zu berufen und sie möglichst auf Lebenszeit an die Verwaltung zu binden. Kennzeichnend für diese Ent-

---

[36] Vgl. Morrison, a. a. O., S. 430 zu der Frage, inwieweit es möglich ist, Beamte zu entlassen.

[37] Nottage, a. a. O., S. 121 ff.

[38] Zur Geschichte des Beamtentums in den USA vgl. Riper, History of the United States Civil Service, Evanstone Ill. 1958; vgl. auch Kern, a. a. O., Vor allem: Morstein Marx, Amerikanische Verwaltung, Berlin 1963.

wicklung ist ein politischer Kampf, der über ein Jahrhundert gedauert hat und in einzelnen Staaten und in Lokalverwaltungen, denen die „jurisdiction“ darüber zusteht, welche Auswahlmethoden sie für die Angehörigen des öffentlichen Dienstes treffen wollen, noch keinesfalls abgeschlossen ist.

Während der Kolonialzeit führt das englische Patronage-System dazu, daß auf dem amerikanischen Kontinent öffentliche Ämter an Angehörige privilegierter Kreise vergeben werden[39]. Mit der Revolution setzt sich gewissermaßen als Gegenbewegung die Forderung durch, daß die Beamten vom Volk gewählt sein müssen. Dieser Gedanke verbindet sich mit der Vorstellung, daß die „rotation in office“ das beste Mittel sei, um Eingriffe des Staates in die Freiheitssphäre des einzelnen Bürgers zu verhindern, zum sogenannten „Spoils-System“[40]. In diesem werden alle öffentlichen Ämter als „spoils“, als Beute der siegreichen Partei, angesehen. Obwohl Washington und seine Nachfolger für den Bundesdienst auf Kenntnisse und Fähigkeiten der Bewerber um ein öffentliches Amt besonderes Gewicht legen, Voraussetzungen, die bei den führenden Familien des Grundbesitzes und der vornehmen Kaufmannschaft, die in den ersten Jahren nach der Unabhängigkeit das politische Geschehen in der jungen Demokratie bestimmen, vorhanden sind, setzt sich auch hier später das „Spoils-System“ durch. Das geschieht, nachdem mit dem Amtsantritt des Präsidenten Jackson im Jahre 1829 die Forderung Jeffersons nach einer „due participation of each party“ dahin umgedeutet wird, daß allein die Mehrheitspartei Vorteile ziehen müsse. Für Jackson ist diese Forderung eine Notwendigkeit, weil er sein politisches Programm auf die breiten Wählermassen aufbaut. Diese verlangen später, für ihre politische Aktivität belohnt zu werden. Eine derartige „Demokratisierung“ der Verwaltung setzt voraus, daß der Pflichtenkreis aller öffentlichen Bediensteten so klar und einfach umschrieben sein muß, daß Männer mit Verstand und Einsicht zur Ausfüllung einer Beamtenstellung in der Lage sind[41].

Die Problematik des „Spoil-Systems“ zeigt sich, als in den fünfziger Jahren des neunzehnten Jahrhunderts Verwaltungseinrichtungen geschaffen werden, deren Aufgabe es ist, für die Sicherheit der Eisenbahn und der Dampfschiffahrt zu sorgen[42]. Gleichzeitig wird offensichtlich, daß bei gewissen Privatbetrieben mit Monopolcharakter im Interesse der Gesamtheit der Bevölkerung eine Einflußnahme des Staates erfolgen

---

[39] Friedrich, a. a. O., S. 5.

[40] Mosher and Kingsley, Public Personnel Administration, New York 1950, S. 16 ff.

[41] White, Introduction to the Study of Public Administration, New York 1955.

[42] Cushman, The Independant Regulatory Commissions, New York 1941, S. 37.

muß[43]. Mit dem von Jahr zu Jahr immer unsachgemäßer arbeitenden Beamtentum, welches zudem von den Parteien gezwungen wird, einen Teil des Gehaltes zur Finanzierung des Parteiapparates abzuführen, können nach der Auffassung der öffentlichen Meinung die neuen Verwaltungsaufgaben nicht mehr durchgeführt werden[44]. Deshalb wird im Jahre 1879 die „National Civil Service Reform League" gegründet, die mit einer umfassenden Aufklärungsaktion auf die Mißstände des „Spoil-Systems" hinweist. Als schließlich 1881 der Präsident Garfields durch einen enttäuschten Ämtersucher ermordet wird, finden die Reformbestrebungen im Kongreß Widerhall. 1883 wird — die Entwicklung in England hat dabei einen gewissen Einfluß — ein Personalgesetz (Pendelton Act) erlassen. Mit diesem wird die Möglichkeit geschaffen, die Besetzung der öffentlichen Ämter weitgehend unabhängig von den politischen Parteien zu gestalten. Etwa die Hälfte der Einzelstaaten, vor allem die nach wirtschaftlicher und politischer Bedeutung wichtigsten, und die Mehrzahl der Städte haben dieses System übernommen, so daß heute allenfalls noch ein Viertel aller Beamten in den Vereinigten Staaten nach dem „Beute-System" berufen sein dürfte[45].

Die Neuorientierung des öffentlichen Dienstrechts zeichnet sich auf dem Gebiet des Ausbildungs- und Prüfungswesens dadurch aus, daß Wettbewerbsexamen (competitive examinations) für alle Ämter des sogenannten classified service eingeführt werden. Welche Stellen im Bundesdienst hierhergehören, wird vom Präsidenten bestimmt, der dadurch die Möglichkeit erhält, einzelne Ämter vom System der Wettbewerbsprüfungen auszuschließen (exempt positions) und sie somit weiterhin der Besetzung durch die herrschende Partei zu überlassen[46]. Auf die Ämter, die nach der Verfassung nur mit Zustimmung des Senats besetzt werden können, bezieht sich der Pendelton Act nicht.

Nach englischem Vorbild wird mit der Civil Service Commission[47] für den Bundesdienst eine unabhängige Prüfungskommission geschaffen, deren Mitglieder jeweils vom Präsidenten mit Zustimmung des Senats ernannt werden. Sie hat die im Gesetz festgelegten Grundsätze in die Praxis umzusetzen und Wettbewerbsexamen durchzuführen. Im Gegensatz zu England, wo bei der Einstellung darauf geachtet wird, Persönlichkeiten mit hervorragenden Anlagen für den Verwaltungsdienst zu finden, die durch eine sorgfältige Ausbildung zu umfassend verwend-

---

[43] Landis, The Administrative Process, New Haven 1938, S. 9.

[44] Friedrich, a. a. O., S. 10, 11.

[45] Der öffentliche Dienst in den Vereinigten Staaten von Amerika (Reisebericht), herausgegeben von der Deutschen Gesellschaft für Personalwesen, Frankfurt 1950, S. 12.

[46] Friedrich, a. a. O., S. 12.

[47] Reisebericht, a. a. O., S. 48 ff.

baren Verwaltungsbeamten herangebildet werden, geht das Leistungsprinzip als Antithese zum „Spoils-System" davon aus, die Persönlichkeiten nach objektiven Maßstäben zu ermitteln. Sie sollen die Gewähr dafür bieten, daß sie eine im einzelnen genau bestimmte Verwaltungstätigkeit hervorragend ausüben.

Deshalb erweist es sich als notwendig, die Dienstposten der Verwaltung hinsichtlich ihrer Tätigkeitsmerkmale, ihrer Anforderungen und ihrer Verantwortlichkeit eingehend zu untersuchen und gegen verwandte Tätigkeiten abzugrenzen[48]. Diese Entwicklung wird begünstigt durch die in der Privatwirtschaft, die um die Jahrhundertwende in den Vereinigten Staaten einen ungeheuren Aufschwung nimmt, entstehende Auffassung vom „Scientific Management". Sie geht davon aus, daß die beste Ausnutzung der menschlichen Kapazität durch eine weitgehende Spezialisierung erfolge. Das Einstellungsverfahren, welches weitgehend auf Massentests aufbaut, wird zu einer überwiegend technischen Prozedur[49].

Die Neuordnung des öffentlichen Dienstes auf Grund des Pendelton Act ist insoweit erfolgreich, als in beachtlichem Umfang parteipolitische Einflüsse bei der Stellenbesetzung ausgeschaltet werden. Negativ wirkt sich die starke Spezialisierung aus, die auch in den höheren Positionen dazu führt, den Staatsdienst als „job" aufzufassen. Hierdurch kann sich ein mit den Verhältnissen Kontinentaleuropas vergleichbares Ethos des Berufsbeamtentums nicht herauskristallisieren, zumal die Beamten, die keine Beförderung im Rahmen einer Laufbahn und keine geregelte Altersversorgung zu erwarten haben, ohne weiteres bereit sind, eine besser dotierte Stelle im privaten Sektor zu übernehmen. Für die Verwaltung wirkt sich das negativ aus, weil sie dann auf die von den einzelnen Beamten gesammelten Erfahrungen und Spezialkenntnisse verzichten muß. Im Verlauf der Depression, die nicht nur auf wirtschaftlichem Gebiet zu gewaltigen Umwälzungen führt, sondern auch Staat und Gesellschaft in ein neues Verhältnis treten lassen[50], kommt es zur letzten Reform des Civil Service in den USA, mit der nach amerikanischer Auffassung der Übergang zum Berufsbeamtentum vollzogen wird. Bei dieser Reform wird die vorher in Wirtschaft und Verwaltung gleichermaßen geläufige Auffassung vom „Scientific Management" insoweit erweitert, als nicht nur auf die Kenntnisse, sondern auch auf die persönlichen Anlagen bei der Einstellung in den öffentlichen Dienst Rücksicht genommen wird. Dies hat Änderungen bei den Einstellungs-

48 Reisebericht, a. a. O., S. 23 ff. mit Beispielen in den Anlagen 6 a—12.

49 Friedrich, a. a. O., S. 16 ff.

50 Vgl. hierzu Morstein Marx, Gemeinwohl und Wirtschaftsfreiheit in den Vereinigten Staaten, VerwArch. Bd. 39, S. 63 ff.

prüfungen zur Folge. Es soll erreicht werden, daß Persönlichkeiten, die auf Grund ihrer Anlagen besonders für eine Tätigkeit im Staatsdienst geeignet sind, *auf die Dauer* für den Staatsdienst gewonnen werden. Deshalb wird versucht, durch eine Reihe von Neuerungen den öffentlichen Dienst attraktiver zu gestalten[51]. Bei den Beamtengehältern wird eine gleitende Lohnskala eingeführt, um das Gehalt den jeweiligen Lebenshaltungskosten anzupassen. Um die geleistete Arbeit richtig zu bewerten, haben die Vorgesetzten jährliche Dienstleistungsberichte (service ratings) anzufertigen, wobei ein einheitliches Fragebogensystem garantieren soll, daß die Einstufung von Leistungen und Fähigkeiten, Diensteifer und Entwicklungsmöglichkeiten weitgehend objektiv erfolgt[52]. Gleichzeitig werden unter Zugrundelegung der service ratings Beförderungsmöglichkeiten[53] und eine allgemeine Pensionsregelung und Altersversorgung[54] geschaffen und die Möglichkeiten der Versetzung neu geregelt.

Heute befinden sich dort, wo sich, wie beispielsweise im Bundesdienst, das „Government Career System“ durchgesetzt hat, in den dem „Professional Service“ angehörenden Dienstposten zwei verschiedene Beamtentypen: diejenigen, die nach dem „Civil Service System“ alter Art für bestimmte Stellen ausgewählt wurden, und die ständig wachsende Gruppe von jüngeren Kräften, die sich den Beamtenberuf zur Lebensaufgabe gemacht und die berechtigte Hoffnung haben, nicht nur im Gehalt, sondern auch im Sozialprestige, das heute in den USA nicht nur dem erfolgreichen Geschäftsmann, sondern auch dem Wissenschaftler, tüchtigen Beamten und Offizier zukommt, aufzusteigen.

### *b) Das vorbereitende Studium für den höheren Verwaltungsdienst*

Je nachdem, wie weit Bund, Einzelstaaten und Lokalverwaltungen in der Bildung eines Berufsbeamtentums fortgeschritten sind, muß das Studium für den Beamten, der eine mit dem höheren Verwaltungsdienst vergleichbare Tätigkeit ausübt, entwickelt sein. Da, wie oben ausgeführt wurde[55], die Entwicklung in verschiedenen Stadien angelangt ist, können hinsichtlich des Studiums keine einheitlichen Grundsätze aufgestellt werden.

Selbst wenn man vom Bundesdienst, in dem der Weg zum Berufsbeamtentum amerikanischer Prägung am weitesten fortgeschritten ist,

---

[51] Pfiffner, a. a. O., S. 310.

[52] Reisebericht, S. 39 ff. mit Beispiel eines Dienstleistungsberichts in der Anlage 17.

[53] Reisebericht, a. a. O., S. 21 ff.

[54] Reisebericht, a. a. O., S. 46 ff.

[55] Vgl. S. 139 oben.

ausgeht, so darf nicht etwa angenommen werden, daß eine einheitliche Vorbildung für alle mit dem höheren Verwaltungsdienst in Deutschland vergleichbaren Beamten besteht. Im Gegensatz zu England gibt es in den Vereinigten Staaten keine scharfe Trennung zwischen einem allgemeinen höheren Verwaltungsdienst und den „Spezialisten" mit abgeschlossenem Hochschulstudium. Der Classification Act von 1923, mit dem eine einheitliche Grundlage für die Dienstpostenbewertung geschaffen wurde, sieht als oberste von fünf Gruppen den sogenannten „professional and scientific service" vor, der die Stellen umfaßt, für die normalerweise nur Bewerber mit abgeschlossenem Studium in Frage kommen[56]. So ist es denkbar, daß die Stelle eines Behördenleiters in einer weitgehend technischen Verwaltung nur für Bewerber ausgeschrieben wird, die das betreffende technische Fachstudium absolviert haben. Darüber hinaus wird verlangt, daß er über Verwaltungserfahrung verfügt. Hierbei ist es gleichgültig, wo er diese gesammelt hat. So ist es zu verstehen, daß das akademische Vollstudium, das aus dem College-Studium von vier Semestern, welches sich an die Ausbildung an der High-School anschließt, und dem eigentlichen Fachstudium besteht, in erster Linie auf Fachdisziplinen zugeschnitten ist. Für denjenigen, der sich für eine spätere Tätigkeit im Staatsdienst interessiert, wird es als zweckmäßig angesehen, während des College-Studiums, welches den „Liberal-Arts" gewidmet ist, Nachdruck auf Social Sciences zu legen und sich so mit den wissenschaftlichen Grundlagen des Wirtschaftslebens und mit dem Verhältnis von Staat und Gesellschaft vertraut zu machen. Hierbei ist es wünschenswert, daß der Student auch in die Grundbegriffe der Statistik und des kaufmännischen Rechnens eingeführt wird[57].

Daneben ist eine Entwicklung in den Vereinigten Staaten zu erkennen, bei der das Studium der Public Administration sich als eigentliches Vorbereitungsstudium für den Verwaltungsdienst herauskristallisiert. Sie ist deshalb zu verstehen, weil durch die fortschreitende Besetzung mit Spezialisten und Experten es immer schwieriger wird, eine einheitliche Linie in die Verwaltungstätigkeit zu bringen. Deshalb wird die Forderung nach einem „Spezialisten im Allgemeinen" (general administrator) erhoben, der die Fähigkeit aufweist, die Argumente der Spezialisten zu verstehen, ihre Auffassungen zu koordinieren und einen entsprechenden Aktionsplan auszuarbeiten[58]. Hierbei richtet sich der Blick auf den

---

[56] Nach Friedrich, a. a. O., S. 34, vermeidet es das Gesetz gemäß der demokratischen Gleichheitsphilosophie, das Erfordernis eines Universitätsabschlußexamens hervorzuheben.

[57] Leiserson, The Study of Public Administration, in: Morstein Marx, Elements of Public Administration, Englewood Cliffs, N. J. 1959, S. 23 ff.

[58] Vgl. hierzu Morstein Marx, a. a. O., S. 137.

Typus des Verwaltungsbeamten der kontinental-europäischen Länder[59]. Im Zuge dieser Entwicklung ist es zu verstehen, daß seit 1939 jährlich eine Prüfung für „junior administrative technicians" abgehalten wird, bei der nur Kandidaten zugelassen werden, die über ein „bachelor of arts-degree" und über ein Studium der Verwaltungswissenschaft, welches nicht abgeschlossen zu sein braucht, verfügen[60]. Die Bewerber müssen nachweisen, daß sie 24 Semesterstunden Public Administration, politische Wissenschaften oder Wirtschaftswissenschaften gehört oder sich während des Studiums mit den Grundzügen der Verwaltungswissenschaft, mit Personalverwaltung, mit Organisationsproblemen, dem Kassen- und Rechnungswesen und mit dem Verwaltungs- und Verfassungsrecht beschäftigt haben. Das Studium der Verwaltungswissenschaft ist damit als vollwertige akademische Vorbereitung für eine leitende Tätigkeit in der Verwaltung anerkannt. Die Wissenschaft geht im Gegensatz zu kontinentaleuropäischen Vorstellungen nicht von der hoheitlichen Tätigkeit des Staates, sondern — und insoweit zeigt sich die Verbindung mit dem Wissenschaftszweig der Business Administration — von einer rationalen Betrachtungsweise aus[61].

Dadurch, daß die Public Administration (im weiteren Sinne) neben den obengenannten Disziplinen auch noch Psychologie, Sozialpsychologie, Anthropologie und Menschenführung („human engineering") einschließt, wird deutlich, daß es sich bei dieser auf die Praxis bezogenen Wissenschaft um eine Integrierung zahlreicher einzelner Wissenschaftsbereiche handelt. Aus der engen Beziehung zur Verwaltungspraxis ist die besondere Bedeutung der Forschungsinstitute, deren Gründung die Entwicklung der Verwaltungswissenschaft eigener Prägung in den Vereinigten Staaten vorbereitet haben und die auch heute noch als Katalysator zwischen Verwaltungswissenschaft und -praxis dienen, verständlich.

Bei der engen Verbindung von Wissenschaft und Praxis ist es nicht verwunderlich, daß zahlreiche Universitäten in das Studium der Public Administration sog. „internships" einbauen, eine praktische Verwaltungsausbildung bei Behörden, die Teil des Studiums ist[62].

### *c) Die Einstellungsprüfungen*

Noch uneinheitlicher als bei dem vorbereitenden Studium stellt sich das Bild bei den Einstellungsprüfungen[63] dar. Es ist erforderlich, zunächst

---

[59] Friedrich, a. a. O., S. 51, 52.

[60] Friedrich, a. a. O., S. 56 ff.

[61] Friedrich, a. a. O., S. 28.

[62] Friedrich, a. a. O., S. 29.

[63] Vgl. hierzu Kessler, Auswahl und Einstellung von Bewerbern im Bundesdienst der USA, DÖV 1957, S. 793.

einige Grundsätze der Prüfungspraxis in den Vereinigten Staaten herauszuarbeiten und sodann die Besonderheiten aufzuzeigen, die für die mit unserem höheren Dienst vergleichbaren Dienstposten gelten.

Alle Planstellen des öffentlichen Dienstes werden grundsätzlich in einem Ausleseverfahren besetzt, welches in mehrere Abschnitte gegliedert ist. Zunächst werden alle offenen Stellen ausgeschrieben[64]. Aufgrund der nach dem Classification Act erfolgten Eingruppierung[65] ist es möglich, die Tätigkeit, für die ein Bewerber gesucht wird, genau zu umschreiben. Es bewerben sich Personen, die noch nicht im öffentlichen Dienst tätig waren, jedoch glauben, aufgrund ihrer bisherigen Tätigkeit den Anforderungen zu genügen. Gleichzeitig kandidieren Männer und Frauen, die bisher eine ähnliche Funktion im öffentlichen Dienst ausgeübt haben, die niedriger qualifiziert ist. Für den ganzen Bundesdienst ist das Bewerbungsverfahren dadurch vereinheitlicht, daß gleiche Fragebogen verwandt werden[66].

Alle Bewerber, die aufgrund der schriftlich eingereichten Unterlagen den Forderungen der Ausschreibung entsprechen, nehmen sodann an einer öffentlichen Prüfung teil. Das Ergebnis der Prüfung wird in Auslesellisten (eligible lists) eingetragen. Die Leistungen der Bewerber in der Prüfung bestimmen die Reihenfolge der Eintragung. Teilweise haben die Verwaltungen bei der Einstellung die Möglichkeit, zwischen den ersten drei Bewerbern auszuwählen, teilweise sind sie auf den Bewerber, der die erste Rangstelle erreicht hat, beschränkt[67].

Diese Praxis setzt eine starke Differenzierung bei der Prüfung voraus, die sich nur mit einem mathematisch auszuwertenden Testverfahren erreichen läßt. Meist werden schriftliche Tests, mit denen die Intelligenz, die Allgemeinbildung und die für die Arbeit in dem betreffenden Dienstposten erforderlichen fachlichen Fähigkeiten festgestellt werden sollen, durchgeführt. Der äußeren Form nach werden Alternativtests, bei denen der Kandidat zu entscheiden hat, ob eine Behauptung richtig oder falsch ist (true-false tests) und Auswahltests (multiple choise tests), bei denen der Bewerber aus einer Reihe von Möglichkeiten die richtige auszuwählen hat, unterschieden.

Bei den Dienstposten, die die Beherrschung praktischer Fertigkeiten voraussetzen, beispielsweise bei Stenotypisten, technischen Zeichnern und Statistikern, werden diese in sog. „performance tests" festgestellt. Diese Tests, die der Aussonderung der Bewerber dienen, die nicht die ge-

---

[64] Beispiele für Ausschreibungen als Anlagen 2 a—c des Reiseberichts.

[65] Vgl. S. 142 oben.

[66] Anlagen 4 a und 4 b des Reiseberichts.

[67] Reisebericht S. 19.

forderten Fähigkeiten besitzen, spielen naturgemäß bei den Angehörigen des „scientific and professional service" eine untergeordnete Rolle. Es ist wichtiger, die Persönlichkeit des Bewerbers so zu durchleuchten, daß festgestellt werden kann, ob er sich für die Tätigkeit, für die er sich bewirbt, eignet[68]. Dabei geht man von der Voraussetzung aus, daß diejenigen Personen für einen bestimmten Beruf besonders geeignet sind, die in ihren Neigungen, in ihren Interessen und in ihrem Temperament den Personen ähnlich sind, die sich in der entsprechenden Dienstpostengruppe als erfolgreich erwiesen haben. Die Bewerber um eine leitende Stellung in der Verwaltung werden in erster Linie daraufhin überprüft, ob sie in der Lage sind, menschliche Beziehungen zu überschauen und Mitarbeiter zu leiten. Insoweit baut das Testverfahren auf den wissenschaftlichen Erkenntnissen auf, die in dem Teilbereich „social and human relations" der Public Administration gewonnen worden sind. Für derartige Fragen eignen sich die schriftlichen Tests nicht. Immer stärker setzt sich das Verfahren der „group oral tests" durch, bei dem eine Gruppe von Bewerbern über bestimmte, ihr von der Prüfungskommission gestellte Fragen diskutiert[69]. Am stärksten auf die Verwaltungspraxis abgestellt sind die sog. „administrative ability tests". Diese sind, wenn sie mündlich in Form des Einzel- oder Gruppeninterviews stattfinden, mit den analogen Aufgaben bei der Prüfung der Bewerber für die Administrative Class in England zu vergleichen. Denkbar ist es auch, Kenntnisse in allgemeinen Verwaltungsproblemen dadurch unter Beweis zu stellen, daß ein schriftlicher Auswahltest über Fragen der Personalplanung, der Organisation oder der menschlichen Beziehungen innerhalb der Verwaltung gestellt wird[70].

Die Tests werden nach einem vorher aufgestellten und bekanntgegebenen Schema zusammen mit den Universitäts- und Collegeabschlußexamen und der Berufserfahrung, die der Kandidat in der Wirtschaft oder in der Verwaltung gesammelt hat, ausgewertet. Nach der Anzahl der erworbenen Punkte werden die Kandidaten qualifiziert.

### *d) Ausbildung und Fortbildung*

In den Vereinigten Staaten ist eine systematische Berufsausbildung, die sich an das Studium anschließt und mit dem Vorbereitungsdienst in Deutschland zu vergleichen ist, unbekannt[71]. Wie die Ausgestaltung der Einstellungsprüfung erkennen läßt, erwartet man vielmehr von einem

---

[68] White, a. a. O., S. 357.

[69] Friedrich, a. a. O., S. 51.

[70] Friedrich, a. a. O., S. 53.

[71] Vgl. hierzu Kessler, Zur Fortbildung im Bundesdienst der USA, DÖV 1958, S. 49.

Bewerber, daß er die grundlegenden Kenntnisse für seine spätere Tätigkeit an anderer Stelle erworben hat. Anstelle einer Ausbildung in unserem Sinne tritt eine Einarbeitung in die Verwaltung. Ein gewisse Ausnahme gilt für die „junior administrative technicians". Sie werden nach der Einstellung Behörden- oder Abteilungsleitern als Assistenten zugeordnet, womit ein zweifaches Ziel verfolgt wird. Einmal sollen sie als wissenschaftlich vorgebildete junge Leute, die bei der Einstellungsprüfung ihre „administrative ability" unter Beweis gestellt haben, die leitenden Verwaltungsbeamten unterstützen. Gleichzeitig sollen mit den „jungen Verwaltungstechnikern" dadurch, daß sie einen unmittelbaren Eindruck von der Verwaltungsarbeit in leitenden Stellen (staff positions) erhalten, Persönlichkeiten herangebildet werden, die später in den leitenden Posten verwendet werden können[72].

Während so erst Ansätze einer Ausbildung festzustellen sind, werden auf dem Gebiet der Fortbildung beachtliche Anstrengungen unternommen. Sie sollen dazu dienen, die Leistungen der Beamten in ihrer gegenwärtigen Tätigkeit zu steigern und ihnen die Möglichkeit zu geben, sich mit Erfolg um Dienstposten, die höher dotiert sind, zu bewerben. Dadurch soll erreicht werden, daß die im öffentlichen Dienst erworbenen Fachkenntnisse für die Verwaltung nutzbar gemacht und nicht junge talentierte Beamte deshalb von der Privatwirtschaft abgeworben werden, weil ihnen dort bessere Aufstiegsmöglichkeiten offenstehen[73].

Fortbildungskurse werden einmal in den einzelnen Behörden während der Arbeitszeit veranstaltet. Die Teilnahme an diesem „in-service-training" ist freiwillig, jedoch legen die Verwaltungen Wert darauf, daß die Kurse von einer möglichst großen Zahl von Beamten besucht werden.

Für die Angehörigen der „scientific professional group", die mit dem höheren Dienst zu vergleichen ist, ist die sog. „post-entry-education", das postuniversitäre Studium an den Seminaren für die öffentliche Verwaltung, die an den verschiedenen amerikanischen Universitäten bestehen, von größerer Bedeutung als die innerhalb der Verwaltung abgehaltenen Fortbildungskurse. Spezialisten, die nach abgeschlossenen Fachstudien (z. B. Technik, Medizin, Rechtswissenschaften[74]) in die Verwaltung eintreten, haben so nach mehrjähriger Verwaltungspraxis die Möglichkeit, in einem meist zweisemestrigen Lehrgang Kenntnisse für höhere Verwaltungsfunktionen zu erwerben. Lehrgegenstände sind bei diesen Kursen Verwaltungswissenschaft im engeren Sinne, politische Wissenschaf-

[72] Friedrich, a. a. O., S. 53.

[73] Reisebericht, S. 30.

[74] Über die Stellung der Juristen in der Verwaltung vgl. Brown, Lawyers, Law Schools and the Public Service, New York 1948.

ten, Personalwesen, Psychologie und Soziologie[75]. Es hat den Anschein, daß die Beamten, die bereits in einem Fachstudium mit wissenschaftlichem Denken vertraut gemacht wurden, das verwaltungwissenschaftliche Studium mit Erfolg betreiben. Dieses ist seiner Natur nach praxisorientiert und kann auf den Problemen aufbauen, die den Bediensteten aus ihrer früheren Berufstätigkeit her geläufig sind.

### 3. Das Ausbildungs- und Prüfungswesen in England und in den Vereinigten Staaten und die geplante Neuordnung in Deutschland

In England wird die verwaltungsgerichtliche Kontrolle weitgehend durch die parlamentarische Interpellation, bei der es für die Verwaltung darauf ankommt, zu beweisen, daß sie zweckmäßig gehandelt hat, ersetzt. In England und in den Vereinigten Staaten sind Verwaltungsjuristen als Experten tätig, die dann einzutreten haben, wenn eine Frage rechtlich zweifelhaft ist. Deshalb kann dort der Gedanke einer Einheitsausbildung für den Beruf des Richters und für den des Verwaltungsbeamten nicht auftauchen.

Es stellen sich wegen der bewußten Eliminierung des Rechts aus der unmittelbaren Verwaltungstätigkeit Schwierigkeiten ein, wenn es darum geht, einen Teil der in den anglo-amerikanischen Staaten gefundenen Lösungen unmittelbar auf unser System zu übertragen.

Deshalb muß versucht werden, in größerem Umfang durch Einzelaspekte die Reformdiskussion zu beleben. Dabei erscheint es zweckmäßig, zwischen dem Studium und der Ausbildung einschließlich der Einstellungsprüfungen zu unterscheiden.

#### *a) Das Studium*

Das Studium an den klassischen englischen Universitäten, das der Bildung einer umfassenden Persönlichkeit dient, mag als vorbereitendes Studium für die Angehörigen der Administrative Class, die gewissermaßen zwischen den Politikern und den Bediensteten stehen, die Fachfragen zu lösen haben, dienen. In der rechtsgebundenen Verwaltung muß bei der Ausrichtung des Studiums den Fachfragen eine größere Bedeutung zukommen. Diese treten bei der klassischen kontinentaleuropäischen Verwaltung in einem erheblichen Umfang als Rechtsfragen auf. Deshalb ist in diesem Punkt die Lösung der Vereinigten Staaten, soweit überhaupt ein gewisser Trend in dem stark divergierenden Ausbildungs- und Prüfungswesen vorhanden ist, eher mit den Verhältnissen in Deutschland zu vergleichen. Das College-Studium dient dazu, die

[75] Reisebericht, a. a. O., S. 31.

allgemeinbildenden bzw. die allgemeinwissenschaftlichen Grundlagen für das spätere Fachstudium zu legen. Wenn dies auch teilweise darauf zurückzuführen ist, daß es im Gegensatz zu den Verhältnissen auf dem Kontinent keine höhere Schulbildung gibt und deshalb das College gewissermaßen das Bindeglied zwischen einer Art Mittelschulbildung und der eigentlichen Vorbildung auf den späteren Beruf an einer Universität bilden muß, so zeigt sich doch, daß diese Art von Studium Generale die Möglichkeit bietet, verwaltungswissenschaftliche Grundlagen zu vermitteln. Auch die kontinentaleuropäische rechtsstaatlich orientierte Universitätsausbildung kann auf die Dauer nicht auf eine verwaltungswissenschaftliche Schulung, die allerdings neben das juristische Studium treten muß, verzichten, ebenso wie es erforderlich ist, den späteren höheren Verwaltungsbeamten mit sozial- und wirtschaftswissenschaftlichen und wirtschaftspolitischen Fragen vertraut zu machen. Die Vereinigten Staaten weisen durch den Ausbau der Public Administration einen Weg in die Zukunft, wenn es auch kaum möglich sein dürfte, die dort gewonnenen Erkenntnisse unmittelbar zu übernehmen. Bei der Fragestellung der Public Administration stehen sehr stark Zweckmäßigkeitserwägungen im Vordergrund. Demgegenüber treten rechtliche Gesichtspunkte zurück.

In seiner Themenstellung ist das Studium der Public Administration in weiterem Sinne in der Lage, die persönlichen Qualitäten, die nach der Auffassung in England und in den Vereinigten Staaten zu den Wesensmerkmalen eines höheren Verwaltungsbeamten gehören und die deshalb wesentlich in den Prüfungen berücksichtigt werden, auszubauen und zu erweitern.

Neben dem bereits besprochenen Weg der Vermittlung verwaltungswissenschaftlicher Grundlagen während des Studiums ist der ältere, wohl am meisten verbreitete Weg in den Vereinigten Staaten der, das verwaltungswissenschaftliche Studium postuniversitär und nach einem mehrjährigen Einblick in die Praxis zu betreiben. In dem Fall der „junior administrative technicians“ zeigt sich, daß dann, wenn das verwaltungswissenschaftliche Studium an die Stelle des bisher üblichen Fachstudiums als Hauptstudium treten soll, nur dann mit Erfolgen zu rechnen ist, wenn Hand in Hand mit der wissenschaftlichen Ausbildung eine Einführung in die Verwaltungspraxis erfolgt. In Deutschland bilden Studium und Vorbereitungsdienst zusammen die Ausbildung. Es erscheint deshalb zweckmäßig, während des Universitätsstudiums einen Einblick in verwaltungswissenschaftliche Probleme zu geben, das Schwergewicht der verwaltungswissenschaftlichen Ausbildung jedoch in den Bereich des Vorbereitungsdienstes zu verlagern.

### *b) Die praktische Vorbereitung auf den Beruf und die staatliche Einstellungsprüfung*

Wenn sich an das Studium in England eine umfassende Einführung in die Verwaltungspraxis anschließt, so hat dies seine Gründe darin, daß der in die Administrative Class aufgenommene Bewerber während des Studiums keine eigentliche Berufsvorbildung erhalten hat. Deshalb ist es erforderlich, die vorhandene Allgemeinbildung für die Verwaltungspraxis verwertbar zu machen. Dazu gehört ein umfassender Einblick in die Praxis der Ministerien, ausgehend von der Haushalts- und Personalabteilung, um einen Gesamtüberblick zu erhalten. Soll diese Zeit nicht über Gebühr ausgedehnt werden, dann muß sich die Ausbildung notwendigerweise bei dem Ministerium, für dessen Dienst der Probebeamte vorgesehen ist, konzentrieren. Hierbei liegt die Gefahr eines Ressortpartikularismus auf der Hand. Ihr wird in England dadurch begegnet, daß die praktische Ausbildung zugunsten eines theoretischen Kurses unterbrochen wird. In ihm sollen nicht nur alle in einem Jahrgang eingestellten höheren Beamten mit den Grundprinzipien der Verwaltung ohne ressortmäßige Aufteilung vertraut gemacht werden. Ein Nebeneffekt besteht darin, daß die höheren Beamten in den einzelnen Ministerien miteinander bekannt werden. Das ist für die Koordination, eine Funktion, die für die Angehörigen der Administrative Class von großer Wichtigkeit ist, von nicht zu unterschätzender Bedeutung. Wenn diese Kurse durch Praktiker durchgeführt werden, so hat das teilweise seine Ursache darin, daß im Gegensatz zu den Vereinigten Staaten die Public Administration in England als eigener Wissenschaftszweig noch nicht voll entwickelt ist. Ein postuniversitäres verwaltungswissenschaftliches Studium, welches man z. B. im Rahmen einer Einheitsausbildung mit Schwerpunktbildung den Referendaren eröffnen könnte, die an einer Übernahme in die Verwaltung nach der großen Staatsprüfung interessiert sind, hätte ebenfalls den Vorteil, daß es gewisse persönliche Kontakte vermitteln würde. Auch dann, wenn sie nur aus der Tatsache resultieren, an einer bestimmten Einrichtung studiert zu haben, sind sie von nicht geringem Wert. In den Vereinigten Staaten zeigt das Experiment der „junior administrative technicians“ nicht nur, daß auch hier die Notwendigkeit einer praktischen Ausbildung im Anschluß an das Studium erkannt ist, sondern bei der geringen Zahl der „jungen Verwaltungsfachleute“ im öffentlichen Dienst ist es gleichzeitig möglich, die Vorbereitung in der Praxis so zu gestalten, daß sie den besten Effekt erzielt. Dies geschieht dadurch, daß die Beamten des Vorbereitungsdienstes einem erfahrenen Behördenleiter zugeordnet und ihnen dadurch die Tätigkeiten der Verwaltungsführung aus erster Hand vermittelt werden.

In England hat man eindeutig erkannt, wie wichtig die Beurteilung des Probebeamten während des Vorbereitungsdienstes ist. Seit dem zweiten Weltkrieg werden die in den einzelnen Ausbildungsabschnitten erteilten Zeugnisse vor der Übernahme des Beamten auf Lebenszeit einer sehr eingehenden Kontrolle unterzogen. Wird in Deutschland der Verwaltung der ihr gebührende Einfluß während des Studiums und des Vorbereitungsdienstes — und damit notwendigerweise auch in den beiden Staatsprüfungen — eingeräumt, so wird man der „administrative ability" auch in Deutschland Rechnung tragen müssen. Den typischen Blick für die Zusammenhänge in der Verwaltung und für die Lösung von Einzelproblemen kann der Kandidat nicht ausschließlich in einer Prüfung beweisen, sondern viel eher sind dazu die Leistungen während einer Einführungszeit in der Verwaltungspraxis geeignet. Diese Forderung setzt allerdings voraus, daß ein einheitlicher Bewertungsmaßstab besteht und die Ausbilder sich ernsthaft mit der Beurteilung der Kandidaten auseinandersetzen. Dadurch können Zeugnisse zustande kommen, welche einen wirklichen und objektiven Einblick in die Fähigkeiten des Kandidaten geben. Die Praxis in England, wo ein festes Zusammengehörigkeitsgefühl im Rahmen der Administrative Class auch zwischen dem jungen Mann und dem sich bereits Jahrzehnte im Dienst befindlichen höheren Verwaltungsbeamten besteht, und die geringe Zahl der Probebeamten machen es leichter, die vorher genannte Forderung in die Praxis umzusetzen. Bei einer echten Einheitsausbildung, bei der eine große Zahl von Referendaren durch die Verwaltungsbehörden „durchgeschleust" werden muß, macht das größere Schwierigkeiten. Dennoch dürfen entsprechende Versuche um eine Verbesserung des Beurteilungsmaßstabes und der Glaubwürdigkeit der Ausbildungszeugnisse nicht von vornherein zurückgewiesen werden. Während der Ausbildung beim Oberlandesgericht ist es immerhin möglich, Referendaren eine Vorschlagsnote für die große Staatsprüfung zu geben, obwohl hier noch größere Massenprobleme als in der Verwaltung auftauchen.

Der Teil der Prüfung in Deutschland, der in der großen Staatsprüfung dem Verwaltungsbereich gewidmet ist, kann durch das Beispiel der Vereinigten Staaten und Englands, was Prüfungsstoff und die Prüfungsmethode betrifft, wichtige Anregungen erfahren. Hier hat man einen Weg gefunden, die Kandidaten hinsichtlich ihrer Fähigkeiten zu prüfen, in den Kategorien der Verwaltung zu denken. Insbesondere die „Inseltests", die in England üblich sind, um die Verwaltungsfähigkeiten festzustellen, sind geeignet, logisches, konstruktives und zweckmäßiges Denken und persönliche Qualitäten, wie Aufgeschlossenheit, Schwung und Ausdauer, Anpassungsfähigkeit und Zielstrebigkeit unter Beweis zu stellen. Dies ist die positive Seite des Testverfahrens. Die erhebliche Schematisierung in den Vereinigten Staaten ist deshalb für die Verhältnisse in Deutschland wenig geeignet, weil sie in erster Linie dazu dient, eine Rangliste der Kandidaten aufzustellen.

In der Erkenntnis, daß für die Tätigkeit eines höheren Verwaltungsbeamten in besonderem Maße persönliche Eigenschaften erforderlich sind, die andererseits durch ein entsprechendes Studium, wie das der Verwaltungswissenschaft, entwickelt und gefördert werden können, dürfte der stärkste Impuls umrissen sein, der aus dem anglo-amerikanischen Rechtskreis die deutsche Juristenausbildung unter besonderer Berücksichtigung der Belange der Verwaltung beeinflussen könnte.

## Schlußbetrachtung

Als diese Arbeit im wesentlichen in der gegenwärtigen Form Ende 1962 vorlag, stand die Diskussion um die dringend erforderliche Neuordnung der juristischen Ausbildung in Deutschland noch unter dem Eindruck der im „Husserl-Gutachten" aufgestellten Forderungen[1]. Diese vom Arbeitskreis für Fragen der Juristenausbildung e. V. 1960 vorgelegte umfangreiche Denkschrift umfaßt auch die Ausbildung für den höheren Verwaltungsdienst[2]. Sie kommt zu dem Ergebnis, daß an der Einheitsausbildung in der Form, wie sie z. Z. von der Mehrzahl der Länder praktiziert wird, grundsätzlich festgehalten werden müsse[3]. Auch die auf dem außerordentlichen Fakultätentag in Tübingen vom 19./20. Juli 1961 von der Konferenz der Rechtswissenschaftlichen und Rechts- und Staatswissenschaftlichen Fakultäten in der Bundesrepublik und West-Berlin zur Studienreform gefaßten Beschlüsse halten die vorgenannte Art der Einheitsausbildung für zweckmäßig[4]. Was jedoch unter „Einheitsausbildung" verstanden wird, geht sehr deutlich aus dem „Husserl-Gutachten" hervor, wenn davon die Rede ist, daß in der deutschen Juristenausbildung „der Akzent auf der Vorbildung für den richterlichen Beruf" liege[5].

Demjenigen, dem es ein besonderes Anliegen ist, daß kommende Juristengenerationen tüchtige Zivil- und Strafrichter, Staats- und Rechtsanwälte, Notare und Syndici umfassen, mag diese Deduktion befriedigen. Wer jedoch daran denkt, daß es deutscher Tradition entspricht, die Stellen des höheren Verwaltungsdienstes mit Juristen zu besetzen, muß erhebliche Zweifel hegen, ob den Anforderungen, die die heutige Verwaltung stellt, auf diese Weise zu genügen ist.

Stimmen, die aus dem Kreis der Justiz-Juristen — im weiteren Sinne — zu der Freiburger Denkschrift laut wurden, beschränken sich — von wenigen Ausnahmen abgesehen — darauf, in Einzelfragen Kritik zu

---

1 Veröffentlichung des Arbeitskreises für Fragen der Juristenausbildung e. V. Nr. 2, Tübingen 1960.

2 a. a. O., S. 59 f., 70 f., 118 ff., 223 f., 311 ff.

3 a. a. O., S. 311 ff.

4 Nicht veröffentlichtes Protokoll.

5 a. a. O., S. 21.

üben und einige Verbesserungsvorschläge zu machen[6]. Es geht z. B. darum, ob man das praktische Studiensemester[7] gutheißen[8], ob man der vorgeschlagenen Gewichtsverlagerung zugunsten des Studiums und zu Lasten des Vorbereitungsdienstes zustimmen[9] und ob man nicht den „Diplomjuristen" einführen solle[10], um einem Teil der jungen Juristen, die Interesse an einer Tätigkeit in der Wirtschaft haben, die Möglichkeit zu geben, zu einem früheren Zeitpunkt in das Berufsleben einzutreten; damit soll dann gleichzeitig eine gewisse Entlastung des Vorbereitungsdienstes erreicht werden.

Der Umstand jedoch, daß Richter und höhere Verwaltungsbeamte sich nicht unwesentlich in ihrem Berufsbild unterscheiden, was wiederum darauf zurückzuführen ist, daß Wesen, Aufgaben und Wirklichkeit von Verwaltung und Justiz erheblich differieren, macht deutlich, daß aus der Verwaltung eine große Zahl sehr beachtlicher Gegenstimmen laut wurde. Diese werden dadurch charakterisiert, daß sie größtenteils nicht darauf verzichten zu können glauben, im Interesse der Verwaltung für die kommende Reform Wege vorzuschlagen, die sich grundsätzlich von dem unterscheiden, was zunächst als „Einheitsausbildung" angesehen wurde[11].

Eine große Zahl derjenigen, die kritisch Stellung genommen haben, hat sich dafür ausgesprochen, den Vorbereitungsdienst des Justizjuristen und den des höheren Verwaltungsbeamten zu trennen[12]. Es wäre unan-

---

[6] Vgl. z. B. Bader, Zur Studien- und Ausbildungsreform, JZ 1961, S. 735 ff. Schöttler, Vorschläge zur Reform des juristischen Studiums, RiA 1962, S. 1 ff. — Erwiderung von Oheimb und Schlußwort des Verfassers, RiA 1962, S. 113 f. Ders., Zur Frage der eventuellen Einführung des akademischen Grades des „Diplomjurist", RiA 1962, S. 51 ff. Wassermann, Grundfragen der praktischen Juristenausbildung, Beitrag zur Reform des juristischen Vorbereitungsdienstes, JR 1963, S. 121 ff. Ders., Weniger Ausbildung — mehr Fortbildung, zur Dauer des juristischen Vorbereitungsdienstes, JZ 1963, S. 473 ff.

[7] Denkschrift, a. a. O., S. 297 ff.

[8] Baur, Die Ausbildung der deutschen Juristen, JZ 1961, S. 2 ff. Machleid, Zur Reform der Juristenausbildung, JuS 1961, S. 331 ff. Reiff, Über die Ausbildung für den höheren Verwaltungsdienst, BWVBl., 1961, S. 81 ff. Thieme, Juristenausbildung, Verwaltungsausbildung und öffentliches Recht, DÖV 1961, S. 290 ff.

[9] Denkschrift, a. a. O., S. 308.

[10] Schöttler, Zur Frage der eventuellen Einführung des akademischen Grades des „Diplomjurist", RiA 1962, S. 51 ff.

[11] Denkschrift, a. a. O., S. 242 ff.

[12] Grabendorff, Die Problematik der Ausbildung für den höheren Verwaltungsdienst, DVBl. 1952, S. 133 ff. Ders., Laufbahnmäßige Ausbildung der „Wirtschaftswissenschaftler" oder laufbahnmäßige Ausbildung für den höheren Verwaltungsdienst?, ZBR 1956, S. 116 ff. Ders., Der verleugnete Verwaltungsjurist — kritische Betrachtung zu zwei Büchern, ZBR 1961, S. 230 ff. Hoke, Zur Ausbildung für den höheren Verwaltungsdienst, DVBl. 1962, S. 425. Loschelder/Rössler, Ausbildung und Auslese der Beamten, Baden-Baden 1961. Millack, Gedanken zur Reform der Juristenausbildung (unter Berücksichti-

gebracht, ihre Darlegungen mit dem wenig fundierten Argument, es handele sich hierbei um romantische — um nicht zu sagen unverbesserliche — Anhänger des preußischen Regierungsreferendariats, entkräften zu wollen. Allzu leicht ist man auch geneigt, denjenigen, die für eine „echte" Einheitsausbildung — d. h. eine weitgehende Gleichbehandlung von Justiz und Verwaltung während des Studiums und im Vorbereitungsdienst — eintreten, entgegenzuhalten, jeder halte die Art der Ausbildung, die er selbst genossen habe, für die richtige. Dieser Einwand, der sich gegen Angehörige des bayerischen höheren Verwaltungsdienstes, wo diese Form der echten Einheitsausbildung verwirklicht ist, richten könnte, hat ebensowenig Überzeugungskraft. Die Probleme liegen erheblich tiefer. Nur wenn man den engen Bereich der gesetzesvollziehenden Verwaltung im Auge hat, könnte man zu dem Ergebnis kommen, daß zwischen richterlicher Subsumtion und dem Erlaß von Verwaltungsakten eine enge Verbindung bestehe. Aber auch das wäre eine sehr formale Betrachtung. Richtet man den Blick auf das Materielle des Verwaltungshandelns, dann werden die Unterschiede schon bei der gesetzesvollziehenden Verwaltung offenkundig. Die früher zwischen Staat und Gesellschaft bestehenden Grenzen haben sich in einem so starken Maße verzahnt, daß teilweise sogar die Auffassung vertreten wird, es gebe überhaupt keine Schranken mehr[13]. Diese Entwicklung, die ihre Grundlage in den Gegebenheiten des modernen Industrie- und Massenstaates hat, zeitigt die Folge, daß der Staat in einem bisher nie gekannten Ausmaß berufen ist, sozialgestaltend tätig zu werden. Zu einem geringen Teil hat zwar auch die Justiz die Pflicht, bei der rechtlichen Beurteilung einzelner Tatbestände den sozialen Gegebenheiten Rechnung zu tragen. Die ihr eigentümliche retrospektive Betrachtungsweise setzt diesen Möglichkeiten jedoch enge Grenzen. Das ist ein Grund dafür, daß das reibungslose Funktionieren des modernen Staates, in dem die Aufgaben unter dem Gesichtspunkt der Gestaltung, der Stabilisierung, der Planung und des Ausgleichs immer zahlreicher und umfassender werden, in einem erheblichen Maße von der Verwaltung getragen wird. Diese wird oftmals und wohl auch überwiegend in engstem Zusammenwirken mit dem Gesetzgeber tätig. Die Verwaltung bereitet dessen Entscheidungen vor, indem sie ihm das Material dafür liefert zu erkennen, wo generelle Regelungen am Platze sind. Hierbei handelt es sich um ein Betätigungsfeld, auf das die klassische Staats- und Verwaltungsrechtslehre noch in einem zu

---

gung des Status der Europabeamten), RiA 1962, S. 161 ff. Neesse, Die Ausbildung für den höheren Verwaltungsdienst in der Bundesrepublik Deutschland, München 1961. Schnur, Die Ausbildung für den höheren Verwaltungsdienst, ZBR 1961, S. 331 ff. Thieme, Rechtsstudium oder Verwaltungsstudium?, DÖV 1962, S. 521 ff.

[13] Forsthoff, Lehrbuch des Verwaltungsrechts, 8. Aufl., München und Berlin 1961, S. 3.

geringen Umfang hinzuweisen geneigt ist. Das Zusammenwirken hat auch — und insoweit betritt man wissenschaftlich stärker gepflügten Boden — einen postlegislativen Aspekt. Hier liegt ein wesentliches Schwergewicht des Verwaltungshandelns. Andererseits kann die Legislative den ihr erteilten Auftrag nur dann richtig verstanden sehen, wenn sie sich darauf beschränkt, allgemeine Grundsätze festzulegen und die Sozialgestaltung im Einzelfall den staatlichen Institutionen, denen der entsprechende Einblick in die vielgestaltigen Verhältnisse des Lebens offensteht, zu überlassen. Das sind in erster Linie die Verwaltungsbehörden, deren Organisation unter dem Gesichtspunkt der Spezialisierung und der regionalen Gliederung dazu seit alters her prädestiniert ist. Neben der gesetzvollziehenden Verwaltung werden die Verwaltungsbehörden oftmals tätig, ohne daß entsprechende Impulse vom Gesetzgeber vorhanden sind. Das schließt nicht aus, daß sie auch dann verpflichtet sind, die bestehenden rechtlichen Schranken zu beachten.

Diese, für die Gegenwart kennzeichnenden sozialgestaltenden Aufgaben der Verwaltung haben keinesfalls zur Folge, daß die klassischen Verwaltungsaufgaben — es sei beispielsweise auf den äußeren Schutz des Gemeinwesens, die Aufrechterhaltung der öffentlichen Sicherheit und Ordnung und die Kulturaufgaben verwiesen — an Bedeutung verloren haben. Aber auch sie sind im modernen Staat differenzierter und komplizierter geworden.

Ist es deshalb nicht verständlich, daß in den letzten Jahren so zahlreiche Persönlichkeiten aus Verwaltungswissenschaft und -praxis auf den Plan getreten sind, um diesen Gegebenheiten auch für die zukünftige Form der Juristenausbildung Rechnung zu tragen? Gleichzeitig haben sie allerdings auch die gewiß nicht zu unterschätzenden Feststellungen der Denkschrift, daß bei der Ausbildung der Referendare in der Verwaltungsstation Mängel festzustellen seien[14], zum Anlaß genommen, um insoweit Reformvorschläge zu machen[15]. Aus der Fülle der Zeitschriftenaufsätze und Memoranden[16] ragen drei Arbeiten hervor,

---

[14] a. a. O., S. 223 f.

[15] Vgl. vor allem: Peters, Die Notlage der Ausbildung für den höheren Verwaltungsdienst, DÖV 1951, S. 369 ff. Thieme, Die Verwaltungsstation in der Referendarausbildung, DÖV 1963, S. 494 ff. Ders., Juristenausbildung, Verwaltungsausbildung und öffentliches Recht, DÖV 1961, S. 290.

[16] Vgl. das in den Fußnoten 6, 8, 12 und 14 angegebene Schrifttum und: Memorandum des Verbandes der bayerischen Verwaltungsbeamten des höheren Dienstes e. V., München: Gedanken zur Ausbildung und Fortbildung des Verwaltungsjuristen auf der Grundlage seines Berufsbildes, DVBl. 1962, S. 861 f. Reform der Juristenausbildung in Deutschland, herausgegeben vom Bundesreferendarverband 1963. Die Juristenausbildung in Deutschland — Reformvorschläge — ASJ-Mitteilungen, herausgegeben von der Arbeitsgemeinschaft sozialdemokratischer Juristen, 1963. Dichgans, Der Wehrdienst und die Dauer der akademischen Ausbildung, 1963. Reuss, Allround-Jurist

auf die besonders hingewiesen werden muß. Die Konferenz der Innenminister der Bundesländer hat unter Beteiligung des Bundesministers des Innern in ihrer Sitzung vom 14./15. Juni 1961 beschlossen, eine Gutachterkommission für Fragen der juristischen Ausbildung unter Berücksichtigung der Belange der Verwaltung einzusetzen. Inzwischen ist das von dieser Kommission erstellte Gutachten publiziert worden[17]. Die Hochschule für Verwaltungswissenschaften Speyer hat am 26./27. September 1962 und am 21./23. Oktober 1964 zwei verwaltungswissenschaftliche Arbeitstagungen veranstaltet. Bei der ersten, die unter dem Generalthema „Probleme der juristischen Ausbildung in der Verwaltung" stand, wurden grundsätzliche Fragen erörtert. Ein Schwergewicht lag hierbei auf der Kontroverse „Einheitsausbildung oder Sonderausbildung?"[18]. Thema der zweiten Arbeitstagung war die „Verwaltungsausbildung der Juristen"[19]. Ihr Ziel war es u. a. aufzuhellen, welche Wege beschritten werden können, um einen optimalen Ausbildungserfolg bei der Verwaltungsausbildung zu erzielen. Angesichts der bei der bevorstehenden Reform wohl zu erwartenden Verkürzung des Vorbereitungsdienstes handelt es sich hierbei um ein besonders aktuelles Problem.

In Anbetracht des Umstandes, daß die Diskussion um die Verwaltungsausbildung des Nachwuchses für den höheren Justiz- und Verwaltungsdienst fortgeführt worden und nunmehr in absehbarer Zeit darüber zu entscheiden ist, in welcher Art und Weise unser Ausbildungssystem reformiert werden wird, erscheint es zweckmäßig, nochmals auf die wichtigsten Erkenntnisse dieser Arbeit in Form von Thesen hinzuweisen. Dabei muß betont werden, daß die Schlußfolgerungen jeweils nur vom historischen und vergleichenden Standpunkt aus gezogen werden. Zahlreiche andere Faktoren, insbesondere solche politischer Art, werden die Entscheidungen mitbestimmen. Von einer nicht zu unterschätzenden Bedeutung ist auch das Leitbild des Justizjuristen einerseits und das des höheren Verwaltungsbeamten andererseits. Betrachtungen hierüber enthalten sowohl die Freiburger Denkschrift[20], als auch das Gutachten der von der Innenministerkonferenz eingesetzten Kommission[21].

---

oder Spezialist? DVBl. 1961, S. 363 ff. Specht, Juristenausbildung, Bemerkungen zur Reform der Juristenausbildung vom Standpunkt eines Juristen in der Verwaltung, SchlHAnz. 1962, S. 133. Stötter, Ist eine Verkürzung des Vorbereitungsdienstes auf weniger als drei Jahre empfehlenswert? JZ 1962, S. 160 ff.

17 Gutachten über die juristische Ausbildung unter besonderer Berücksichtigung der Interessen der Verwaltung, Köln und Berlin 1965.

18 Vorträge und Diskussionsbeiträge veröffentlicht in Band 17 der Schriftenreihe der Hochschule Speyer, Berlin 1963.

19 Vorträge und Bericht über die Diskussionsbeiträge veröffentlicht in Band 24 der Schriftenreihe der Hochschule Speyer, Berlin 1965.

20 a. a. O., S. 232 ff. — Es ist vom ‚Leitbild des Juristen' die Rede.

21 a. a. O., S. 53 ff.

Bei der Zusammenfassung der Ergebnisse soll die Grundfrage, ob man für die zukünftigen Justizjuristen und höheren Verwaltungsbeamten einen gemeinsamen Ausbildungsgang vorsehen solle, an den Anfang gestellt werden. Erst wenn über diese grundsätzliche Frage Klarheit besteht, können sich die Betrachtungen über das Studium einschließlich der ersten Staatsprüfung und den Vorbereitungsdienst mit dem Assessorexamen anschließen. Schließlich ist noch auf die vielfach erhobene Forderung, Führungskräften innerhalb des höheren Verwaltungsdienstes eine besondere Ausbildung zukommen zu lassen, einzugehen.

# Thesen

## A. Einheitsausbildung oder Sonderausbildungen

1. *Historischer Ursprung des Gegensatzes*

   a) Die Sonderausbildungen haben ihren Ursprung in der Trennung von Justiz und Verwaltung zu Beginn des 18. Jahrhunderts in Preußen.

   b) Das moderne Ausbildungs- und Prüfungswesen Bayerns geht von einer gleichzeitigen Ausbildung der Richter und höheren Verwaltungsbeamten aus, weil die Landpflegeämter sowohl richterliche als auch Verwaltungsfunktionen inne haben.

   c) In beiden Fällen handelt es sich zunächst um pragmatische Lösungen, die sich aber dann weiterentwickelt und Eigengewicht bekommen haben.

   d) Die bayerische und preußische Lösung unterscheidet sich vor allem in der Ausgestaltung des Vorbereitungsdienstes.

   e) In Preußen bestehen im 18. Jahrhundert Ansätze eines auf die Bedürfnisse der Verwaltung zugeschnittenen Fachstudiums, das später durch das juristische Studium ersetzt wird.

   f) In Bayern und den seinem Beispiel folgenden süddeutschen Staaten wird innerhalb des juristischen Studiums dem Bereich „Staat und Verwaltung“ von Anfang an ein angemessener Platz eingeräumt.

2. *Die Alternative*

   a) Es besteht lediglich ein Gegensatz zwischen der „echten“ Einheitsausbildung, bei der die Belange der Justiz und der Verwaltung einigermaßen gleichmäßig berücksichtigt werden und dem System der Sonderausbildungen.

   b) Eine Ausbildung, die überwiegend auf die Bedürfnisse der Justiz abgestellt ist und lediglich einen Einblick in die Verwaltung gibt, führt den Namen „Einheitsausbildung“ zu Unrecht.

   c) Auch dann, wenn Sonderausbildungen eingerichtet sind — vergleiche z. B. die Lösung im Reich 1934 und 1937 — wird auf einen Einblick der Justizjuristen in die Verwaltung nicht verzichtet. Zur Übernahme in das Regierungsreferendariat ist Voraussetzung, daß zunächst eine gewisse Zeit — durchschnittlich 6 Monate — des Vorbereitungsdienstes für Gerichtsreferendare abgeleistet wird.

   d) Versuche, zu einer reichseinheitlichen Regelung zu kommen, sind jeweils von der Überlegung getragen, daß diese nur auf der Grundlage der echten Einheitsausbildung zu erreichen ist.

   e) Mehrfach haben diese keinen Erfolg, weil die Justizressorts sich nur zu einer sogenannten Einheitsausbildung, d. h. einer Ausbildung, die fast ausschließlich auf die spätere Tätigkeit der Justizjuristen zugeschnitten ist, bereit finden.

aa) In der preußischen Justizausbildungsordnung von 1869 wird das zunächst vorgesehene Verwaltungsjahr gestrichen. 1879 wird die Sonderausbildung für den höheren Verwaltungsdienst wieder eingeführt.

bb) Bei den Reformbestrebungen ab 1928 gelingt es dem Reichsjustizministerium seine Vorstellungen von einer stark justiziellen Ausbildung durchzusetzen. Preußen stimmt zwar der Vereinbarung über die Neuordnung zu, ändert sein Ausbildungssystem jedoch nicht. Ab 1933 werden wieder Regierungsreferendare eingestellt.

cc) Auch 1936 kann das Reichsministerium des Innern eine echte Einheitsausbildung nicht durchsetzen. Infolgedessen wird 1937 die Verordnung über die Ausbildung für den höheren Dienst in der allgemeinen und inneren Verwaltung erlassen.

f) Wenn nach 1945 an die Regelung angeknüpft wird, die Anfang 1933 gültig war, dann wird nicht hinreichend berücksichtigt, daß zu der Zeit eine ausgesprochene Übergangslösung bestand, bei der die Interessen der Verwaltung nicht genügend berücksichtigt waren.

g) Die Behauptung, daß die 1937 eingeführte Sonderausbildung für den höheren Verwaltungsdienst typisch nationalsozialistische Gedanken verwirklicht, hält einer eingehenden historischen Untersuchung nicht stand.

h) Im Ausland ist die Berufsausbildung des Justizjuristen und des höheren Verwaltungsbeamten nach Abschluß des Studiums immer getrennt. Teilweise ist schon das Studium auf die Bedürfnisse der Verwaltung zugeschnitten.

i) Ob bei der kommenden Reform der Weg der *echten* Einheitsausbildung oder der Sonderausbildungen gewählt wird, sollte ausschließlich unter sachlichen Gesichtspunkten erörtert werden.

3. *Vor- und Nachteile der echten Sonderausbildung*

a) Die den sozialen Rechtsstaat kennzeichnende starke Verzahnung zwischen Justiz und Verwaltung ist ein wichtiges Argument für die echte Einheitsausbildung.

b) Ein Verwaltungsbeamter, der die Befähigung zum Richteramt und höheren Verwaltungsdienst hat, ist unabhängig. Ihm bleibt notfalls der Weg in den freien Beruf.

c) Es ist ein Vorteil der echten Einheitsausbildung, daß die jungen Juristen ihre Berufswahl erst dann treffen, nachdem sie praktische Berufserfahrung in den verschiedenen juristischen Berufen gesammelt haben. Persönliche Fähigkeiten und Neigungen können so am besten aktiviert werden.

d) Bei der Sonderausbildung muß die nach dem jeweiligen Bedarf errechnete Zahl von Regierungsreferendaren unmittelbar nach dem Studium oder nach einer kurzen Einarbeitungszeit bei einem Gericht eingestellt werden. Es besteht die Gefahr, daß Assessoren, die in ihren Leistungen unter dem Durchschnitt liegen, „verkraftet" werden müssen.

e) Der Aufwand, der mit einer besonderen Ausbildung für den höheren Verwaltungsdienst verbunden ist, setzt eine ins Gewicht fallende Zahl von Nachwuchskräften voraus.

aa) Kein Bundesland hat einen Bedarf an höheren Verwaltungsbeamten, der annähernd mit dem Preußens vergleichbar ist.

bb) Dieser Gesichtspunkt gab den Ausschlag dafür, daß eine reichseinheitliche Regelung jeweils auf der Grundlage der echten Einheitsausbildung versucht wurde (vgl. A 2 e).

f) Die Sonderausbildung für den höheren Verwaltungsdienst garantiert eine umfassende Vorbildung für eine spätere Tätigkeit in der Verwaltung.

aa) Die kleine Zahl von Regierungsreferendaren macht es möglich, die Ausbildung erfahrenen höheren Verwaltungsbeamten anzuvertrauen, die gleichzeitig in der Lage sind, ihre Kenntnisse weiterzugeben.

bb) Der Umstand, daß die auszubildenden Referendare später in der Verwaltung tätig sein werden, fördert das Interesse der Ausbilder.

g) Nicht zuletzt deshalb, weil in einzelnen Bundesländern nur eine „unechte“ Einheitsausbildung besteht, gibt es erhebliche Mängel bei der Verwaltungsausbildung. Diese sind jedoch nicht unüberwindbar.

4. *Voraussetzungen einer echten Einheitsausbildung*

a) Während des Studiums und des Vorbereitungsdienstes muß dem Bereich „Staat und Verwaltung“ ein entsprechender Raum gegeben werden.

b) Das muß auch für die schriftliche und mündliche Prüfung in den beiden Examen gelten.

c) Eine genaue Teilung nach Vomhundertsätzen ist nicht erforderlich.

aa) Es muß jedoch ein angemessenes Verhältnis sein.

bb) Lediglich eine „Einführung“ in den justiziellen oder Verwaltungsbereich ist nicht ausreichend.

d) Soll der Bereich „Staat und Verwaltung“ angemessen berücksichtigt werden, dann genügt es nicht, die öffentlich-rechtlichen Disziplinen stärker, als das bisher geschehen ist, hervorzuheben.

aa) Der typischen Verwaltungstätigkeit muß Raum gegeben werden, vor allem während des Vorbereitungsdienstes.

bb) Während der Verwaltungsausbildung ist eine Beschäftigung im Justitiariat zu vermeiden.

cc) Auch schon während des Studiums muß ein Einblick in das Verwaltungshandeln unter nichtjuristischen Aspekten erfolgen.

dd) Wie das Beispiel der Vereinigten Staaten zeigt, ist eine verwaltungstheoretische Schulung dann besonders erfolgreich, wenn bereits Erfahrungen in der Praxis gesammelt sind.

e) Sollen Studium und Vorbereitungsdienst nicht über Gebühr ausgedehnt werden, dann müssen in *den* Ländern, in denen bisher das Schwergewicht auf der justiziellen Ausbildung lag, zugunsten der Verwaltungsausbildung gewisse Abstriche gemacht werden.

f) Wie das Beispiel Bayerns zeigt, können bei einer echten Einheitsausbildung die Assessoren sowohl in der Justiz als auch in der Verwaltung unmittelbar eingesetzt werden. Eine Tätigkeit in Sonderverwaltungen oder in speziellen Bereichen der streitigen oder freiwilligen Gerichtsbarkeit setzt eine Einarbeitung voraus.

5. *Die echte Einheitsausbildung mit Schwerpunktbildung*

a) Die echte Einheitsausbildung mit Schwerpunktbildung hat ein historisches Vorbild in der Regelung des Ausbildungswesens im Königreich Hannover von 1852. Auch die Bemühungen um eine einheitliche Lösung des Ausbildungswesens innerhalb des gesamten Reichsgebiets, die gegen Ende der Weimarer Republik zu verzeichnen sind, gehen zunächst davon aus, eine derartige Regelung zu schaffen.

b) Die Möglichkeit, der Ausbildung einen gewissen Schwerpunkt zu geben, ist für die Referendare, die bereits bestimmte Vorstellungen über ihren künftigen Beruf haben, von Vorteil.

c) Es ist sinnvoll, daß die Berufswahl erst erfolgt, nachdem der Referendar mit der justiziellen und der für die Verwaltung typischen Denkungsart vertraut ist.

d) Die Vorteile, die für die Anstellungsbehörden mit der Schwerpunktausbildung verbunden sind, sind nicht so groß, daß bei der Einstellung nicht die Kandidaten, die einen Schwerpunkt gewählt haben, der nicht ihrer späteren Berufstätigkeit entspricht, gegenüber schwächeren Assessoren mit entsprechender Vorbildung vorgezogen werden könnten.

e) Soll das Assessorexamen nicht nach der einen oder anderen Seite hin abqualifiziert werden, dann bleibt für die Schwerpunktbildung nur ein sehr bescheidener Rahmen. Der hiermit verbundene Verwaltungsaufwand steht möglicherweise in keinem Verhältnis zum Effekt.

f) Wenn auch eine institutionalisierte Schwerpunktausbildung nicht zweckmäßig ist, so sollte doch überlegt werden, ob man gewisse Vorteile derselben nicht durch die Einführung einer Wahlstation erreichen könnte.

## B. Studium und erste Prüfung

1. *Höhere Schule und Studium*

a) An dem Erfordernis der Reifeprüfung sollte festgehalten werden.

aa) Eine juristische Kurzausbildung nach französischem Vorbild ist mit dem wissenschaftlichen Charakter des Studiums in Deutschland nicht zu vereinbaren.

bb) Für diese besteht kein praktisches Bedürfnis, da u. a. durch den sogenannten zweiten Bildungsweg die Möglichkeit geschaffen ist, die Reifeprüfung nachzuholen.

b) In Deutschland schafft die humanistisch, neusprachlich oder naturwissenschaftlich orientierte höhere Schulbildung keine unmittelbaren Grundlagen für das Studium der Rechts- und Staatswissenschaften.

c) Versuche, in der Oberstufe der höheren Schule durch Richter oder höhere Verwaltungsbeamte einen Einblick in „Staat und Recht“ zu geben, versprechen kaum Erfolg.

d) Für den deutschen Studenten ist es ein erheblicher Nachteil, daß er relativ spät die Reifeprüfung ablegen kann.

e) Der in Belgien gewählte Weg, den Studenten von der historischen und philosophischen Seite her in das Rechtsdenken einzuführen, ist überzeugend. Andererseits wird die Dauer des Studiums erheblich verlängert.

f) Soll das Studium nicht über Gebühr ausgedehnt werden, dann muß die Einführung mit dem Fachstudium parallel laufen.

aa) In Anlehnung an die in den USA übliche Fall-Methode kann an Hand von einfachen Fällen des praktischen Lebens eine Einführung erfolgen.

bb) Die Anschauung kann auch auf Rechtsfälle und einfache Probleme der Verwaltungspraxis erstreckt werden.

cc) Die Form der Arbeitsgemeinschaft, auf die noch näher einzugehen sein wird, ist auch hier sehr geeignet.

g) Ähnlich wie bei den „interships", so sollte man auch in Deutschland das Studium durch praktische Anschauung auflockern, ohne dies allzusehr zu institutionalisieren.

2. *Bildung oder Ausbildung als Ziel des Studiums*

a) Mit der Verselbständigung der Fakultäten und der immer stärkeren stofflichen Belastung des Studiums hat das Humboldt'sche Bildungsideal erhebliche Einbußen erlitten.

b) Das Beispiel der Administrative Class zeigt, auch wenn man deren Sonderstellung berücksichtigt, daß eine ausschließliche Vorbereitung auf den Beruf nicht Sinn des Studiums sein kann.

c) Hat das Studium jedoch zu stark den Charakter eines Bildungsstudiums, wie das beispielsweise in Italien und Spanien der Fall ist, dann dient es nicht der Vorbereitung auf den eigentlichen Beruf.

aa) Die eigentliche Vorbereitung auf den Beruf erfolgt dort durch private Kurse, die mit Repetitorien zu vergleichen sind.

bb) Der ständig wachsende Zustrom zu den Repetitoren in Deutschland zeigt, daß der Vorbereitung auf den Beruf mehr Gewicht während des Studiums eingeräumt werden muß.

cc) Mehr Arbeitsgemeinschaften und Colloquien, in denen tatsächlich praktische Fälle diskutiert werden, sollten stattfinden.

dd) Durch praktische Anschauung werden die Studenten am besten an die Probleme herangeführt. Dadurch lernen sie, worauf es bei der Entscheidung ankommt.

d) Mit dem wissenschaftlichen Fortbildungsstudium, wie es in Frankreich eingerichtet ist, ist ein Weg aufgezeigt, den Studenten, die tatsächlich an wissenschaftlicher Arbeit interessiert sind, gerecht zu werden.

aa) Diejenigen, die befähigt und gewillt sind, ein solches Fortbildungsstudium zu betreiben, sollten eine besondere Förderung erfahren.

bb) Auf diese Weise können überdurchschnittliche Begabungen für die wissenschaftliche Laufbahn interessiert werden.

cc) Wenn man, wie das in Frankreich geschieht, Sonderprobleme behandelt, dann erhält hierdurch die wissenschaftliche Forschung Impulse.

e) Wollte man das Studium für Justizjuristen und die späteren höheren Verwaltungsbeamten — eventuell nach einer gemeinsamen Grundausbildung — gabeln, so bestehen dagegen Bedenken.

aa) Die Realität des sozialen Rechtsstaats gebietet einen einheitlichen Vorbereitungsdienst, erst recht jedoch ein gemeinsames Studium.

bb) Dieser Weg stellt zu stark den Gesichtspunkt der Berufsausbildung in den Vordergrund.

cc) Der Umstand, daß in den 40er Jahren dieses Jahrhunderts eine Gabelung des Studiums vorgeschlagen wurde, um in Anlehnung an den absoluten Staat ein „modernes kameralistisches Studium" zu eröffnen, gibt zu denken.

f) Zwischenprüfungen in der Form, wie sie in Frankreich und Österreich durchgeführt werden, dienen einem — wohlverstandenen — Bildungsstudium. Voraussetzung ist hierfür ein verbindlicher Studienplan, der in Deutschland wohl nicht zu erreichen ist.

3. *Zivil- und Strafrecht und der Bereich „Staat und Verwaltung" im Studium*

a) Das Studium des Zivil- und Strafrechts muß zu dem Studium, das „Staat und Verwaltung" gewidmet ist, in einem angemessenen Verhältnis stehen.

aa) Soll das Studium nicht zu stark ausgeweitet werden, dann ist u. U. eine Kürzung des justiziellen Stoffes angebracht.

bb) Die Teilung in einen justiziellen und einen staatswissenschaftlichen Studienabschnitt garantiert eine angemessene Beteiligung. Der Aufwand für die Prüfungen ist jedoch zu groß.

cc) Eine genau hälftige Aufteilung ist schon deshalb nicht erforderlich, weil beide Bereiche zahlreiche Berührungspunkte haben.

b) Für den Bereich „Staat und Verwaltung" muß während des Studiums das Schwergewicht auf einer rechtlichen Betrachtung und staatstheoretischen Erörterung liegen.

c) Auf eine verwaltungstheoretische Ausbildung braucht auch während des Studiums nicht verzichtet zu werden.

aa) Ein Vergleich mit der Public Administration zeigt, daß es sich um eine praxisorientierte Wissenschaft handelt.

bb) Mehr als eine Einführung, die auf einfachen Fällen aufbaut, läßt sich während des Studiums kaum erreichen.

cc) Erkenntnisse der Public Administration müssen für unser Rechts- und Verwaltungssystem aufbereitet werden.

d) Der Umstand, daß in der Schweiz zahlreiche Dienstposten des höheren Verwaltungsdienstes mit Sozial- und Wirtschaftswissenschaftlern besetzt sind, zeigt, daß wirtschaftliche Fragen und Zusammenhänge während des Studiums behandelt werden müssen.

e) Die Erkenntnis der Kameralwissenschaften, daß es wesentlich ist, die Aufgaben der Verwaltung und die Art ihrer Erfüllung zu studieren, hat auch heute noch Gültigkeit, zumal die Tätigsbereiche komplexer und differenzierter geworden sind.

f) In den Vereinigten Staaten ist erkannt, daß auf sozialwissenschaftliche Studien nicht verzichtet werden kann. Auch in Deutschland sollte der junge Jurist schon während des Studiums zumindest mit dem Verhältnis von Staat und Gesellschaft und den politischen Institutionen vertraut werden.

4. *Universitätsabschluß- oder staatliche Eingangsprüfung?*

a) Zwischenprüfungen haben den Vorteil, daß den Studenten, die für ein bestimmtes Fach ungeeignet sind, frühzeitig den Hinweis gegeben wird zu wechseln.

aa) In zahlreichen kontinentaleuropäischen Staaten haben sich derartige Prüfungen bewährt.

bb) Sie bedeuten eine erhebliche Belastung der Fakultät bzw. des staatlichen Prüfungsamts.

cc) Sie sind nur sinnvoll, wenn sie am Ende eines organischen Studienabschnitts stehen. Unserem System ist eine Zäsur während des Studiums nicht geläufig. Das geltende Hochschulrecht gibt keine Möglichkeit, einen verbindlichen Studienplan festzulegen.

dd) Ungeeignete Studenten können dadurch erkannt werden, daß zu Beginn des Studiums einfache Rechtsfälle des täglichen Lebens in Arbeitsgruppen unter der Leitung von Assistenten und wissenschaftlich interessierten Praktikern besprochen werden.

b) Festzustellen ist, daß sich in Deutschland die Referendarprüfung als Eingangsprüfung für den Vorbereitungsdienst bewährt hat.

c) Da nach deutscher Auffassung Studium und Vorbereitungsdienst zusammen die juristische Ausbildung ausmachen, sollte bei der ersten Prüfung zugleich untersucht werden, ob der Kandidat das Ziel des Studiums erreicht hat und nach seinen persönlichen Fähigkeiten in der Lage ist, den Anforderungen des Vorbereitungsdienstes zu entsprechen.

d) Besteht kein verbindlicher Studienplan — so jedoch in Frankreich —, dann begünstigen Universitätsprüfungen die Tendenz zum Bildungsstudium. Auf die Verhältnisse in Italien und Spanien ist zu verweisen.

e) Zwischen Studium und Prüfung besteht insoweit ein enger Zusammenhang, als die Fächer, die geprüft werden, für die Studenten von besonderem Interesse sind. Hieraus ergeben sich verschiedene Konsequenzen.

aa) Die Prüfungskommission hat sich in dem Verhältnis aus Vertretern des Zivil- und Strafrechts und aus Vertretern des Staats- und Verwaltungsrechts zusammenzusetzen, das der Aufteilung des Stoffes entspricht.

bb) Wenn auch in die Verwaltungslehre und andere Disziplinen, die für die Verwaltungs- und Justizjuristen von Interesse sind, nur eine Einführung erfolgt, so sollten sie doch in der mündlichen Prüfung berücksichtigt werden.

cc) Nur ein staatliches Prüfungsamt ist in der Lage, die Prüfungskommission so zusammenzustellen, daß das entsprechende Verhältnis hergestellt wird. Eine Universitätsabschlußprüfung wäre von der jeweiligen Zusammensetzung der Fakultät abhängig.

f) Universitätsabschlußprüfungen würden die Mitglieder der Fakultät zu stark belasten. Sie werden dadurch ihren eigentlichen Lehr- und Forschungsaufgaben entzogen.

g) Um die erforderliche enge Verbindung zwischen Studium und erster Staatsprüfung aufrechtzuerhalten, müssen in einem beachtlichen Umfang Universitätslehrer bei der Gestaltung der Prüfungsaufgaben und zu der Prüfung selbst hinzugezogen werden.

h) Erkenntnisse aus den Staaten, in denen nur eine staatliche Eingangsprüfung stattfindet, sind in erster Linie für die zweite Staatsprüfung zu verwerten.

## C. Vorbereitungsdienst und zweite Staatsprüfung

1. *Das Verhältnis von Studium und Vorbereitungsdienst*

a) Die Aufteilung der Ausbildung in Studium und Vorbereitungsdienst entspricht bewährter deutscher Tradition, gleichgültig ob von einer echten Einheitsausbildung oder einem System von Sonderausbildungen auszugehen ist.

b) Fast alle ausländischen Staaten kennen eine praktische Einführungszeit für die jungen höheren Verwaltungsbeamten.

aa) Grundsätzlich ist die Einführung auf die Bedürfnisse des Fachressorts, in das die Nachwuchskräfte eintreten, begrenzt.

bb) In England hat sich die bei der Administrative Class übliche umfassende Einführung sehr bewährt.

cc) In zahlreichen Staaten zeigen sich Tendenzen, einen mehr oder weniger stark ausgebauten Vorbereitungsdienst einzuführen, mit dem ein Gesamteinblick in die Verwaltung — nicht zuletzt durch eine zusätzliche verwaltungstheoretische Schulung — erreicht werden soll. Es muß auf die neuere Entwicklung in Belgien und Spanien, die Reformtendenzen in Italien und die Einrichtung des „post-entry-training" in den USA hingewiesen werden.

dd) Die Institution der ENA und das dort übliche Ausbildungsverfahren weisen eindeutig darauf hin, wie wichtig ein Vorbereitungsdienst ist. Eine Besonderheit besteht insoweit, als dieser auf wenige Spitzenkräfte zugeschnitten ist.

c) Wenn auch in Zukunft im Studium praktischen Rechts- und Verwaltungsfällen eine größere Bedeutung als bisher zukommen wird, so muß doch betont werden, daß während des Vorbereitungsdienstes die eigentliche praktische Ausbildung stattfindet (vgl. B 1 f.).

d) Das Beispiel der Vereinigten Staaten zeigt, daß eine verwaltungstheoretische Schulung sehr erfolgreich ist, wenn bereits eine Anschauung praktischer Art möglich war.

e) Während des Vorbereitungsdienstes ist darauf zu achten, daß persönliche Anlagen und Fähigkeiten, die Justizjuristen und höhere Verwaltungsbeamte auszeichnen, weiter entwickelt werden.

2. *Der Bereich „Staat und Verwaltung" im Vorbereitungsdienst*

a) Die Notwendigkeit einer echten Einheitsausbildung setzt ein angemessenes Verhältnis zwischen dem justiziellen und dem Bereich „Staat und Verwaltung" — auch während des Vorbereitungsdienstes — voraus. Eine hälftige Teilung ist jedoch nicht erforderlich (vgl. A 4 c).

b) Eine „Einführung" oder informatorische Beschäftigung bei Verwaltungsbehörden ist nicht zu einer ordentlichen praktischen Ausbildung in der Verwaltung geeignet.

aa) Schon 1937 wird für die *Regierungsreferendare* bestimmt, daß sie nicht mehr mit den gesamten Aufgaben der Regierung vertraut gemacht werden sollen.

bb) Erst recht muß bei einer zukünftigen echten Einheitsausbildung berücksichtigt werden, daß ein Einblick in die Verwaltungstätigkeit der wichtigsten Dezernate erreicht wird.

cc) Bei einer informatorischen Beschäftigung besteht die Gefahr, daß die Referendare sich selbst überlassen werden.

c) Bei der Verwaltungsausbildung muß berücksichtigt werden, daß im Gegensatz zur richterlichen Tätigkeit beim Verwaltungshandeln nicht der Einzelfall im Vordergrund steht.

d) Da der Referendar schon während der justiziellen Ausbildungsstationen mit Problemen zivilrechtlicher Art konfrontiert wird, ist während der Verwaltungsausbildung eine Beschäftigung beim Justitiar zu vermeiden.

aa) Nach der preußischen Regelung von 1906 wird für die Justitiare der Verwaltungsbehörden die Befähigung zum Richteramt verlangt.

bb) Die Ausbildungsordnung für Juristen von Berlin schreibt ausdrücklich vor, daß der Referendar während der Ausbildung bei den Verwaltungsbehörden die Arbeitsweise der Verwaltung kennenlernen und nicht als Justitiar verwendet werden soll.

3. *Ausgestaltung der praktischen Verwaltungsausbildung*

a) Die mit der echten Einheitsausbildung verbundene zeitliche Begrenzung der Verwaltungsausbildung macht es erforderlich, diese erheblich zu intensivieren.

b) Die eigentliche Verwaltungsausbildung, bei der ein umfassender Einblick in die Aufgaben und das typische Handeln der Verwaltung vermittelt werden muß, sollte auf wenige wichtige Referate bzw. Abteilungen der inneren oder Kommunalverwaltung konzentriert werden.

aa) Bei der Auswahl der Organisationseinheiten muß darauf geachtet werden, daß echte Verwaltungsentscheidungen getroffen werden.

bb) Referate, in denen Gesetze vollzogen werden, die wenig Entscheidungsfreiheit lassen, sind ungeeignet.

cc) Diese Konzentrierung der Ausbildung setzt allerdings voraus, daß zusätzlich ein Überblick über sämtliche Aufgaben vermittelt wird.

c) Während der praktischen Verwaltungsausbildung müssen den Referendaren die großen Zusammenhänge, in die einzelne Verwaltungshandlungen einzuordnen sind, klargemacht werden.

aa) Oftmals werden durch eine Verwaltungsmaßnahme Dritte berührt.

bb) Vielfach müssen, um zu einer sachgerechten Lösung zu kommen, andere Dienststellen oder andere Organisationseinheiten derselben Dienststelle beteiligt werden.

cc) Durch eine Verwaltungsmaßnahme kann die Verwaltung in eine bestimmte Richtung gewiesen werden, die sie später kaum mehr aufgeben kann.

d) Dem jungen Juristen muß während der Verwaltungsausbildung klargemacht werden, daß zu einer guten Verwaltung mehr gehört als qualifizierte Rechtskenntnisse.

aa) Die Ausbildungsordnungen der 30er Jahre weisen darauf hin, wie wichtig das Verständnis für wirtschaftliche, technische und hygienische Fragen ist.

bb) Das ist bei der heutigen Verwaltungssituation dahin zu ergänzen, daß auch beispielsweise verkehrs-, sozial- und bevölkerungspolitische Probleme und das Verständnis für Fragen der Raumordnung und das Erziehungs- und Bildungswesen hierher gehören.

e) Der Erfolg der praktischen Verwaltungsausbildung hängt weitgehend von der Person des Ausbilders ab.

aa) Es sollten nach Möglichkeit Ausbilder gewählt werden, die es verstehen, die Referendare richtig anzusprechen.

bb) Jedem Ausbilder sollte möglichst nur ein Referendar zur Ausbildung überwiesen werden.

cc) Schon 1899 wurden in Preußen die Probleme, die durch die Zusammenballung der Referendare in den Großstädten entstehen, erkannt. Den Referendaren ist es zuzumuten, an einem anderen Ort als ihrem Wohnort ausgebildet zu werden.

f) Die Verwaltungsausbildung sollte sich „fortschreitend" vollziehen.

aa) Eine kurze Stage in einer Gemeinde sollte an den Anfang der Verwaltungsausbildung gestellt werden, weil dort die Probleme leicht zu überschauen sind.

bb) Das Schwergewicht der Ausbildung muß beim Landratsamt (bzw. bei der Kreisverwaltung) und der Bezirksregierung liegen.

cc) In persönlicher Hinsicht bedeutet das Prinzip der „fortschreitenden" Verwaltungsausbildung, daß zunächst ein Einblick in verwaltungstechnische Fragen und in die Funktionen des gehobenen Dienstes erfolgt, und dann die Ausbildung bei Beamten des höheren Dienstes immer mehr unter dem Gesichtspunkt der Mitarbeit gesteigert wird.

g) Das Beispiel der ENA und die Stellung der früheren preußischen Regierungsreferendare zeigt, daß ein optimaler Ausbildungserfolg dann erzielt wird, wenn der Referendar an allen Dienstgeschäften seines Ausbilders teilnimmt.

aa) Die Teilnahme an Dienstreisen und Besprechungen fördern die Anschauung.

bb) Auf diese Weise kann der junge Jurist mit der Kunst der Verhandlungsführung vertraut gemacht werden.

cc) Erhält er Gelegenheit, unter der Aufsicht des Ausbilders selbst tätig zu werden, dann vermag er zu entscheiden, ob er für den höheren Verwaltungsdienst geeignet ist.

h) Die enge Verbindung zwischen Ausbilder und Referendar setzt allerdings auch voraus, daß der junge Kollege ständig mit ihm in Verbindung steht; allerdings muß eine gewisse Zeit für eigene Studien zur Verfügung stehen.

i) In der Vergangenheit, insbesondere in der preußischen Verwaltung, wurde die Ausbildung des Nachwuchses für so wichtig angesehen, daß man nicht über eine erforderliche Entlastung der Ausbilder diskutiert hätte.

j) Grundsätzlich sollte sich die Verwaltungsausbildung bei den Behörden der inneren Verwaltung konzentrieren. Die 1937 eingeführte Wahlstation zeigt einen Weg auf, Referendare schon während der Ausbildung mit Sonderverwaltungen in Verbindung zu bringen, für die sie besonderes Interesse haben.

4. *Arbeitsgemeinschaften und theoretische Verwaltungsausbildung*

a) Seit der Jahrhundertwende bestehen in den verschiedenen deutschen Staaten Arbeitsgemeinschaften, die sich außerordentlich bewährt haben. Die neuere Entwicklung im Ausland (England, Frankreich — ENA, Belgien, Spanien) sind ein Beweis dafür, daß an dieser Einrichtung festgehalten und sie weiter ausgebaut werden sollte.

b) In den Arbeitsgemeinschaften, die von besonders qualifizierten höheren Verwaltungsbeamten geleitet werden müssen, sind nicht nur Rechtsfälle zu besprechen.

aa) In ihnen müssen auch besonders aktuelle Verwaltungsprobleme behandelt werden.

bb) Planspiele, die nach dem Vorbild der „analogue exercises" durchgeführt werden, dienen der verwaltungstheoretischen Schulung im Rahmen der Arbeitsgemeinschaft.

cc) Auch politische, historische, wirtschaftliche und ähnliche Zusammenhänge sind zu besprechen (Beispiel: England, Spanien, ENA).

c) In der Arbeitsgemeinschaft müssen Klausuren geschrieben werden, die nach Anlage und Schwierigkeitsgrad denen des Assessorexamens entsprechen.

d) Es sind Aktenvortrag, Verhandlung und Diskussion zu üben.

e) Verwaltungstheoretische Schulung ist innerhalb des Vorbereitungsdienstes von besonderem Wert.

aa) Das Beispiel der Public Administration zeigt, daß diese praxisorientierte Wissenschaft dann mit besonderem Erfolg betrieben wird, wenn bereits ein fundierter Einblick in die Verwaltungspraxis besteht.

bb) In den Vereinigten Staaten und Italien sind gute Erfahrungen mit einer postuniversitären verwaltungswissenschaftlichen Ausbildung gemacht worden.

cc) Der Gedanke des staatswissenschaftlichen Semesters, das 1903 in Württemberg eingerichtet wurde, sollte neu belebt werden. In diesem Zusammenhang ist die Hochschule für Verwaltungswissenschaften Speyer zu erwähnen.

dd) Ein postuniversitäres verwaltungswissenschaftliches Studium sollte auch die Vertiefung des Staats- und Verwaltungsrechts und die Behandlung von politischen, historischen und wirtschaftlichen Fragen auf wissenschaftlicher Grundlage umfassen.

5. *Das Assessorexamen*

a) In der einheitlichen zweiten Staatsprüfung, mit der die Befähigung zum Richteramt und höheren Verwaltungsdienst erteilt wird, sind der justizielle und Verwaltungsbereich in dem Verhältnis zu berücksichtigen, das der Aufteilung des Vorbereitungsdienstes entspricht.

aa) Die Prüfungskommission hat sich in einem entsprechendem Verhältnis aus Justiz- und Verwaltungsjuristen zusammenzusetzen.

bb) In diesem Verhältnis sind auch schriftliche Arbeiten (Aufsichtsarbeiten — evtl. Hausarbeiten) und Aktenvorträge auszugeben und die für die mündliche Prüfung zur Verfügung stehende Zeit aufzuteilen.

cc) Mit der Einrichtung einer echten Einheitsausbildung ist es nicht zu vereinbaren, daß der Referendar sich auswählen kann, ob er eine Hausarbeit oder einen Aktenvortrag aus dem Verwaltungsbereich übernehmen will.

dd) In den Ländern, in denen Hausarbeit und Aktenvortrag ausgegeben werden, sollte jeweils eine Aufgabe aus dem Verwaltungs- und eine aus dem justiziellen Bereich entnommen werden.

b) Wie das Beispiel Bayern zeigt, ist eine echte Einheitsausbildung nicht denkbar, ohne daß ein Prüfungsamt für den höheren Justiz- und Verwaltungsdienst besteht.

aa) In diesem müssen Justiz und Verwaltung gleichen Einfluß, vor allem hinsichtlich der Prüfungsaufgaben haben.

bb) In dem Vorsitz sollten sich ein Justizjurist und ein höherer Verwaltungsbeamter abwechseln.

cc) Das anteilige Verhältnis in den einzelnen Prüfungskommissionen kann jedoch dazu führen, daß dort die Zahl der Justizjuristen überwiegt.

c) Der Umstand, daß sich das Assessorexamen an den praktischen Teil der Juristenausbildung anschließt und die Befähigung zu einer selbstverantwortlichen Tätigkeit verleiht, muß verschiedene Konsequenzen für die Prüfungspraxis haben.

aa) Es sollten Fälle geprüft und Fragen erörtert werden, die der Rechts- und Verwaltungspraxis entsprechen.

bb) Während beim Referendarexamen in erheblichem Umfang Universitätslehrer Mitglieder der Prüfungskommission sein müssen, sollten an der zweiten Staatsprüfung in erster Linie Praktiker beteiligt sein.

cc) Soweit Universitätsprofessoren in die Prüfungskommission berufen werden, sollten sie über einen umfassenden Einblick in die Praxis verfügen.

d) Die Prüfungsaufgaben, die dem Bereich „Staat und Verwaltung" zuzurechnen sind, sind der Verwaltungspraxis und dem öffentlichen Recht zu entnehmen.

e) Verwaltungspraktischen Aufgaben ist ein größeres Gewicht als bisher beizulegen.

aa) Hierbei ist in erster Linie an die Entscheidung nicht streitiger Fälle und die Behandlung von Verwaltungsfragen in Form von Gutachten mit Entscheidungsentwurf zu denken.

bb) Auch in Anlehnung an die „analogue exercises" können Verwaltungsaufgaben gestellt werden.

cc) Vor allem ist die mündliche Prüfung geeignet, verwaltungstheoretische Fragen zu behandeln und dabei zugleich auf wirtschaftliche, soziale und politische Zusammenhänge einzugehen.

f) Verwaltungsrechtliche Arbeiten müssen in besonderem Maße den Anforderungen der Praxis entsprechen.

aa) Sie sind nicht nur dem Staatsrecht und dem allgemeinen Verwaltungsrecht zu entnehmen. Bau-, Wirtschaftsverwaltungs-, öffentliches Nachbarrecht, Beamten- und Kommunalrecht bieten beispielsweise mehr interessante Fälle als das früher sehr stark strapazierte Polizeirecht.

bb) Entscheidungen, in denen das Ermessen besondere Bedeutung hat, sind geeignet zu zeigen, ob der Kandidat in den Kategorien der Verwaltung denken kann.

cc) Urteilsentwürfe, in denen Probleme des öffentlichen Rechts nur als Vorfragen auftauchen, sind dem justiziellen Teil der Prüfung zuzurechnen. Oftmals sind ja auch zivil- und strafrechtliche Probleme in Verwaltungsstreitsachen von Bedeutung.

g) Da im Assessorexamen die Befähigung zum Beruf festgestellt wird, müssen persönliche Fähigkeiten entsprechend berücksichtigt werden.

aa) Die kurze Zeitspanne der mündlichen Prüfung und der Vorstellungstermin reichen hierzu nicht aus. Deshalb müssen die während der Ausbildung erteilten Zeugnisse mehr als bisher berücksichtigt werden.

bb) Hierzu ist es erforderlich, für die Beurteilung einheitliche Maßstäbe zu finden. In England scheint dies erreicht zu sein.

## D. Die Ausbildung von Führungskräften innerhalb des höheren Verwaltungsdienstes

1. *Das Erfordernis besonderer Maßnahmen zur Gewinnung von Führungskräften*

a) Die deutsche Verwaltung kennt eine besondere Laufbahn für Führungskräfte der Verwaltung bisher nicht.

b) Das schließt nicht aus, daß hochqualifizierte und für eine leitende Tätigkeit in der Verwaltung besonders befähigte höhere Verwaltungsbeamte nach dem Leistungsprinzip schneller als der Durchschnitt befördert werden. Dabei kann jedoch normalerweise nicht ein Aufstieg erreicht werden, der mit dem weit überdurchschnittlicher Juristen in der Wirtschaft oder im freien Beruf vergleichbar ist.

c) Spanien ist, offensichtlich in einer gewissen Anlehnung an die Ausbildung an der ENA, in jüngster Zeit dazu übergegangen, die Ausbildung von Führungskräften zu institutionalisieren.

d) Die „junior administrative technicians" in den Vereinigten Staaten sind zwar durch die besonders intensive Ausbildung den übrigen höheren Verwaltungsbeamten überlegen. Da sie jedoch auch den Wettbewerbsprüfungen unterliegen, wenn sie sich um einen höher dotierten Dienstposten bewerben, kann von einer institutionalisierten Sonderlaufbahn nicht die Rede sein.

e) Da in den nächsten Jahren in Deutschland eine große Zahl von leitenden Verwaltungsbeamten die Altersgrenze erreicht und bisweilen erstklassige Nachwuchskräfte von der Wirtschaft abgeworben werden, erscheint es erforderlich, die Problematik zu erörtern.

2. *Gefahren einer Institutionalisierung*

a) Wenn auch für eine Sonderlaufbahn für Führungskräfte spricht, daß bei der Besetzung von leitenden Dienstposten parteipolitische Gesichtspunkte teilweise eliminiert werden — eine Ausnahme muß natürlich bei politischen Beamten gelten —, so bestehen doch erhebliche Bedenken gegen eine Institutionalisierung.

b) In eine Sonderlaufbahn müßten jüngere Regierungs- und Oberregierungsräte aufgenommen werden, evtl. auch wenige Spitzenkräfte des gehobenen Dienstes.

aa) Hierbei müßten die Examensergebnisse, die Leistungen in der Praxis und persönliche Qualitäten, die für leitende Beamte unerläßlich sind, berücksichtigt werden (Beispiel: Spanien).

bb) Bei den beiden letztgenannten Merkmalen lassen sich persönliche und politische Einflußnahmen nicht vollkommen ausschließen.

cc) Eine Wettbewerbsprüfung nach französischen Vorbild ist unserem Ausbildungssystem fremd.

c) Die Sonderlaufbahn müßte sich auf Beamte zahlreicher Dienstherren, auf Bund, Länder und die verschiedensten Körperschaften erstrecken. Es ist kaum ein Weg denkbar, durch den diese entsprechend an dem Auslese- und Prüfungsverfahren beteiligt werden könnten.

d) Die Aufspaltung des höheren Dienstes in zwei Gruppen hätte zur Folge, daß die Beamten, die nicht in die Sonderlaufbahn übernommen würden, erheblich benachteiligt würden.

aa) Die offenkundige Beschränkung der Beförderungsmöglichkeiten kann zu einer persönlichen Haltung führen, die dem Ethos des Berufsbeamtentums bisher fremd war.

bb) Möglicherweise würde sich der Nachwuchs für den höheren Verwaltungsdienst dadurch aus wenigen Spitzenkräften und einer großen Zahl von Assessoren, deren Leistungen schwacher Durchschnitt darstellen, zusammensetzen.

cc) Würden in den nächsten Jahren eine große Zahl von leitenden Dienstposten mit Absolventen der Sonderlaufbahn besetzt, dann wäre zunächst für einige Jahre der Aufstieg blockiert.

3. *Möglichkeiten einer Förderung von weit überdurchschnittlichen Kräften*

a) Bedenken gegen eine institutionalisierte Sonderlaufbahn für Führungskräfte schließen nicht aus, besonders qualifizierte jüngere Kräfte im Rahmen des Laufbahnsystems besonders zu fördern.

aa) Dadurch werden Kräfte für leitende Dienstposten gewonnen, die noch über die Vitalität, die normalerweise eine leitende Position erfordert, verfügen.

bb) Wenn man eine gewisse Bewährung in der Praxis voraussetzt, dann bietet sich für eine große Zahl von jüngeren Regierungs- und Oberregierungsräten und vergleichbaren Bediensteten von Körperschaften ein erheblicher Anreiz, ihre Leistungen zu steigern.

b) Von Beamten, die an einer besonderen Förderung interessiert sind, kann und muß man verlangen, daß sie sich zunächst in zahlreiche Teilbereiche der Verwaltung einarbeiten und dadurch einen umfassenden Überblick gewinnen.

c) Dadurch haben sie die Voraussetzungen, an besonderen Fortbildungslehrgängen mit Erfolg teilzunehmen.

aa) Diese müssen sich auf zahlreiche aktuelle Sonderprobleme des Staats- und Verwaltungsrechts erstrecken.

bb) Besonderes Gewicht muß auf die nichtjuristischen Probleme der Verwaltungslehre und der Verwaltungspolitik gelegt werden.

cc) Bei den Fortbildungskursen kommt der Gruppenarbeit besondere Bedeutung zu.

d) Ein umfassender Einblick in die spezifischen Überlegungen eines leitenden Verwaltungsbeamten wird dadurch erreicht, daß Nachwuchskräfte eine gewisse Zeit entsprechenden Beamten unmittelbar zugeordnet werden.

# Literaturverzeichnis


*Abramovitz,* The Growth of Public Employment in Great Britain. Princeton 1957.

*Adamovich:* Handbuch des österreichischen Verwaltungsrechts Bd. I, Wien 1953/54.

*Adamovich/Spanner:* Handbuch des österreichischen Verfassungsrechts. 5. Aufl. Wien 1957.

*Ahrens:* Die Berücksichtigung des öffentlichen Rechts bei der Referendarausbildung in den Justizausbildungsstationen. JZ 1959, S. 755 ff.

*Arbeitsgemeinschaft sozialdemokratischer Juristen:* Die Juristenausbildung in Deutschland. 1963.

*Arbeitskreis für Fragen der Juristenausbildung e. V.:* Die Ausbildung der deutschen Juristen. Tübingen 1960.

*Aris:* Die Erneuerung und Ausbildung der englischen Berufsbeamten. DVBl. 1952, S. 129 ff.

*Arndt:* Die Neuordnung der juristischen Ausbildung im Land Berlin. JZ 1953, S. 139 ff.

*Atzler:* Einführung in den Vorbereitungsdienst. MDR 1952, S. 464 ff.

*Aubin:* Der juristische Hochschulunterricht in Frankreich und seine Reform. Tübingen 1958.

*Bader:* Zum badischen Prüfungs- und Ausbildungswesen. JZ 1951, S. 217 ff.

— Zur Reform des Vorbereitungsdienstes. JZ 1953, S. 269 ff.

— Zur Studien- und Ausbildungsreform. JZ 1961, S. 735 ff.

*Batocki,* von: Staatsreferendar und Staatsassessor — Reformvorschläge für das Ausbildungs- und Berechtigungswesen der Juristen und Volkswirte. Jena 1927.

*Baur:* Die Ausbildung der deutschen Juristen. JZ 1961, S. 2 ff.

— Einige Bemerkungen zu Ausbildungsfragen. JZ 1952, S. 301 ff.

— Eine Reform des „Vorbereitungsdienstes" tut not. JZ 1953, S. 217 ff.

*Becker:* Verwaltung und Verwaltungsrechtsprechung. VV.Dt.StRl. Heft 14, S. 96 ff.

*Benvenuti:* Insufficienza dell'atuale organizzazione degli studi universitari al fine della preparazione dei publici funcionari. L'organizzazione tecnica della Pubblica Amministrazione 1954, S. 201 ff.

— Die gegenwärtige Lage der Verwaltung und der Stand der verwaltungswissenschaftlichen Forschung in Italien. VerwArch. Bd. 48, S. 233 ff.

*Bernstein:* The job of the federal executive. Washington 1959.

*Beusen:* Materialien zur Polizei-, Cameral- und Finanzpraxis. 3 Bde. 1800 bis 1804.

*Blumenfeld:* Die juristische Ausbildung in der UdSSR. JR 1947, S. 76 ff.

*Bornhak:* Geschichte des preußischen Verwaltungsrechts. Bd. I, 1884.

— Deutsche Verfassungsgeschichte. Stuttgart 1934.

*Braam:* Ambtenaren en bureaucratie in Nederland. den Haag 1957.

*Bridges:* Portrait of a Profession, The Civil Service Tradition. Cambridge 1953.

*Brintzinger:* Zur Gleichstellung der Volks- und Betriebswirte mit den Juristen im höheren Dienst. JZ 1955, S. 14 ff.

— Problematik der gegenwärtigen und zukünftigen Verwaltungsausbildung. DÖV 1957, S. 78 ff. u. 109 ff.

— Der Kampf um das Wirtschaftsreferendariat. JZ 1957, S. 84 ff.

— Einführung des Wirtschaftsreferendariats in Nordrhein-Westfalen. JZ 1959, S. 567 ff.

— Probleme der juristischen Ausbildung in der Verwaltung; Bericht über die verwaltungswissenschaftliche Arbeitstagung der Hochschule für Verwaltungswissenschaften Speyer am 26./27. 9. 1962 DVBl. 1962, S. 856 ff.

*Brown:* Lawjers, law schools and the public service. New York 1948.

*Bruck:* Das Ausbildungsproblem des Beamten in Verwaltung und Wirtschaft. Leipzig 1926.

— Die Ausbildung von Staatswirten im Rahmen der Verwaltungsreform. Kiel 1925.

— Das Ausbildungsproblem in Verwaltung und Wirtschaft.

— Geschichtliches und Reformvorschläge. Leipzig 1926.

— Das Ausbildungsproblem des britischen Beamten in Verwaltung und Wirtschaft; Eine soziologische und verwaltungspolitische Studie. Jena 1928.

*Bubner:* Justiz und Verwaltung. RVBl. 1941, S. 538 ff.

*Bundesreferendarverband:* Reform der Juristenausbildung in Deutschland. 1963.

*Canzler:* Versuch einer Sammlung von Actenstücken, Fragen, Abhandlungen usw. als Grundlage bey einem cameralistischen Praktikum. o. O. 1791.

*Chatelain:* Le recrutement et la formation des cadres supérieurs de l'administration générale en France. R. I Sc. Adm. 1960, S. 251 ff.

*Chester:* Die gegenwärtige Lage der Verwaltung und der Stand der verwaltungswissenschaftlichen Forschung in Großbritannien. VerwArch. Bd. 48/57, 1957, S. 304 ff.

*Collin:* Considérations sur le recrutement et la formation professionnelle du personnel de l'Etat. R. I Sc. Adm. 1956, S. 148 ff.

*Cushman:* The Independant Regulatory Commissions. New York 1941.

*Dale:* The Higher Civil Service of Great Britain. London 1941.

*David:* Executives for Government. — Central problems of federal Personnel Administration. Menasha 1957.

*Delbrück:* Die Ausbildung für den höheren Verwaltungsdienst in Preußen. Jena 1917.

*Dellbrügge:* Die Ausbildung für den höheren Dienst in der allgemeinen und inneren Verwaltung. Berlin 1938.

*Determann:* Das Studium der Rechtswissenschaft an der Universität Freiburg i. Breisgau. o. O. 1956.

*Dichgans:* Der Wehrdienst und die Dauer der akademischen Ausbildung. o. O. 1963.

*Döberl:* Entwicklungsgeschichte Bayerns Bd. I. München 1908.

*Döhring:* Geschichte der deutschen Rechtspflege seit 1500. Berlin 1953.

*Drews:* Verwaltungsreform und Berufsbildung der Volkswirte.

— Verwaltungsassessor oder Wirtschaftsassessor? Zwei Möglichkeiten. München und Leipzig 1930.

— Staatsreferendar und Staatsassessor. JW 1928, S. 16 ff.

*Drews:* Verwaltungsreform und Berufsbildung der Volkswirte; Verwaltungsassessor oder Wirtschaftsassessor. Zwei Möglichkeiten. München und Leipzig 1930.

*Dubro:* Stellungnahme eines Richters zur Denkschrift. JuS 1961, S. 171 ff.

*Ebermayer:* 50 Jahre Dienst am Recht. Erinnerungen eines Juristen. o. O. 1930.

*Erdmann:* Die Entwicklung der deutschen Sozialgesetzgebung. Göttingen 1947.

*Ermacora:* Der verfassungsrechtliche Gesetzesvorbehalt (Diskussionsgrundlage). DÖV 1960, S. 561 ff.

*Ernst:* Die Verwaltung und der Verwaltungsnachwuchs. RVBl. 1940, S. 293 ff.

*Ernsthausen, von:* Erinnerungen eines preußischen Beamten. Bielefeld und Leipzig 1894, S. 96 ff.

*Erdsiek:* Die Denkschrift zur juristischen Studienreform; Zur Überfüllung des Juristenberufes. NJW 1959, S. 1576 ff.

*Eschenburg:* Bemerkungen zur deutschen Bürokratie; Alexander Rüstow zum 70. Geburtstag. Mannheim 1955.

*Finer:* Theory and Practice of Modern Government. New York 1949.

*Fischbach:* Vorbildung und Ausbildung der Beamten. Der höhere Verwaltungsbeamte. (Fortsetzg. z. RVBl. 1941, S. 461) RVBl. 1941, S. 674 ff.

*Flehinghaus:* Probleme des juristischen Nachwuchses. DRiZ. 1959, S. 105 ff.

*Forsthoff:* „Der lästige Jurist", DÖV 1955, S. 648 ff.

— Rechtsfragen der leistenden Verwaltung. Stuttgart 1959.

— Deutsche Verfassungsgeschichte der Neuzeit. Stuttgart 1961.

— Lehrbuch des Verwaltungsrechts. 8. Aufl., München, Berlin 1961.

*Franz:* Zur Reform der Ausbildung für den höheren Dienst in der öffentlichen Verwaltung. DV 1942, S. 187 ff.

*Friedrich:* Beamtenauslese in den Vereinigten Staaten und in Großbritannien. Bad Godesberg 1955.

*Fuchs:* Zur Reform der Ausbildung für den höheren Verwaltungsführer. DV 1942, S. 447 ff.

*Gaedke:* Zur Reform der Ausbildung der Verwaltungsrechtswahrer. DM 1942, S. 338 ff.

*Garrido Falla:* Die gegenwärtige Lage der Verwaltung und der Stand der verwaltungswissenschaftlichen Forschung in Spanien. VerwArch. Bd. 48, S. 248 ff.

o. *Verf.:* „Geheime Regierungsreferendare", NJW 1956, S. 1059 ff.

*Geib:* Die Ausbildung des Nachwuchses für den höheren Verwaltungsdienst unter besonderer Berücksichtigung der Geschichte der Justiz- und Verwaltungsausbildung in Preußen. AöR Bd. 80, S. 307.

*Gelbert:* Änderungen in der Justiz- und Verwaltungsausbildung in Bayern. JZ 1958, S. 82 ff.

*Geller:* Das Prüfungs- und Ausbildungswesen in Nordrhein-Westfalen. JZ 1952, S. 362 ff..

*Geppert:* Sonderausbildung für Wirtschaftsjuristen. JZ 1954, S. 317 ff.

*Deutsche Gesellschaft für Personalwesen e. V.:* Der öffentliche Dienst in den Vereinigten Staaten von Amerika; Ein Reisebericht. Frankfurt a. M. 1950.

— Der öffentliche Dienst in Frankreich. — Ein Reisebericht. Nürnberg 1952.

— Der öffentliche Dienst in Großbritannien. — Ein Reisebericht. Nürnberg 1952.

— Der öffentliche Dienst in Skandinavien. — Ein Reisebericht. Nürnberg 1952.

— Der öffentliche Dienst in der Schweiz. — Ein Reisebericht. Nürnberg 1952.

*Giacometti:* Allgemeine Lehren des rechtsstaatlichen Verwaltungsrechts. Bd. I, Zürich 1960.

*Giese:* Zur Ausbildung des Verwaltungspersonals. DÖV 1949, S. 164 ff.

*Goldschmidt:* Rechtsstudium und Prüfungsordnung. — Ein Beitrag zur preußischen und deutschen Rechtsgeschichte. o. O. 1887.

*Grabendorff:* Die Problematik der Ausbildung für den höheren Verwaltungsdienst. DVBl. 1952, S. 133 ff.

— Laufbahnmäßige Ausbildung der „Wirtschaftswissenschaftler" oder laufbahnmäßige Ausbildung für den höheren Verwaltungsdienst? ZBR 1956, S. 116 ff.

— Der verleugnete Verwaltungsjurist. — Kritische Betrachtung zu zwei Büchern. ZBR 1961, S. 230 ff.

*Gregoire:* La fonction publique. o. O. 1954.

*Halewyck de Hensch:* Le recrutement des agents de l'Etat. Bruxelles 1945.

*Hämmerlein:* Der Volljurist in der Verwaltung. DÖV 1952, S. 367 ff.

*Heiterer-Schaller:* Die gegenwärtige Lage der Verwaltung in Österreich. VerwArch. Bd. 48, S. 324 ff.

*Hellbling:* Österreichische Verfassungs- und Verwaltungsgeschichte. Wien 1956.

*Hennke:* Über den Vorbereitungsdienst. — Rückblick und Ausblick auf die Entwicklung des Vorbereitungsdienstes. SchlHA 1958, S. 63 ff.

*Herrfurth:* Erläuterung zu dem preußischen Gesetz betreffend die Befähigung für den höheren Verwaltungsdienst vom 11. März 1879. Berlin 1888.

*Herrmann:* Zum Vorbereitungsdienst der Referendare. JZ 1954, S. 231 ff.

*Hiereth:* Die bayerische Gerichts- und Verwaltungsorganisation vom 13. bis 19. Jahrhundert. München 1950.

*Hintze:* Die Hohenzollern und ihr Werk. Berlin 1914.

*Hirschmann:* Die Gestaltung der einheitlichen Ausbildung für den höheren Justiz- und Verwaltungsdienst in Schleswig-Holstein seit 1945. Schl.HA 1956, S. 1 ff.

— Die Ausbildung der deutschen Juristen. — Ein Auszug aus der Denkschrift des Arbeitskreises für Fragen der Juristenausbildung e. V. JuS 1961, S. 167 ff.

*Höhn:* Der Kampf um die juristische Ausbildung des Verwaltungsnachwuchses in Preußen. Darmstadt 1943.

*Hoke:* Zur Ausbildung für den höheren Verwaltungsdienst. DVBl. 1962, S. 425 ff.

*Hoepner:* Zum Prüfungs- und Ausbildungswesen in Rheinland-Pfalz. JZ 1952, S.27—29.

*Huber:* Dokumente zur deutschen Verfassungsgeschichte Bd. I, Stuttgart 1961.

— Deutsche Verfassungsgeschichte seit 1789. Bd. I, Stuttgart 1957.

*Imboden:* Die gegenwärtige Lage der Verwaltung in der Schweiz. VerwArch. Bd. 48, S. 341 ff.

*Isele:* Die Ausbildungs- und Prüfungsvorschriften in Rheinland-Pfalz. JZ 1961, S. 287 ff.

*Jakob:* Über Cursus- und Studienplan für angehende Kameralisten. Halle 1805.

— Einleitung in das Studium der Staatswissenschaften. o. O. 1819.

*Janot:* Beamtentum und Staat im heutigen Frankreich. AöR Bd. 81, S. 423 ff.

*Joetze:* Das „Bologna Center" — ein neuer Typ einer europäischen Ausbildungsstätte. DVBl. 1959, S. 116 ff.

*Jordana de Pozas:* Formacion y perfeccionamiento de los funcionarios publicos en España. Coloquio S. 129 ff.

*Kern:* Politik und öffentlicher Dienst in USA und England. DÖV 1951, S. 496 ff.

— Die Verfassungsaufgabe des Berufsbeamtentums in internationaler Sicht. VerwArch. 1952, S. 24 ff.

*Kern/Widenmann:* Das juristische Studium in Baden-Württemberg und sein Abschluß durch die Referendarprüfung und die Promotion. Stuttgart 1958.

*Kessler:* Auswahl und Einstellung von Bewerbern im Bundesdienst der USA. DÖV 1957, S. 793 ff.

— Zur Fortbildung im Bundesdienst der USA. DÖV 1958, S. 49 ff.

*Kohlheiss/Hann:* Justizausbildungsordnung für Baden-Württemberg. Stuttgart 1956.

*Koellreutter:* Grundsätzliches zur juristischen Studien- und Examensreform. DJZ 1929, S. 1495 ff.

— Die Verwaltung als Leistungsträger. — Ein Beitrag zum Problem der Verwaltungslehre und Verwaltungswissenschaft. RVBl. 1941, S. 649 ff.

— Wesen und Gestaltung der ersten juristischen Staatsprüfung. ZAkdR 1938, S. 255 ff.

*Kohnle:* Reformplan für das juristische Studium. JZ 1959, S. 696 ff.

*Kollmann:* Zur Entwicklung des Ausbildungs- und Prüfungswesens für Richteramt, höheren Verwaltungsdienst, Rechtsanwaltschaft und Notariat in Bayern. — Verfassung und Verwaltung in Theorie und Wirklichkeit. Festschrift für Wilh. Laforet. München 1952, S. 445 ff.

*Köttgen:* Die wissenschaftliche Ausbildung der Verwaltungsbeamten. RVBl. 1940, S. 7 ff.

*Kühn:* Der Jurist. — Gedanken zur Berufswahl und -vorbereitung. Nürnberg 1948.

*Landis:* The Administrative Process. New Haven 1938.

*Langrod:* Einige Hauptprobleme der französischen Verwaltung der Gegenwart. VerwArch. Bd. 48, S. 191 ff.

*Laubadère, de:* Traité de droit administratif. o. O. 1958.

*Leiserson:* The Study of Public Administration in Morstein Max, Elements of Public Administration, Englewood Cliffs, N. J. 1959, S. 23 ff.

*Less:* Weniger Dogmatik mehr Erfahrungswissenschaft! JZ 1952, S. 173—174.

— Zur Ausbildung der Referendare in der Verwaltung. DÖV 1959, S. 325 ff.

— Zur Frage der Ausbildung für den höheren Verwaltungsdienst. DVBl. 1955, S. 110 ff.

*Leupold:* Auswahl und Anstellung der Verwaltungsbeamten in England. Leipzig 1933.

*Liermann:* Also ward ich ein Juriste. — Briefe an einen angehenden Juristen vom Abitur bis zum Assessorexamen. Köln-Marienburg 1959.

*Lohschelder:* Die Sonderausbildung für den höheren Verwaltungsdienst. — Beilage Nr. 3 zur Staatszeitung von Rheinland-Pfalz vom 22. 5. 1955.

*Loschelder/Rössler:* Ausbildung und Auslese der Beamten. Baden-Baden 1961.

*López-Henares/Breuckmann:* Ausbildung und Fortbildung der höheren Beamten in Spanien. ZBR 1961, S. 33 ff.

*Lorenz:* Göttinger Diskussion über die Reform der Juristenausbildung. JuS 1961, S. 172 ff.

*Lotz:* Geschichte des deutschen Beamtentums. Berlin 1914.

*Luther:* Studium und Richterlaufbahn in Italien. JZ 1956, S. 84 ff.

*Machleid:* Zur Reform der Juristenausbildung. JuS 1961, S. 331.

*Mackenzie:* Central administration in Britain. London 1957.

*Maier, von:* Die Reform der Verwaltungsorganisation unter Stein und Hardenberg. München, Leipzig 1912.

*Mayer:* Die Eigenständigkeit des bayerischen Verwaltungsrechts, dargestellt an Bayerns Polizeirecht. München 1958.

*Meister:* Ausbildung und Prüfung der höheren Verwaltungsbeamten in Preußen. JW 1927, S. 3 ff.

*Memorandum:* by the Civil Service Commission in the Use of the Civil Service Selection Board (CISSB-Memo). London 1951.

*Millack:* Gedanken zur Reform der Juristenausbildung (unter Berücksichtigung des Status der Europabeamten). RiA 1962, S. 161 ff.

*Mohl, von:* Staatsrecht, Völkerrecht und Politik. Tübingen 1869.

*Morrison:* Regierung und Parlament in England. München 1956.

*Morstein Marx:* Einführung in die Bürokratie. — Eine vergleichende Untersuchung über das Beamtentum. Neuwied 1959.

— Gemeinwohl und Wirtschaftsfreiheit in den Vereinigten Staaten. VerwArch. Bd. 39, S. 63 ff.

— Amerikanische Verwaltung. Berlin 1963.

*Mosher/Kingsley:* Public Personnel Administration. New York 1950.

*Nass:* Der Begriff der Verwaltung und der Vorbildung der Verwaltungsbeamten. RVBl. 1939, S. 613 ff.

— Die Geschichte der Vorbildung der Verwaltungsbeamten und ihre Lehren für die Gegenwart. RVBl. 1941, S. 479 ff.

*Nasse:* Über Universitätsstudien und Staatsprüfungen der preußischen Verwaltungsbeamten. Bonn 1868.

*Neese:* Die Ausbildung für den höheren Verwaltungsdienst in der Bundesrepublik Deutschland. München 1961.

*Neidhard:* Rechtsstudium und erste Staatsprüfung sowie Vorbereitungsdienst. Dt. Rechtzeitschrift 1949, S. 153 u. 176 ff.

— Vorbereitungsdienst und kleine Justizreform. JZ 1951, S. 45 ff.

*Nottage:* La Formacion de Funcionarios en el Royal Institute of Public Administration de Londres. Coloquio S. 119 ff.

*Oliva, de la:* El Centro de Formación y de Perfeccionamiento de Funcionarios. Coloquio S. 212 ff.

*Palandt:* Abschied vom Juristischen Landesprüfungsamt... DJ 1934, S. 999 ff.

*Peters:* Die Notlage der Ausbildung für den höheren Verwaltungsdienst. DÖV 1951, S. 369 ff.

*Pfundtner:* Deutsche Regierungsreferendare! RVBl. 1938, S. 109 ff.

*Plantey:* Traité pratique de la fonction publique. Paris 1956.

*Quaritsch:* Eine Schule der Verwaltung: — L'Ecole Nationale d'Administration. VerwArch. Bd. 52, S. 217 ff.

*Reiff:* Über die Ausbildung für den höheren Verwaltungsdienst. BW VBl. 1961, S. 81 ff.

*Reitemeier:* Über das Studium der Staatswissenschaft. o. O. 1791, S. 12 ff.

*Report:* Of his Majesty Civil Service Commission for the Period 1st January 1941 to 31th March 1949, 84, Report. London 1950.

— the Reform of the Higher Civil Service. — A report by a special committee for the Fabian Society. London 1947.

*Reuss:* Allround — Jurist oder Spezialist? DVBl. 1961, S. 363 ff.

*Riper, van:* History of the United States civil service. New York 1958.

*Roach:* Der deutsche öffentliche Dienst im westeuropäischen Rahmen. Frankfurt 1951.

*Robson:* The Civil Service in Britain and France. London 1956.

*Roehrsen:* El régimen y la formacion de los functionarios publicos en Italia, in Coloquio internacional sobre formacion de funcionarios. Madrid 1960, S. 143 ff.

*Rössner:* Was ist der Vorbereitungsdienst der Referendare? JZ 1954, S. 25—29.

*Rosenthal:* Geschichte des Gerichtswesens und der Verwaltungsorganisation Baiern. Bd. 1: Würzburg 1889, Bd. 2: Würzburg 1906.

*Rössner:* Die Neuordnung der Justiz- und Verwaltungsausbildung in Bayern. JZ 1952, S. 299 ff.

*Rüdiger:* Die akademische Laufbahn für Oeconomen und Cameralisten. Halle 1783.

*Rudolf:* Probleme der juristischen Ausbildung in der Verwaltung, Bericht über die verwaltungswissenschaftliche Arbeitstagung der Hochschule für Verwaltungswissenschaften Speyer am 26./27. 9. 1962 in Speyer. DÖV 1962 S. 819 ff.

*Ruscheweyh:* Zur Reform der juristischen Ausbildung in Nordrhein-Westfalen. JZ 1957, S. 50—53.

*Du Santog:* The civil Service. London 1957.

*Sembdner:* Gedanken zur juristischen Ausbildung. — Erfahrungen und Anregungen aus der Sicht des Prüflings. NJW 1959, S. 1021 ff.

*Sirp:* Zersplitterung der Juristenausbildung in der Bundesrepublik. JVBl. 1959, S. 41 u. 89 ff.

*Specht:* Juristenausbildung. — Bemerkungen zur Reform der Juristenausbildung vom Standpunkt eines Juristen in der Verwaltung. SchlHAnz. 1962, S. 133 ff.

*Schmidt:* Berufsjurist und staatliche Rechtspflege. MDR 1948, S. 374 ff.

— Wieder Regierungsassessor? Der Deutsche Beamte 1955, S. 21 ff.

*Schmidt-Brucken:* Juristische Diplomprüfung? DVBl. 1951, S. 241 ff.

*Schmoller:* Der preußische Beamtenstand unter Friedrich Wilhelm I., Preuß. Jahrb. Bd. 26, S. 159, 163, 168 ff. u. 539 ff.

*Schneider:* Studienplan für den Rechtstudenten. o. O. 1958.

*Schnur:* Die Ausbildung für den höheren Verwaltungsdienst. ZBR 1961, S. 331 ff.

*Schöttler:* Zur Frage der eventuellen Einführung des akademischen Grades des „Diplomjurist". RiA 1962, S. 51 ff.

— Vorschläge zur Reform des juristischen Studiums. RiA. 1962, S. 1 ff. — Erwiderung von Oheimb und Schlußwort des Verfassers. RiA. 1962, S. 113 ff.

*Schumpeter:* Staatsreferendar und Staatsassessor. Schmollers Jahrbuch 1928, S. 703 ff.

*Schwartz:* An Introduction to American Administrative Law. New York 1958.

*Schwerin, von:* Kommentar zum preußischen Gesetz über die Befähigung zum höheren Verwaltungsdienst vom 10. August 1906. Berlin 1908.

*Schwinge:* Der Jurist und sein Beruf. — Eine Einführung in die Rechtswissenschaft. Hamburg 1960.

*Schwister:* Zur Reform der juristischen Vorbildung. JW 1929, S. 1840 ff.

*Stein, von:* Gegenwart und Zukunft der Rechts- und Staatswissenschaft Deutschlands. Stuttgart 1876.

*Stelling:* Friedrich II. und seiner Nachfolger Fürsorge für die Ausbildung höherer Juristen. DJ 1938, S. 294 ff.

*Stich:* Probleme der juristischen Ausbildung in der Verwaltung. — Bericht über die verwaltungswissenschaftliche Arbeitstagung der Hochschule für Verwaltungswissenschaften Speyer am 26./27. 9. 1962. ZBR 1963, S. 36 ff.

*Stieda:* Wie man im 18. Jahrhundert an der Universität Mainz für die Ausbildung von Professoren der Cameralwissenschaften sorgte. Archiv für hess. Geschichte und Altertumskunde N. F. Bd. V, S. 165 ff.

*Stier-Somlo:* Die Ausbildung der höheren Verwaltungsbeamten. Berlin 1906.

*Stolz:* Grundriß der österreichischen Verfassungs- und Verwaltungsgeschichte. o. O. 1951.

*Stötter:* Ist eine Verkürzung des Vorbereitungsdienstes auf weniger als drei Jahre empfehlenswert? JZ 1962, S. 160 ff.

*Stölzel:* Brandenburg — Preußens Rechtsverwaltung und Rechtsverfassung. Bd. II. Berlin 1888, S. 237 ff.

— Entstehung der juristischen Prüfungen und des juristischen Vorbereitungsdienstes in Preußen. JMBl. 1882, S. 48 ff.

*Thieme:* Juristenausbildung, Verwaltungsausbildung und öffentliches Recht; Erwägungen zu zwei Neuerscheinungen. DÖV 1961, S. 290 ff.

— Die Verwaltungsstation in der Referendarausbildung. DÖV 1963, S. 494 ff.

— Rechtsstudium oder Verwaltungsstudium? DÖV 1962, S. 521 ff.

*Thoma:* Zur Reform des Verwaltungsstudiums. RVBl. 1941, S. 711 ff.

*Tixier:* La Formation des Cadres Superieures de l' Etat en Grande-Betragne et en France. Paris 1948.

*Ulrich:* Die Ausbildung der höheren Verwaltungsbeamten in Preußen und ihre Stellung in der Staatseisenbahnverwaltung. Berlin 1893.

*Verband der bayerischen Verwaltungsbeamten des höheren Dienstes e. V. München:* Gedanken zur Ausbildung und Fortbildung des Verwaltungsjuristen auf der Grundlage seines Berufsbildes. DVBl. 1962, S. 861 ff.

*Vulpius:* Zur Reform der Verwaltungsausbildung für Referendare. JZ 1955, S. 733 ff.

*Wacks:* Zur Arbeit an der Verwaltungswissenschaft. ZAkdR 1942, S. 83 ff.

*Wagner:* Der Kampf der Justiz gegen die Verwaltung in Preußen. Hamburg 1936.

*Wassermann:* Weniger Ausbildung — mehr Fortbildung, zur Dauer des juristischen Vorbereitungsdienstes. JZ 1963, S. 473 ff.

— Grundfragen der praktischen Juristenausbildung. — Beitrag zur Reform des juristischen Vorbereitungsdienstes. JR 1963, S. 121.

*Weber:* Das „Juristenmonopol". DÖV 1952, S. 369 ff.

*Werner:* Die Verwaltungsrechtspflege hört auf. Deutsche Verwaltung 1949, S. 168 ff.

— Techniker und Jurist in der Wirtschaftsverwaltung. RVBl. 1942, S. 250 ff.

*Werunski:* Österreichische Reichs- und Rechtsgeschichte. o. O. 1912/13.

*White:* Government career service. Chicago 1939.

— Introduction to the Study of Public Administration. New York 1955.

*Wieland:* Die Volkswirtschaftslehre als juristisches Studien- und Prüfungsfach. Basel 1919.

*Wolff:* Staatsreferendar und Staatsassessor. JW 1928, S. 15 ff.

— Juristische Theorie und Praxis. JZ 1951, S. 585 ff.

— Sinn und Gestaltung des Rechtsstudiums, der Referendar- und der Assessorenprüfung. JZ 1951, S. 585 ff.

*Zielenziger:* Die alten deutschen Cameralisten. o. O. 1914.

FSC
www.fsc.org
MIX
Papier | Fördert
gute Waldnutzung
FSC® C083411

Kolibri 360 GmbH
Ferdinand-Jühlke-Straße 7
99095 Erfurt, Deutschland
produktsicherheit@kolibri360.de

Druck:
CPI Druckdienstleistungen GmbH
im Auftrag der
Kolibri 360 GmbH
Ferdinand-Jühlke-Str. 7
99095 Erfurt